UMA
VOZ
DIFERENTE

Dados Internacionais de Catalogação na Publicação (CIP)
(Câmara Brasileira do Livro, SP, Brasil)

Gilligan, Carol
  Uma voz diferente : teoria psicológica e o desenvolvimento feminino / Carol Gilligan ; tradução de Renan Marques Birro. – Petrópolis, RJ : Vozes, 2021.

  Título original: In a different voice
  Bibliografia.
  ISBN 978-65-5713-282-1

  1. Desenvolvimento moral – Estudo longitudinal 2. Mulheres – Psicologia – Estudo longitudinal 3. Psicologia de desenvolvimento – Estudo longitudinal I. Título.

21-65508   CDD-305.42

Índices para catálogo sistemático:

1. Desenvolvimento feminino : Ciências sociais
305.42

Cibele Maria Dias – Bibliotecária – CRB-8/9427

CAROL GILLIGAN

UMA VOZ DIFERENTE

TEORIA PSICOLÓGICA E O DESENVOLVIMENTO FEMININO

Tradução de Renan Marques Birro

EDITORA VOZES

Petrópolis

© 1982, 1993 by the President and Fellows of Harvard College
Publicada mediante acordo com Harvard University Press.

Tradução realizada a partir do original em inglês intitulado
In a Different Voice – Psychological Theory and Women's Development

Direitos de publicação em língua portuguesa – Brasil:
2021, Editora Vozes Ltda.
Rua Frei Luís, 100
25689-900 Petrópolis, RJ
www.vozes.com.br
Brasil

Todos os direitos reservados. Nenhuma parte desta obra poderá ser reproduzida ou transmitida por qualquer forma e/ou quaisquer meios (eletrônico ou mecânico, incluindo fotocópia e gravação) ou arquivada em qualquer sistema ou banco de dados sem permissão escrita da editora.

CONSELHO EDITORIAL

Diretor
Gilberto Gonçalves Garcia

Editores
Aline dos Santos Carneiro
Edrian Josué Pasini
Marilac Loraine Oleniki
Welder Lancieri Marchini

Conselheiros
Francisco Morás
Ludovico Garmus
Teobaldo Heidemann
Volney J. Berkenbrock

Secretário executivo
João Batista Kreuch

Diagramação: Sheilandre Desenv. Gráfico
Revisão gráfica: Alessandra Karl
Capa: Ygor Moretti

ISBN 978-65-5713-282-1 (Brasil)
ISBN 978-067-497-096-0 (Estados Unidos)

Editado conforme o novo acordo ortográfico.

Este livro foi composto e impresso pela Editora Vozes Ltda.

Ao meu pai e à minha mãe.

SUMÁRIO

Carta aos leitores, 1993, 9

Agradecimentos, 37

Introdução, 43

1 O lugar feminino no ciclo de vida masculino, 48

2 Imagens do relacionamento, 76

3 Conceitos do eu e moralidade, 130

4 Crise e transição, 187

5 Direitos femininos e o julgamento feminino, 217

6 Visões da maturidade, 249

Referências, 283

Índice dos participantes do estudo, 291

Índice analítico e onomástico, 293

CARTA AOS LEITORES, 1993

Eu comecei a escrever *Uma voz diferente* no início da década de 1970, em um período de ressurgência do movimento feminista. Os estudantes universitários atuais mostram-se incrédulos quando eu digo que, na primavera de 1970, no auge da luta contra a *Guerra do Vietnã*, após o tiroteio de estudantes na Kent State University por membros da Guarda Nacional, os exames finais foram cancelados em Harvard e não houve Pós-graduação. Por um momento, a universidade chegou a parar e as fundações de conhecimento foram reabertas para reexame.

Em 1973, quando a Suprema Corte dos Estados Unidos tornou o aborto legalmente aceito após o caso *Roe* versus *Wade*, as fundações dos relacionamentos entre homens, mulheres e crianças foram similarmente expostas. Quando a Suprema Corte tornou legal que a mulher falasse por si mesma e concedeu às mulheres a voz decisiva em uma complexa matéria do relacionamento que envolve a responsabilidade pela vida e pela morte, muitas mulheres se tornaram conscientes da força de sua voz interna, que estava interferindo em sua habilidade para falar. Aquela voz interna ou internalizada disse à mulher que poderia ser "egoísta" trazer sua voz aos relacionamentos, e que talvez ela não soubesse o que realmente queria, ou que sua experiência não era um guia confiável para pensar em como agir. As mulheres frequentemente sentiam que era perigoso dizer ou até mesmo saber o que elas desejavam ou pensavam – chateando os outros e trazendo com isso, assim, a ameaça de abandono ou retaliação. No contexto relacional de minha pesquisa, onde as conversas com mulheres foram protegidas por acordos de confidencialidade, e onde a usual estrutura de autoridade foi revertida de modo que eu chegasse a aprender com elas, muitas mulheres de fato não sabiam o que queriam fazer e também que os seus pensamentos frequentemente seriam a melhor coisa a fazer em situações que fossem dolorosas ou difíceis. Mas muitas mulheres temiam que, se elas falassem, os outros as condenariam ou então as feririam, que os outros não as ouviriam ou as compreenderiam, que falar poderia apenas levar à confusão adicional, que seria melhor parecer "desapegada", ou seja, desistirem de suas vozes e ficarem em paz.

"Se eu fosse falar por mim mesma", disse uma estudante de Pós-graduação certo dia em meio a um exame oral – e então parou. Ao ouvir o som da dissociação – a separação de si mesma daquilo que ela estava dizendo, ela começou a questionar seu relacionamento para com o que ela estava dizendo e o que ela não estava dizendo. Para quem ela estava falando e onde ela estava em relação a ela mesma? Como consequência imediata da decisão *Roe versus Wade*, muitas mulheres estavam questionando abertamente a moralidade do *Anjo do Lar* – aquele ícone dezenovecentista da bondade feminina imortalizada pelo poeta Coventry Patmore[1]: a mulher que age e fala apenas pelos outros. Descobrindo a partir da experiência sobre as consequências de não falar nos relacionamentos – os problemas que um comportamento desinteressado pode causar –, as mulheres foram expondo a moralidade do Anjo como um tipo de imoralidade: um ato de abdicar a voz, um desapare-

---

1. Coventry Kersey Dighton Patmore (1823-1896) foi um poeta e crítico inglês. Seu trabalho mais conhecido é a composição *The Angel in the House* (*O Anjo do Lar*), um poema narrativo sobre um casamento ideal e feliz [N.T.].

cimento dos relacionamentos e responsabilidade. A voz do Anjo era a voz da mulher vitoriana falando através do corpo da mulher. A realização de Virginia Woolf, que ela tinha que estrangular este anjo se ela fosse começar a escrever as iluminadas necessidades das mulheres para silenciar as falsas vozes femininas, de maneira que elas falassem por elas mesmas.

Foi esta escolha de falar que me interessou. A descoberta feminina dos problemas que resultam da renderização de alguém desapegado, de modo a ter "relacionamentos", foi importante ao liberar as vozes das mulheres e tornar possível ouvir o que elas sabem. Era como ver sob a superfície ou apanhar as correntes ocultas da conversação humana: o que é conhecido e o que consequentemente não é; o que é sentido, mas não falado. As escolhas femininas por não falarem ou, em vez disso, de se dissociarem de si mesmas daquilo que elas mesmas estão dizendo podem ser deliberadas ou involuntárias, escolhas conscientes ou empreendidas através do corpo ao estreitarem as passagens que conectam a voz com a respiração e o som, ao sustentarem a voz na cabeça de modo que ele não carregue até as profundezas dos sentimentos humanos ou uma mistura de sentimentos e pensamentos; ou ainda ao mudarem a voz, adotando um registro, ou chave, mais cauteloso e impessoal. Optar por não falar envolve ações frequentemente bem-intencionadas e psicologicamente protetivas, motivadas por preocupações com os sentimentos das pessoas e por uma preocupação com as realidades da vida das outras pessoas. E ainda assim, ao restringirem suas vozes, muitas mulheres estão consciente ou inconscientemente perpetuando uma civilização vocalizada no masculino, e uma ordem de vida que é fundada na desconexão das mulheres.

Com Erik Erikson eu aprendi que você não pode retirar uma vida da história, que a história de vida é a história, que a psicologia e a política estão profundamente entrelaçadas. Ouvindo as mulheres eu escutei uma diferença e descobri que trazer à luz as vidas das mulheres muda tanto a psicologia quanto a história. Isso muda literalmente a voz: como a história humana é contada, e também quem a conta.

Atualmente, 20 anos após eu ter começado a escrever *Uma voz diferente*, eu me encontro, tal como neste livro, em meio a uma ativa, viva e contenciosa discussão sobre as vozes femininas, sobre a diferença, sobre as fundações do conhecimento ou o que é atualmente chamado de "cânone", sobre relacionamentos entre mulheres e homens, e sobre os relacionamentos entre mulheres e homens com crianças. Dentro da psicologia, estas questões têm levado a sérias reconsiderações de métodos de pesquisa e práticas de avaliação e psicoterapia. Na educação, tais questões são radicais e de longo alcance. Para pessoas cujas vidas são muito diferentes da minha ou que trabalham em campos muito distintos, eu tenho aprendido a ouvir minha voz interna de novas formas. Por exemplo, parece óbvio para mim, como psicóloga, que diferenças no corpo, em relacionamentos familiares e em posição social e cultural produzem uma diferença psicológica. Ouvindo aos acadêmicos da área legal, em particular Martha Minnow em seu livro *Fazendo toda a diferença* (*Making all the diference*), eu passei a apreciar as ramificações legais de diferentes formas de falar sobre ou teorizar a diferença, e a compreender a relutância de algumas pessoas a falar sobre diferenças acima de tudo.

Eu também encontro uma forte ressonância no ensaio recente de Ronald Dworkin intitulado "Feminismo e Aborto", publicado na *New York Review of Books* (junho 10, 1993). Dworkin foi conduzido pelo trabalho de acadêmicos feministas do campo da lei até as mulheres que Mary Belenk e eu entrevistamos – as mulheres cujas vozes são gravadas nos capítulos 3 e 4 deste livro. Escrevendo 20 anos depois, ele também é atingido pelo que, naquele tempo, eu considerei tão impressionante: a diferença entre essas vozes femininas e os termos do debate público sobre o aborto ("a retórica gritante sobre direitos e assassinato"). Ouvindo de perto as vozes de mulheres adolescentes e adultas, ele as considerou profundamente esclarecedoras, de modo que ele também chega à conclusão que eu alcancei em uma época na qual isso parecia uma posição radical e difícil de apoiar: "decidir sobre o aborto não é um problema único, desconectado de outras decisões; mas, em vez disso, trata-se de um dramático e intensamente iluminado exemplo de escolhas que as pessoas devem fazer durante as suas vidas".

Nos anos que passaram desde que a obra *Uma voz diferente* foi publicada, muitas pessoas têm conversado comigo sobre as suas vidas, seus casamentos, seus divórcios, seus trabalhos, seus relacionamentos e suas crianças. Eu sou grata a muitas cartas, livros e *papers* que as pessoas têm me enviado, frequentemente de lugares que eu nunca estive, e algumas vezes de locais que eu não poderia ir. Suas experiências, seus exemplos de vozes diferentes e suas ideias expandem e complicam o que eu tenho escrito, recorrentemente de formas altamente criativas. Durante este período, eu tenho trabalhado de maneira colaborativa com Lyn Mike, Brown, Annie Rogers e outros membros do Projeto Harvard sobre a Psicologia feminina e o desenvolvimento de jovens. Nós formamos este projeto para conectar a psicologia feminina com a voz das garotas, e para desenvolver uma nova voz para a psicologia – para "encontrar novas palavras e criar novos métodos", como Virginia Woolf expressou na década de 1930, manifestando a esperança de que as vidas das mulheres, a educação feminina e a entrada das mulheres nas profissões possam quebrar o ciclo histórico de violência e dominação. Ao trabalhar em prol desta visão, eu sinto profunda afinidade com o trabalho de Jean Baker Miller e inspiro-me em seu vislumbre radical de que "a situação feminina é uma chave crucial para entender a ordem psicológica".

Como eu tenho continuado a explorar as conexões entre a ordem política e a psicologia das vidas de mulheres e homens, eu cada vez mais me tornei preocupada com o papel crucial das vozes femininas na manutenção ou transformação de um mundo patriarcal. Ao me tornar ativamente envolvida neste processo de mudança, eu me encontro neste livro no centro de um debate volátil em termos psicológicos e políticos, no qual a sanidade e o poder estão em jogo.

Ao ouvir as respostas das pessoas em *Uma voz diferente*, eu frequentemente escuto o processo de duas fases que atravessa o curso de minha escrita: o processo de ouvir as mulheres e ouvir algo novo, uma forma diferente de falar, e então quão rapidamente esta diferença é assimilada nas antigas categorias de pensamento, de modo que ela perde sua novidade e sua mensagem: trata-se da natureza ou do nutrimento? As mulheres são melhores ou piores do que os homens? Quando eu ouço a minha voz sendo projetada em termos como se as mulheres e homens são realmente (essencialmente) diferentes ou quem é melhor que quem, eu sei que eu perdi a minha voz, visto que estas questões não são minhas. Em vez disso, minhas questões são sobre nossas percepções de realidade e verdade: como nós sabemos, como nós ouvimos, como nós vemos, como nós falamos. Minhas questões são sobre voz e relacionamento. E minhas questões são sobre processos psicológicos e teoria, particularmente teorias nas quais a experiência dos homens se coloca para toda a experiência humana – teorias que eclipsam as vidas de mulheres e silenciam as vozes femininas. Eu vejo que ao manter estas formas de ver e falar sobre as vidas humanas, os homens foram abandonando as mulheres; mas as mulheres estavam, por sua vez, abandonando elas mesmas. Em termos de processos psicológicos, o que foi um processo de separação para os homens, para as mulheres foi um processo de dissociação, que requeria a criação de uma divisão interna ou separação psíquica.

Estas não são simplesmente especulações abstratas de minha parte. Meu trabalho está enraizado no ouvir. Eu estava selecionando os sons de desconexão e dissociação nas vozes de homens e mulheres. Eu comecei a me maravilhar: como é possível que os homens, ao falar deles mesmos ou sobre suas vidas, ou ainda falando mais geralmente sobre a natureza humana, frequentemente falem como se eles não estivessem vivendo em conexão com as mulheres, como se as mulheres não fossem, de certa forma, parte deles mesmos? Eu também me perguntei: como as mulheres chegam a falar sobre elas mesmas como se elas fossem egoístas, como se elas não tivessem uma voz ou como se não experimentassem o desejo? A descoberta feminina que ser egoísta significa não estar em um relacionamento é revolucionária, pois ela desafia a desconexão das mulheres e a dissociação na qual as mulheres se mantêm e são mantidas pelo patriarcado ou civilização. A justificativa destes processos psicológicos em nome do amor ou de relacionamentos é equivalente às justificativas da violência e violação em nome da moralidade.

A voz diferente ao resistir a tais justificativas é uma voz relacional: uma voz que insiste em permanecer em conexão e, de modo mais central, em permanecer em conexão com as mulheres, de maneira que as separações psicológicas, que há muito têm sido justificadas em nome de uma autonomia, desapego e liberdade, não mais pareçam como uma condição *sine qua non* do desenvolvimento humano, mas como um problema humano.

Se é bom ser responsável com as pessoas, agir em conexão com os outros e ser cuidadosa em vez de descuidada sobre os sentimentos e pensamentos das pessoas, ser empática e atenciosa diante de suas vidas, então por qual razão isso implica ser "egoísta" ao responder a você mesma – eu poderia perguntar às mulheres, contrapondo a lógica de minha questão contra a força de sua autocondenação, a prontidão de sua autoabnegação e autotraição. "Boa questão", muitas mulheres responderiam. Quando eu estava trabalhando com Erik Erikson e Lawrence Kohlberg em Harvard, ensinando psicologia nas tradições de Freud e Piaget, eu me lembro de momentos nas aulas quando uma mulher perguntaria uma questão que iluminaria com súbito brilho as fundações do assunto que estávamos discutindo. E agora, lembrando-me daqueles momentos, eu também posso ouvir os sons de minha própria divisão interna: meu dizer para a mulher que "esta é uma boa questão", e então dizer "mas não é sobre isso que nós estamos conversando aqui".

Ao perguntar sobre o meu relacionamento e o relacionamento de outras mulheres sobre o "nós" que foi por tanto tempo inconsciente, eu pergunto sobre o relacionamento masculino também diante deste "nós". Foram a *Odisseia* e a *Ilíada* ou outras versões de lendas heroicas – histórias sobre separação e violência radicais – histórias exemplares que homens contavam a eles mesmos? As questões mais básicas sobre a vida humana – como viver e o que fazer – são fundamentalmente questões sobre as relações humanas, uma vez que as vidas das pessoas estão profundamente conectadas em termos psicológicos, econômicos e políticos. Remodelando estas questões para tornar tais realidades relacionais explícitas – como viver em relação aos outros, o que fazer face ao conflito – eu descobri que ouço as vozes de mulheres e homens diferentemente. As vozes femininas subitamente produzem um novo sentido e, diante do conflito, as abordagens das mulheres diante foram frequentemente muito instrutivas por conta do olhar constante para a manutenção relacional da ordem e conexão. Este olhar estava preocupado com o relacionamento que faz a voz das mulheres soar "diferente" dentro de um mundo que estava preocupado com a separação e obcecado com a criação e manutenção de limites entre as pessoas – como os *new englanders*[2] no poema de Robert Frost que afirma que "boas cercas produzem bons vizinhos". No entanto, quando eu comecei a escrever, preocupações sobre relacionamentos foram vistas pela maioria como "problemas das mulheres".

Dentro do contexto da sociedade estadunidense, os valores de separação, independência e autonomia são tão historicamente enraizados, tão reforçados pelas ondas migratórias, e tão profundamente enraizados na tradição dos direitos naturais que são frequentemente tomados como fatos: isto é, que as pessoas são separadas pela natureza, que são independentes umas das outras e que são capazes do autogoverno. Chamar estes "fatos" à questão é aparentemente questionar o valor da liberdade. Ainda assim este não é o caso completo. O questionamento da separação nada tem a ver com o questionamento da liberdade, mas, em vez disso, com ver e falar sobre os relacionamentos. Para escolher um evento atual, seja o que for que alguém pensa sobre Colombo – não importando se julgue o homem e sua missão – o fato é que ele não descobriu a América: as pessoas já estavam aqui. Em uma veia muito diferente, seja quem for que ouvir o testemunho de Anita Hill sobre seu relacionamento com Clarence Thomas, o fato é que as mulheres sentiam que elas sabiam exatamente sobre o que ela falava porque elas tinham experimentado incidentes similares em suas próprias vidas. Tal como na história revisada sobre Colombo, uma revisão de autonomia foi dissipada por uma mudança radical na voz ou ponto de vista: índios americanos tornaram-se nativos

---

2. Habitantes da Província e posterior Estado da Nova Inglaterra, uma das treze colônias originais da costa Leste dos Estados Unidos [N.T.].

americanos; conversa sexual no ambiente de trabalho tornou-se assédio. No núcleo de meu trabalho, percebi que dentro da psicologia e da sociedade, de modo mais amplo, que os valores foram tomados como fatos.

Das muitas questões que as pessoas têm me perguntado através dos anos desde que o livro *Uma voz diferente* foi publicado, três tipos despontam frequentemente e atingem o âmago de minha escrita: questões sobre voz, questões sobre a diferença e questões sobre o desenvolvimento feminino e masculino. Ao pensar nestas três questões e aprendendo a partir do trabalho de outras pessoas, eu consegui entender a voz, a diferença e o desenvolvimento de maneira que vão além daquilo que eu conhecia no período em que escrevi este livro. Eu também passei a ver mais claramente a estrutura bipartida do livro: o relacionamento entre teoria psicológica e o desenvolvimento psicológico feminino, incluindo as maneiras nas quais a teoria psicológica torna-se prescritiva. Nos outros capítulos (1, 2 e 6), eu introduzo uma voz relacional e desenvolvo seu contraponto com as formas tradicionais de falar sobre si, sobre o relacionamento e sobre a moralidade, tal como os potenciais da má compreensão, conflito e crescimento. Nos capítulos internos (3, 4 e 5), eu enquadro novamente o desenvolvimento psicológico feminino como sendo centrado em um conflito voltado para a conexão em vez de falar sobre as mulheres da maneira com a qual os psicólogos fizeram – como tendo um problema em empreender a separação.

Eu irei começar com a voz. O trabalho de Kristin Linklater, uma das principais líderes da voz do teatro, conduziu-me a uma nova compreensão da voz e também a uma compreensão mais profunda de meu próprio trabalho. Sua análise da voz feminina ofertou uma física para a minha psicologia – uma forma de compreender como a voz opera no corpo, na linguagem e também psicologicamente; e, portanto, uma forma de explicar alguns dos processos que eu descrevi. Eu aprendi sobre a ressonância e alcancei uma nova forma de compreender como a voz fala no relacionamento – como ela é expandida ou contraída pelos laços relacionais – a partir de Normi Noel, uma atriz, diretora e professora de voz que se baseou no trabalho de Linklater e no de Tina Packer. Como todas essas mulheres atuam no teatro, elas têm uma compreensão da voz que é fisiológica e cultural assim como profundamente psicológica. Linklater fala de uma "libertação da voz natural" – o título de seu primeiro livro – e o que ela quer dizer é que você pode ouvir a diferença entre uma voz que está em um canal aberto – conectada fisicamente com a respiração e som, psicologicamente com os sentimentos e pensamentos, e culturalmente com um rico recurso de linguagem e uma voz que é impedida ou bloqueada. Tendo trabalhado com Linklater, eu ouvi e experimentei as diferenças que ela descreve. Eu também aprendi, a partir do trabalho com Noel, a selecionar as ressonâncias relacionais e seguir as mudanças nas vozes das pessoas que ocorrem quando elas falam em locais em que suas vozes são ressonantes com/ou ressoam através de outras pessoas; e quando suas vozes caem em um espaço onde não há ressonância, ou onde as reverberações são assustadoras, onde elas passam a soar como vozes mortas ou monótonas.

Com a dramática expansão da base empírica de meu trabalho, eu considerei mais fácil responder quando as pessoas me perguntam o que eu entendo por "voz". Por voz eu entendo simplesmente voz. Ouça, eu diria, pensando que em um sentido a resposta é simples. Então eu irei lembrar como é falar quando não há ressonância, como era assim quando eu comecei a escrever, como ainda é assim para muitas pessoas, como ainda o é para mim algumas vezes. Ter uma voz é ser humano. Ter algo a dizer é ser uma pessoa. Mas falar depende de ouvir e ser ouvido; trata-se intensamente de um ato relacional.

Quando as pessoas me perguntam o que eu entendo por voz eu penso a questão com uma reflexão maior; eu digo que, por voz, quero falar de algo como o que as pessoas expressam quando falam do núcleo do eu. A voz é natural e também cultural. Ela é composta da respiração e som, palavras, ritmo e linguagem. E a voz é um poderoso instrumento e canal, conectando os mundos interno e externo. Falar e ouvir são uma forma de respiração psíquica. Esta troca de via dupla relacional entre as pessoas é mediada através da linguagem e cultura, além da diversidade e pluralidade. Por estas razões, a voz é uma nova chave para a compreensão das ordens psicológica, social e cultural – um teste decisivo de relacionamentos e medidas de saúde psicológica.

Em uma introdução para *Trabalhos de amores conquistados* (*Love's Labour's Lost*), na edição de Riverside das peças de Shakespeare, Anne Barton elaborou uma observação sobre a linguagem que soa verdadeira na discussão atual da cultura e voz: "a linguagem não pode existir no vácuo. Mesmo aquilo que pode ser visto como os níveis mais triviais e humorados, ela é um instrumento de comunicação entre pessoas que exige que aquele que fala deva considerar a natureza e sentimentos do ouvinte. No amor, acima de tudo, isso é verdadeiro – mas também o é em relacionamentos mais ordinários". Nesta peça sobre amor e linguagem, o amor heterossexual requer uma mudança na linguagem, seguindo a demonstração que os homens não conhecem as mulheres que eles dizem amar: "Gentilmente, porém de modo firme, os homens são enviados para longe, para aprender algo que as mulheres sempre souberam: como acomodar o discurso aos fatos e realidades emocionais, em oposição a usá-lo como meio de evasão, diversão ociosa ou crueldade não refletida".

Elizabeth Harvey, em *Vozes ventrílocas* (*Ventriloquized Voices*), explora a questão do porquê e de quando os homens escolheram criar, tanto na Inglaterra Renascentista quanto atualmente, vozes femininas ou falar através de corpos femininos para falar com suas vozes, como no caso de um ventríloquo. Eu considero sua análise extremamente profícua porque ela é tão clara sobre a diferença entre a questão epistemológica de se o homem pode saber o que é ser uma mulher e, portanto, se pode falar no lugar das mulheres, tal como as questões éticas e políticas: quais são a ética e a política masculina ao falarem por mulheres ou quando criam uma voz feminina? Quando eu falei com mulheres sobre a experiência do conflito, muitas enfrentaram dificuldades para distinguir a voz feminina criada ou socialmente construída da voz a partir da qual elas se ouviam. E ainda assim, as mulheres *podem* ouvir a diferença. Desistir de suas vozes é desistir do relacionamento; ademais, desistir disso tudo implica fazer uma escolha. Isso ocorre parcialmente por conta da relação entre a voz e a escolha que a decisão *Roe* versus *Wade* iniciou ou legitimou, isto é, um processo de crescimento psicológico e político para muitas mulheres e homens.

O que nos leva à questão da diferença. No início da década de 1970, quando eu estava trabalhando com Lawrence Kohlberg como uma pesquisadora assistente, considerei seu argumento como muito poderoso: após o Holocausto e o Comércio Triangular[3], não era possível que psicólogos ou cientistas sociais adotassem uma posição de neutralidade ética ou relativismo cultural – dizer que alguém nada pode dizer sobre valores ou que todos os valores são culturalmente relativos. Este ato de lavar as mãos face às atrocidades é um tipo de cumplicidade; mas a assim chamada posição

---

3. O termo em questão faz referência ao relacionamento cultural, econômico e social entre África, América do Norte e Europa no contexto colonial, no qual é possível observar uma dinâmica da escravidão negra, da grande propriedade rural e da exportação de produtos agrícolas em troca de bens manufaturados vindos do Velho Mundo. Na Língua Portuguesa, tal dinâmica é recorrentemente retratada como *Comércio Triangular* [N.T.].

objeta com a qual Kohlberg e outros esposaram dentro do cânone da pesquisa tradicional em Ciências Sociais era cega diante das particularidades da voz e a inevitável construção que constitui um ponto de vista. Conquanto possa parecer bem intencionada e provisoriamente útil, ela era a base de uma neutralidade sem erros, que oculta o poder e falsifica o conhecimento.

Eu tenho tentado mover a discussão das diferenças para longe do relativismo em direção ao relacionamento, de modo a ver a diferença como um marcador da condição humana em vez de um problema a ser resolvido. Robert Alter, em *A arte da narrativa Bíblica* (*The Art of Biblical Narrative*), tem observado que os antigos escritores hebreus desenvolveram uma arte narrativa porque apenas através da narrativa eles poderiam transmitir uma visão da vida humana como vivida reflexivamente, "na mudança do meio do tempo, inexorável e perplexamente no relacionamento com os outros". No momento, eu noto que escritoras, e especialmente poetisas e novelistas afroamericanas, baseiam-se em uma tradição oral/aural – e também diante das abrasivas e complexas experiências da diferença – e estão liderando na vocalização de uma arte que corresponde a questão que atualmente preocupa muitas pessoas: como dar voz para a diferença de modo a reformular nossa discussão do relacionamento e o contar da verdade.

Um problema ao falar sobre a diferença e consequentemente na teorização da "diferença" repousa na prontidão com a qual a diferença torna-se desafiadora, e o desafio torna-se um pecado em uma sociedade preocupada com a normalidade, em uma escravidão das estatísticas e no puritanismo histórico. Toni Morrison, em *O olho mais azul* (*The Bluest Eye*), mostra como a escolha de um padrão platônico de beleza ou de um ideal do tipo "a mãe", ou "o pai", ou ainda "a família" afeta as crianças cujos corpos não se conformam ao padrão, e para aqueles pais ou famílias que não se adequam ao ideal. Nessa peça precoce, Morrison dá voz a um pai que estupra a sua filha, inscrevendo a linha psicológica que torna possível entender e falar sobre como tal violação pode acontecer não apenas do ponto de vista da filha, mas também do ponto de vista paterno. Em *Amada* (*Beloved*), Morrison dá voz para uma mulher que matou sua filha em vez de vê-la ser levada à escravidão; e, deste modo, explora uma questão psicológica e ética que tem sido evocada na literatura sobre o desenvolvimento psicológico e moral: o que significa cuidado, ou o que isso poderia potencialmente significar ou implicar para uma mulher que ama sua filha e que está vivendo em uma sociedade racista e violenta – ou seja, uma sociedade danosa tanto a mulheres quanto aos homens?

Onde eu me encontro com problemas diante dos argumentos atuais sobre a diferença é onde eu os encontro sem voz e fantasmagoricamente familiares – onde não está claro quem está falando, onde aqueles sobre quem se fala não têm voz, onde a conversa conduz ao círculo sem fim do objetivismo e relativismo, desviando para a questão filosófica e ontológica mais velha, isto é, se há ou não uma posição arquimediana, e se há ou não um Deus. Um amigo, citando Stendhal, afirmou que "A única desculpa de Deus é que ele não existe", e até esta conversa em círculos contemporâneos conduz de volta às questões de gênero e diferença, dominação e poder. Eu considero a questão de se as diferenças de gênero são determinadas biologicamente, ou socialmente construídas como sendo profundamente incômodas. Esta forma de posicionar a questão implica que as pessoas, tanto mulheres quanto homens, são ou determinados geneticamente ou como um produto da socialização – que não há voz – e, sem voz, não há a possibilidade de resistência, para a criatividade, para uma mudança cujas fontes são psicológicas. E, de modo ainda mais problemático que a redução atual da psicologia seja para a sociologia, ou a biologia, ou ainda para algum tipo de combinação entre as duas prepare a forma para o tipo de controle que preocupou Hannah Arendt e George Orwell – a mão sobre a boca e a garganta, a sufocação da voz e o evanescimento da linguagem que amadurecem as condições dos governos fascista e totalitário, o entorpecimento psíquico que está associado com aquela palavra atualmente não falada, a saber, "propaganda".

Problemas morais são problemas das relações humanas, e ao traçar o desenvolvimento de uma ética do cuidado, eu exploro os limites psicológicos para as relações humanas não violentas. Esta ética relacional transcende a antiga oposição entre egoísmo e altruísmo, que têm sido os fixadores do discurso moral. A busca por parte de muitas pessoas por uma voz que transcenda estas falsas dicotomias representa uma tentativa de voltar à maré da discussão moral para questões como empreender a objetividade e o desligamento e de como engajar-se de modo responsável com o cuidado. Albert Hirschman, o economista político e autor de *Saída, voz e lealdade* (*Exit, Voice, and Loyalty*), contrasta o anseio pela saída com a "bagunça" e o desgosto da voz. É mais fácil manter-se fora da discussão do que adentrar nela. O relacionamento requer um tipo de coragem e energia emocional que por muito tempo foi uma força feminina, porém insuficientemente percebida e valorizada.

O relacionamento requer conexão. Ele não depende apenas da capacidade pela empatia ou a habilidade de ouvir os outros e aprender sua linguagem e seu ponto de vista, mas também de ter voz e ter uma língua. As diferenças entre mulheres e que eu descrevo centram-se na tendência de mulheres e homens de realizar erros relacionais diferentes – para homens, pensar que se eles se conhecem a eles mesmos, seguindo o ditado socrático, eles também irão conhecer as mulheres; e, para as mulheres, pensar que se elas apenas conhecem os outros, elas conseguirão conhecer elas mesmas. Assim, homens e mulheres tacitamente conspiram em não vocalizar as experiências femininas e constroem relacionamentos em torno do silêncio que é mantido pelo desconhecimento masculino de sua não conexão com as mulheres; e, por sua vez, das mulheres, que não sabem de sua dissociação com elas mesmas. Muitas conversas sobre relacionamentos e sobre o amor cuidadosamente ocultam essas verdades.

As pesquisas atuais sobre o desenvolvimento psicológico feminino versam diretamente sobre este problema. O Projeto Harvard sobre a Psicologia Feminina e o Desenvolvimento de Jovens, em sua investigação sobre as vidas femininas, retrocede na linha do tempo do desenvolvimento, da vida adulta à adolescência, e da adolescência à infância. Adotando a voz feminina como ponto de partida, incluindo as mulheres que falam neste livro, agora nós ouvimos em profundidade as vozes das garotas adolescentes nas garotas das escolas, e para garotas e garotos em escolas coeducacionais e clubes pós-escolares. Uma vez que nós nos encontramos em casa nas salas da adolescência, movemo-nos, com certa medida de confiança e com novas questões para o mundo de jovens garotas, para iniciar um estudo de cinco anos envolvendo garotas dos 7 anos aos 18; e um projeto exploratório de prevenção envolvendo garotas e mulheres.

No curso desta pesquisa, Lyn Mikel Brown, Annie Rogers e eu chegamos a visitar um lugar onde nós ouvimos uma mudança distinta nas vozes das garotas e observamos que esta mudança na voz coincidiu com mudanças em seus relacionamentos e em seus sentidos sobre elas mesmas. Por exemplo, nós começamos a ouvir garotas no limite da adolescência descrevendo situações impossíveis – dilemas psicológicos nos quais elas sentiam que se elas dissessem o que sentiam e pensavam, ninguém gostaria de ficar com elas; e se elas não dissessem, ninguém saberia o que estava acontecendo com elas. Como uma garota apontou, "ninguém quer ficar comigo, minha voz seria muito alta". Ouvindo o que ela estava dizendo, ela compôs seu dilema ao explicar: "mas você precisa ter relacionamentos".

Ouvindo estas garotas em impasse em relacionamentos, nós nos encontramos repensando a teoria psicológica e ouvindo novamente nós mesmas e outras mulheres. Nós estávamos presas pela franqueza e falta de temor destas jovens garotas, sua determinação para falar verdadeiramente, e seu desejo afiado de permanecer em um relacionamento. Ao mesmo tempo, nós começamos a testemunhar garotas prontas para renunciar o que nós conhecemos o que elas se apegaram, tão logo elas ficaram face a face com uma construção social da realidade que é díspar diante de sua experiência, de modo que alguns tipos de dissociações mostraram-se inevitáveis. A iniciação ou a passagem das garotas para a vida adulta em um mundo psicologicamente enraizado e historicamente ancorado em experiências de homens poderosos marca o início da dúvida e do desvanecer da realização; não importa quão fugaz, aquela feminilidade requererá uma divisão dissociativa entre experiência e o que é geralmente assumido como sendo a realidade.

Enquanto a nossa pesquisa fornece evidências da resistência das garotas à dissociação, ela também documenta a iniciação das garotas nas divisões psicológicas que são familiares a muitas mulheres: elas não chegam a saber o que alguém sabe, têm dificuldade em ouvir a voz de alguém; demonstram uma desconexão entre a mente e o corpo, pensamentos e sentimentos, e o uso da voz de alguém para cobrir em vez de transmitir o mundo interno de alguém, de modo que os relacionamentos não mais providenciam canais para explorar a conexão entre a vida interna de alguém e o mundo dos outros.

Subitamente fica claro o motivo da voz de Amy neste livro ser tão contundente para tantas mulheres e também o porquê dela deixar algumas mulheres com um profundo sentimento de dificuldade. A frase de Amy ("depende") foi repetida por muitas mulheres que também resistem a soluções formulaicas para problemas humanos complexos. Mas sua própria insistência nas limitações de tais fórmulas para resolver conflitos humanos levam algumas mulheres a ouvirem sua voz como ela foi ouvida por psicólogos convencionais: como insossa, como indecisa, como evasiva e como ingênua. A psicóloga que entrevistou Amy sabia que suas respostas para as questões feitas a ela poderiam resultar dela ser avaliada como não muito "desenvolvida" – como não dispondo de um claro sentido de si, como não sendo muito avançada em sua capacidade para o pensamento abstrato ou um julgamento moral – e esta é a razão dela ter se mantido repetindo as questões para Amy, dando a ela outra chance.

Aos 15 anos, Amy carregava aquela voz duvidosa dentro de si e, consequentemente, em conflito entre as duas vozes que continuavam a alternar uma após a outra. A entrevista aos 15 anos capturou-a em meio a um processo ativo de dissociação, de conhecimento e então de desconhecimento do que ela sabia. Por exemplo, ela viu que havia algo profundamente problemático sobre dizer que uma pessoa deva roubar medicamentos para salvar a vida de alguém que é pobre e está morrendo, quando ela sabia que, na cidade na qual vivia, pessoas pobres estavam morrendo todos os dias por falta de medicamentos e que ela não tinha a intenção de roubar remédios para salvá-las. Aos 11 anos, ela disse simplesmente que roubar não era uma boa solução para o problema; que, de fato, isso provavelmente compunha o problema, por deixar uma pessoa doente não apenas sem o medicamento e às portas da morte, mas também potencialmente sozinha, sem relacionamentos e possivelmente, de igual modo, com recursos econômicos diminutos. Aos 15 anos, no entanto, ela pode ver a lógica na forma de falar sobre conflitos morais que ela também viu como ameaçadora dos relacionamentos e sem contato com a realidade, uma forma de raciocinar que requer empreender uma série de separações, que começaram a alterar seu relacionamento consigo mesma e enevoar seu senso de realidade. Lembrando mal o que ela tinha dito aos 11 anos, balançando para trás e para frente entre uma forma e outra de se aproximar do problema, Amy estava, aos 15 anos, em um processo de mudar sua forma de pensar.

Esta mudança mental e também de coração, que nós observamos repetidamente entre garotas na adolescência, levou minha colega Annie Rogers a falar de garotas perdendo sua "coragem ordinária" ou encontrando o que parecia ser ordinário – ter uma voz e estar em um relacionamento – tinha agora se tornado algo extraordinário, algo a ser experimentado apenas nos relacionamentos mais seguros e mais privados. Este isolamento psicológico de garotas do mundo público no período da adolescência define o estágio para um tipo de privatização da experiência feminina e impede o desenvolvimento da voz política feminina, tal como sua presença no mundo público. A dissociação das vozes das garotas das experiências delas na adolescência ocorre de modo que elas não estão dizendo que o que elas sabem e eventualmente o que elas também não sabem, trata-se de uma prefiguração do sentido que muitas mulheres dispõem de ter o "tapete de experiências" puxado sob elas, ou que o alcance da experiência de seus sentimentos e pensamentos não seja tomado como real, mas como uma fabricação.

Simultaneamente, ao gravar estas vozes fortes e corajosas de garotas, e por documentar a busca delas para boas maneiras de manterem suas vozes e seus relacionamentos, a pesquisa do Projeto Harvard fornece evidências que fundamentam as questões levantadas neste livro de uma nova forma. A conversa humana contínua sobre a separação e conexão, justiça e cuidado, direitos e responsabilidades, poder e amor, assume uma nova virada quando se junta a evidências da resistência das garotas em entrar em conservações em termos destas dicotomias ao mesmo tempo em que elas estão alcançando a maturidade; e, em muitas sociedades, também ganhando voz ou voto. Separações e distanciamentos, que previamente foram tomados como marcas do desenvolvimento na adolescência e apresentados como fatos psicológicos, não mais parecem necessários ou inevitáveis, naturais ou bons. O caminho de volta do "altruísmo" no qual muitas mulheres viajam, que frequentemente é muito custoso para elas mesmas e para os outros, não mais envolve uma viagem inevitável. A desconexão neste livro entre a resistência e a coragem da Amy de 11 anos e das demais vozes inconstantes de algumas das adolescentes no estudo das decisões do aborto pode refletir bem uma perda do relacionamento em vez de uma falha no desenvolvimento dos relacionamentos – a perda do relacionamento que se torna audível quando a mulher constrói conflitos morais como em escolhas entre o egoísmo e o comportamento altruísta.

Reunindo esta compreensão do desenvolvimento psicológico feminino com teorias do desenvolvimento humano, que se mostram como sendo teorias sobre os homens, eu alcancei a seguinte teoria de trabalho: que a crise relacional que os homens tipicamente experimentam na primeira infância ocorre para as mulheres na adolescência, que esta crise relacional em garotos e garotas envolve uma desconexão do feminino que é essencial para a perpetuação das sociedades patriarcais, e que o desenvolvimento psicológico feminino é potencialmente revolucionário não apenas por conta da situação das mulheres, mas também graças à resistência das garotas. O conflito delas contra a perda da voz e contra a criação de uma divisão ou repartição interna, de modo que grandes partes delas mesmas são mantidas fora do relacionamento. Como a resistência das garotas frente às separações culturalmente mandatárias ocorre em um estágio tardio de seu desenvolvimento psicológico quando comparado aos garotos, a resistência delas é mais articulada e robusta, mais profundamente vocalizada e, portanto, mais ressonante; ela ressoa com o desejo feminino e masculino por relacionamentos, reabre antigas feridas psicológicas, levanta novas questões, novas possibilidades de relacionamento, novas formas de viver. Como as garotas tornam-se portadoras de desejos não vocalizados e possibilidades não realizadas, elas são inevitavelmente colocadas em risco considerável e até mesmo em perigo.

Partindo do estudo do desenvolvimento psicológico feminino graças ao vantajoso ponto de vista como uma psiquiatra e psicanalista que trabalha com mulheres em terapia, Jean Baker Miller observa que garotas e mulheres, no curso de seu desenvolvimento, paradoxalmente mantêm, na tentativa de criar e manter relacionamentos, grandes porções delas mesmas fora dos relacionamentos. A formulação de Miller deste paradoxo é central para um novo entendimento da psicologia das mulheres e conduz para um poderoso repensar do sofrimento e problemas psicológicos.

Miller e eu ficamos presas ao fato que, conquanto nós tenhamos aproximado o estudo das mulheres e garotas de diferentes direções, além de termos trabalhado de maneiras distintas, nós alcançamos, por fim, o mesmo vislumbre no relacionamento entre a psicologia feminina e a ordem social prevalente. Uma nova teoria psicológica, na qual garotas e mulheres são vistas e ouvidas, é um desafio inevitável para uma ordem patriarcal que pode permanecer em voga apenas através do contínuo eclipse da experiência feminina. Trazendo as experiências das mulheres e garotas para uma luz plena, conquanto em um sentido perfeitamente direto, torna-se um esforço radical. Assim, permanecer em conexão com mulheres e garotas – ao ensinar, na pesquisa, na terapia, na amizade, na maternidade, no curso da vida diária – é um gesto potencialmente revolucionário.

No curso de ensino de psicologia, eu frequentemente leio o ensaio de Freud intitulado "Civilização e seus descontentamentos", ensaio no qual ele pergunta a seguinte questão: por que os homens criaram uma cultura na qual eles vivem com tal desconforto? E eu falo com os estudantes sobre o paradoxo da mentira – "romanos sempre mentem, diz o romano" – que se torna fascinante para muitas pessoas na adolescência, o período em que Freud enxerga o desapego dos relacionamentos infantis e a oposição das gerações prévias como necessários para o progresso da civilização; e quando Piaget diz que o hipotético alcança a precedência sobre o real. Foi apenas há pouco tempo que eu passei a ouvir este paradoxo de modo diferente. "Romanos sempre mentem, diz o romano" contém uma verdade factual sobre o imperialismo: isto é, que há uma mentira no centro de qualquer ordem imperial.

Este é o ponto do profético e controverso romance de Joseph Conrad intitulado *Coração das trevas* (*Heart of Darkness*). Como Marlow viaja para o coração daquilo que em época era o Congo Belga, ele começa a procurar pelo Sr. Kurtz, que foi enviado pela "gangue da virtude", os europeus que viam eles mesmos como portadores do Iluminismo, do progresso ou civilização aos africanos. Marlow acredita que Kurtz irá restaurar sua fé na visão do imperialismo iluminista, que se encontra em desacordo com a evidência penetrante de corrupção, letargia, violência e doenças. Assim que ele alcança o interior, Marlow descobre que Kurtz está morrendo. E ao conhecer o Sr. Kurtz, ele descobre a corrupção última. No final do relatório que Kurtz preparou para enviar à companhia na Bélgica, juntamente com o carregamento de marfim, ele tinha rabiscado as palavras que foram promulgadas repetidamente no século XX: a solução final para o problema da diferença: "Extermine todos os brutos". O moribundo Sr. Kurtz por si mesmo oferece o comentário; suas últimas palavras são: "O horror! O horror!"

Marlow diz que ele não pode carregar uma mentira que jazem mortalmente o mundo, "como ao morder algo já apodrecido". E ainda assim, no final do livro, ele mente para a mulher a quem o Sr. Kurtz estava prometido, a inominada mulher europeia que aguarda por Kurtz e mantém viva a sua imagem. Quando Marlow a visita na Bélgica, para devolver o retrato que estava entre as posses de Kurtz, ela pergunta sobre as últimas palavras dele, e Marlow mente: "a última palavra que ele pronunciou foi seu nome".

Esta "mentira branca" é literalmente uma mentira branca, porque ela oculta a presença da mulher negra com quem o Sr. Kurtz estava vivendo – a mulher que realmente estava com ele. Este problema de diferença racional no corpo de uma mulher avança ao cerne daquilo que é atualmente uma das mais dolorosas e difíceis diferenças entre mulheres: crimes de guerras nos quais as mulheres brancas têm sido diretamente envolvidas.

Durante os dois últimos anos, eu tenho sido partícipe de um grupo composto por onze mulheres – cinco negras, cinco brancas e uma hispânica – para perguntar sobre nosso relacionamento com o futuro, questionando sobre nosso relacionamento com garotas. Onde estamos como mulheres negras, brancas e hispânicas em relação às garotas negras, brancas e hispânicas? Como nós podemos criar e manter conexões que cruzam as linhas da divisão racional e, desta forma, ir em direção da quebra do ciclo de dominação racial e violência, em vez de perpetuá-lo?

Em uma passagem extraordinária no romance de Conrad, Marlow justifica sua mentira para a prometida de Kurtz – tanto para si mesmo quanto para os homens a bordo que estavam ouvindo sua história enquanto aguardavam pela maré para retornar:

> Eu ouvi uma visão clara e, assim, meu coração permaneceu firme, interrompido rapidamente por um exultante e terrível grito, pelo grito de inconcebível triunfo e de dor indizível. "Eu sei disso – eu estou certo! [...] Ela sabia. Ela estava certa. Eu ouvi seu choro; ela tinha escondido sua face em suas mãos. Parecia-me que a casa poderia colapsar antes que eu pudesse escapar, que os céus poderiam cair sobre a minha cabeça. Mas nada aconteceu. Os céus não caíram por pouco. Eles teriam caído, pergunto eu, se eu tivesse prestado a Kurtz a justiça que lhe era devida? Não disse ele que desejava apenas a justiça? Mas eu não poderia. Eu não poderia dizer a ela. Eu tinha que ser sombrio também – completamente sombrio.

Esta interseção entre raça e gênero, narrativas colonialistas e masculinas, também marca a convergência entre o paradoxo da mentira e o paradoxo do relacionamento: o lugar onde as vidas femininas e masculinas juntam-se e a "civilização" faz seu punho de ferro ser sentido. Uma mentira sobre o progresso junta-se a uma mentira sobre o relacionamento, aprisionando tanto mulheres e homens e obliterando relacionamentos entre mulheres. Nesta interseção, que reúne as duas partes deste livro – a mentira nas teorias psicológicas que adotam os homens como representantes de todos os humanos, e a mentira no desenvolvimento psicológico feminino, no qual meninas e mulheres alteram suas vozes para adequarem-se em imagens de relacionamento e bondade, portadas por falsas vozes femininas.

Mentiras te deixam doente: um vislumbre comum para as análises feminista e psicológica. Eu escrevi *Uma voz diferente* para trazer a voz feminina para a teoria psicológica e para reenquadrar a conversa entre mulheres e homens. Fico surpreendida ao descobrir, desde o período em que o livro foi publicado, como minhas experiências ressoam com as experiências de outras mulheres e também, de diferentes formas, com as experiências dos homens. De modo que agora os temas da voz e relacionamento, e as preocupações sobre conexão e os custos do desapego, que pareciam tão novos na década de 1970, tornaram-se parte de uma conversa crescente.

"Você sente a necessidade de gigantes", disse Madame Ranevskaya para Lopahin na cena de *O jardim das cerejeiras* (*The Cherry Orchard*) que abre esse livro. Chekhov ouve esta observação sobre a lenda heroica e sua história sobre o desenvolvimento de um comentário de uma mulher, ou projeta tal coisa em uma voz feminina. Estas formulações alternativas revelam uma tensão que permanece malresolvida nesse livro: quer há uma contraposição sem fim entre duas formas de falar sobre a vida humana e relacionamentos – uma enraizada na conexão e outra na separação –, quer um enquadramento de pensamento sobre a vida humana e relacionamentos que têm sido há muito associados ao desenvolvimento e com o progresso, dando espaço para uma nova forma de pensamento que começa com a premissa que nós não vivemos separados, mas em um relacionamento.

Teorias do desenvolvimento psicológico, concepções do eu e moralidade que têm sido ligadas a progresso ou bondade com desconexão ou desapego e advogam a separação das mulheres em nome do crescimento psicológico ou saúde são perigosas porque ocultam uma ilusão nas armadilhas da ciência: a ilusão que a desconexão ou dissociação das mulheres é boa. As vozes femininas constantemente trazem à superfície da conversação humana este problema subjacente do relacionamento falho, que é o leito para as mentiras. A erupção de questões sobre relacionamento e diferença que se tornam inescapáveis uma vez que a mulher adentra a conversação são atualmente as questões que pressionam mais urgentemente sobre a cena local, nacional e internacional. O político tornou-se psicológico, no sentido que a desconexão masculina e a dissociação feminina perpetuam a ordem social prevalente. Os processos psicológicos e também a capacidade para resistir diante dessas separações e dissociações transformam-se em atos políticos.

Eu não revisei *Uma voz diferente* porque ele se tornou parte do processo nele descrito – o processo histórico em curso de mudar a voz do mundo ao trazer as vozes femininas para uma aberta e, portanto, nova conversação aberta.

Cambridge, Inglaterra

Junho de 1993.

Eu sou grata a Mary Hamer, Mary Jacobus, Teresa Brennan e Onora O'Neill pelas respostas generosas e perceptivas para os rascunhos anteriores deste prefácio. Eu tenho um imenso débito de gratidão para com Dorothy Austin e Annie Rogers. Eu também quero agradecer às pessoas que atenderam ao Cambridge Women's Studies Forum no King's College, ao *Women's Speaker Series* do Newnham College, além das palestras organizadas por Sandera Krol e Selma Sevenhuijsen na Universidade de Utrech, onde eu li versões prévias deste trabalho e fui beneficiada pelas discussões.

AGRADECIMENTOS

Eu reconheço a generosidade de outros e as contribuições que fizeram por este trabalho. Eu inicio pelas mulheres, homens e crianças que participaram da pesquisa que eu relato. Suas considerações ao descreverem-se, tal como suas vidas, a paciência para responderem às questões sobre moralidade, suas prontidões para discutir suas experiências de conflito moral e escolha, que são a fundação sobre a qual este livro repousa. Eu gostaria de agradecer em particular às mulheres que participaram no estudo sobre a decisão do aborto; elas tinham a esperança de que suas experiências pudessem ajudar as outras.

Tudo da pesquisa fez parte de um esforço colaborativo, e aos meus colaboradores eu também devo agradecimentos – para Mary Belenk, no estudo da decisão do aborto; para Michael Murphy, no estudo sobre os estudantes universitários; e a Michael Murphy, Sharry Langdale e Nona Lyons, no estudo dos direitos e responsabilidades. Muitas das entrevistas foram conduzidas por eles; muitas das ideias despontaram nas discussões que tivemos. O *design* dos estudos reflete suas contribuições; a conclusão da pesquisa, seu compromisso e trabalho duro. Michael Basseches, Suzie Benack, Donna Hulsizer, Nancy Jacobs, Robert Kegan, Deborah Lapidus e Steven Ries também contribuíram de formas centrais para este trabalho. Susan Pollak, minha colaboradora no estudo das imagens da violência, fez a observação que inicia tal pesquisa.

O apoio financeiro que tornou este trabalho possível veio da Fundação Spencer, que forneceu fundos através de uma bolsa da faculdade de Harvard para o estudo da decisão do aborto; do Fundo The William F. Milton e da Small Grants Section do Instituto Nacional para a Saúde Mental (The National Institute for Mental Health, bolsa # RO3MH31571), para o estudo com os estudantes universitários; e do Instituto Nacional de Educação (National Institute of Education), para o estudo de direitos e responsabilidades. Uma bolsa da Fundação Mellon permitiu que eu passasse um ano no Centro de Pesquisas sobre as Mulheres (Center for Research on Women) no Wellesley College.

Apoios de outra natureza vieram de meus colegas em Harvard: de Lawrence Kohlberg, que iluminou para mim o estudo da moralidade e que tem sido, através dos anos, um bom professor e amigo; de David McClelland e George Goethals que, também durante muitos anos, têm inspirado meu trabalho e têm sido muito generosos em seus encorajamentos; de Beatrice Whiting que expandiu minha visão; de William Perry, cuja pesquisa proveu informações para a minha. Eu sou grata a Patrick Spacks e Stephania Engel pela colaboração ao ensinar aquelas minhas percepções alargadas e clarificá-las; a Urie Bronfenbrenner, Matina Horner, Jane Lilienfeld, Malkah Notman, Barbara e Paul Rosenkrantz e Dora Ullian pelas sugestões que expandiram o escopo deste trabalho; a Janet Giele pela inspiração editoral; a Jane Martin pelos comentários extensivos sobre rascunhos prévios; e a Virginia LaPlante por suas muitas sábias sugestões que melhoraram o manuscrito final.

Versões prévias dos capítulos 1 e 3 aparecem na revista *Harvard Educational Review*, e minha gratidão aos estudantes do corpo editorial por sua atenção cuidadosa e ajuda. Ao Conselho de Pesquisa em Ciências Sociais (The Social Science Research Council) que gentilmente deu permissão para reproduzir partes do capítulo 6 que irão aparecer, de modo distinto, em um livro financiado pelo Conselho e editado por Janet Giele.

Para com Eric Wanner, da Editora da Universidade de Harvard, eu tenho um profundo débito; foi ele que sustentou e esclareceu minha visão para este livro. Há também alguns amigos cuja ajuda eu particularmente extraí; por sua prontidão para ouvir e ler, pela generosidade da resposta, eu agradeço a Michael Murphy, Nona Lyons, Jean Baker Miller e Christina Robb. Aos meus filhos, Jon, Tim e Chris, eu sou grata – pelo prazer de seu interesse e entusiasmo, por suas ideias e percepções, por seu incansável incentivo e apoio. E ao meu marido, Jim Gilligan, meus agradecimentos – pelo *insight* de suas ideias, pela clareza de suas respostas, por sua ajuda, seu humor e sua perspectiva.

1982.

UMA VOZ DIFERENTE

INTRODUÇÃO

Durante os últimos dez anos, eu tenho ouvido pessoas falando sobre moralidade e sobre elas mesmas. Após metade daquele período de tempo, comecei a ouvir uma distinção nessas vozes, isto é, duas formas de falar sobre problemas morais, dois modos de descrever o relacionamento entre o outro e o eu. Diferenças representadas na literatura psicológica como passos em uma progressão em desenvolvimento que desponta subitamente em vez de um tema polifônico, tecido para o ciclo da vida e recorrendo, de várias formas, ao julgamento das pessoas, fantasias e pensamentos. A ocasião para esta observação foi a seleção de uma amostra de mulheres para um estudo da relação entre o julgamento e a ação na situação de conflito moral e escolha. Contra o pano de fundo das descrições psicológicas de identidade e desenvolvimento moral, que eu tenho lido e ensinado durante alguns anos, as vozes das mulheres soaram distintas. Foi quando eu comecei a perceber os problemas recorrentes em interpretar o desenvolvimento das mulheres e conectar esses problemas à repetida exclusão das mulheres dos estudos basilarmente teóricos da pesquisa psicológica.

Este livro relembra diferentes modos de pensamento sobre os relacionamentos e a associação destes modos com vozes masculinas e femininas na psicologia, além de textos da literatura nos dados de minha pesquisa. A disparidade entre a experiência feminina e a representação do desenvolvimento humano, notada através da literatura psicológica, tem geralmente sido tomada para exprimir um problema no desenvolvimento feminino. Em vez disso, a falha das mulheres para enquadrarem-se aos modelos existentes do desenvolvimento humano pode apontar um problema na representação, uma limitação na concepção da condição humana, uma omissão de certas verdades sobre a vida.

A voz diferente que eu descrevo é caracterizada não pelo gênero, mas pelo tema. Sua associação com as mulheres é uma observação empírica, e é primariamente através das vozes femininas que eu traço seu desenvolvimento. Mas esta associação não é absoluta, e os contrastes entre vozes masculinas e femininas são apresentados aqui de maneira a acentuar uma distinção entre dois modos de pensamento, tal como para focar o problema da interpretação em vez de representar uma generalização sobre ambos os sexos. Ao traçar o desenvolvimento, eu aponto para a interação dessas vozes dentro de cada sexo, e sugiro que sua convergência demarque períodos de crise e mudança. Reivindicações não são feitas sobre as origens das diferenças descritas, ou sua distribuição em uma população mais ampla, através das culturas ou através do tempo. Claramente, essas diferenças manifestam-se de um contexto social no qual fatores de *status* social e poder, combinados com a biologia reprodutiva, moldam a experiência de homens e mulheres, assim como as relações entre ambos os sexos. Meu interesse repousa na interação de experiência e pensamento, nas vozes diferentes e nos diálogos a quem eles dão origem, na forma que ouvimos a nós mesmos e os outros, e ainda nas histórias que contamos sobre nossas vidas.

Três estudos são referenciados através deste livro e refletem a suposição principal de minha pesquisa: que a forma como as pessoas falam sobre suas vidas é importante, que a linguagem que elas usam e as conexões que fazem podem revelar o mundo que elas veem e no qual elas agem. Todos estes estudos pautam-se em entrevistas e incluem o mesmo conjunto de questões – sobre concepções do eu e moralidade, sobre experiências de conflito e escolha. O método de entrevista foi seguir a linguagem e a lógica do pensamento da pessoa, com o entrevistador agregando perguntas adicionais de modo a clarificar o significado de uma resposta particular.

O *estudo dos estudantes universitários* explorou a identidade e o desenvolvimento moral nos primeiros anos da vida adulta, ao relacionar a visão do eu e o pensamento sobre a moralidade às experiências de conflito moral e de fazer escolhas de vida. 25 estudantes, selecionados randomicamente de um grupo que tinha escolhido cursar uma disciplina sobre escolha moral e política, na condição de alunos(as) do segundo ano do ensino universitário; eles(as) foram entrevistados(as) como seniores em uma faculdade e então cinco anos após a graduação. Ao selecionar esta amostra, observei que, dos 20 estudantes que deixaram o curso, 16 eram mulheres. Estas mulheres foram também contatadas e entrevistadas como seniores.

O *estudo da decisão do aborto* considerou a relação entre experiência e pensamento, além do papel do conflito no desenvolvimento. 29 mulheres foram entrevistadas durante o primeiro trimestre de uma gravidez confirmada e em uma fase em que consideravam o aborto, variando dos 15 aos 33 anos, de diversos contextos étnicos e classes sociais – algumas solteiras, algumas casadas, algumas poucas mães de crianças na fase pré-escolar. Estas mulheres foram encaminhadas para o estudo através de serviços de aconselhamento da gravidez e clínicas de aborto em uma ampla área metropolitana; nenhum esforço foi perpetrado para selecionar uma amostra representativa de uma clínica ou de uma população de um serviço de aconselhamento. Das 29 mulheres encaminhadas, disponho de dados de 24 entrevistas completas; e, destas 24, 21 foram novamente entrevistadas um ano após a escolha.

Ambos os estudos expandem o *design* ideal da pesquisa sobre julgamento moral, ao perguntar como as pessoas definem problemas morais e que experiências elas interpretaram como conflitos morais em suas vidas, em vez de focar em seus pensamentos sobre problemas que a elas foram apresentados de modo a serem resolvidos. As hipóteses geradas por estes estudos sobre diferentes modos de pensamento sobre moralidade e sua relação com diferentes visões do eu foram posteriormente exploradas e refinadas através do *estudo dos direitos e responsabilidades*. Este estudo envolveu amostras de homens e mulheres combinados por idade, inteligência, educação, ocupação e classe social em nove pontos através de seus ciclos de vida: 6-9 anos, 11, 15, 19, 22, 25-27, 35, 45 e 60. A partir de uma amostra total de 144 (8 homens e 8 mulheres de cada idade), incluindo uma subamostra mais intensamente entrevistada de 36 (2 homens e 2 mulheres de cada idade); os dados foram coligidos sobre concepções do eu e moralidade, experiências de conflitos morais e escolha, além de julgamentos de dilemas morais hipotéticos.

Ao apresentar excertos deste trabalho, eu relato uma pesquisa em desenvolvimento cujo propósito é fornecer, no campo do desenvolvimento humano, uma representação mais clara do desenvolvimento feminino, o que permitirá que psicólogos e outros sigam seu curso e entendam alguns quebra-cabeças que ela apresenta – especialmente àqueles que se referem à formação da identidade feminina e seu desenvolvimento moral na adolescência e na vida adulta. Para as mulheres, eu espero que este trabalho ofereça uma representação de seu pensamento, e que as habilite a ver melhor sua integridade e validade, a reconhecer as experiências que seu pensamento refratam e entender as linhas de seu desenvolvimento. Minha meta é expandir a compreensão do desenvolvimento ao usar o grupo deixado de fora no momento da construção da teoria, isto é, chamar a atenção para o que está faltando nesta narrativa. Vendo a partir desta luz, os dados discrepantes sobre a experiência feminina fornecem uma base sobre a qual se cria uma nova teoria, potencialmente produzindo uma visão mais abrangente das vidas de ambos os sexos.

1

O LUGAR FEMININO NO CICLO DE VIDA MASCULINO

No segundo ato de *O jardim das cerejeiras* (*The Cherry Orchard*), Lopahin, um jovem mercador, descreve sua vida de trabalho duro e sucesso. Incapaz de convencer Madame Ranevskaya a cortar fora seu jardim de cerejas para resguardar seu estado, ele avançará no ato subsequente na intenção de comprá-lo para si. Ele é o *self-made man*[4] que, ao comprar o estado onde seu pai e avô foram escravos, busca erradicar a "vida estranha e infeliz" do passado, substituindo o jardim de cerejas por chalés de verão onde as próximas gerações "verão uma nova vida". Ao elaborar esta visão desenvolvimentista, ele revela a imagem de um homem que subjaz e apoia sua atividade: "De tempos em tempos, quando não conseguia dormir, eu pensava: Senhor, tu nos destes imensas florestas, campos sem fim e amplos horizontes; e, vivendo em meio

---

4. Indivíduo que, mediante suas qualidades, faz de si mesmo um caso de sucesso na vida e/ou em um ofício particular [N.T.].

a eles, nós deveríamos ser gigantes" – neste dado ponto, Madame Ranevskaya interrompe-o, dizendo: "você sente necessidade por gigantes – eles são bons apenas em contos de fada; nos demais lugares, eles apenas nos assustam".

Concepções do ciclo de vida humana representam tentativas de ordenar e tornar coerente as experiências decorrentes e percepções, ou seja, os desejos mutantes e realidades da vida cotidiana. Mas a natureza de tais concepções depende em parte da posição do observador. O breve excerto da peça de Chekhov sugere que quando o observador é uma mulher, a perspectiva pode ser de um tipo diferente. Julgamentos distintos da imagem do homem como um gigante implicam diferentes ideias sobre o desenvolvimento humano, diferentes formas de imaginar a condição humana e diferentes noções sobre o que tem valor na vida.

Em tempos em que esforços são feitos para erradicar a discriminação entre os sexos em busca de igualdade social e justiça, as diferenças entre os sexos estão sendo redescobertas nas Ciências Sociais. A descoberta ocorre quando teorias anteriormente consideradas como sexualmente neutras em sua objetividade científica mostram-se, em vez disso, como a refletir um viés consistente do ponto de vista do observador e na avaliação. Assim, a presumível neutralidade da ciência, como da própria língua, dá espaço para o reconhecimento que categorias do conhecimento são construções humanas. O fascínio com o ponto de vista que tem instruído a ficção do século XX e o correspondente reconhecimento da relatividade do julgamento infunde nossa compreensão científica tal como quando começamos a perceber quão acostumados nós estamos em ver a vida através dos olhos masculinos.

Uma recente descoberta desse tipo pertence ao aparentemente inocente clássico *Os elementos do estilo* (*The Elements of Style*), redigido por William Strunk e E.B. White. Uma regra da Suprema Corte sobre o tema da discriminação sexual levou um professor de inglês a perceber que as regras elementares do uso da Língua Inglesa foram ensinadas através de exemplos de modo a contrariar o nascimento de Napoleão, os textos de Coleridge e declarações como "ele era um hábil orador. Um homem que viajou por todo o mundo e viveu em meia dúzia de países" com "Bom, Susan, você está em uma bela confusão"; ou, mais drasticamente, "ele viu uma mulher acompanhada por duas crianças, caminhando vagarosamente rua abaixo".

Teóricos da Psicologia têm caído inocentemente neste enviesamento do ponto de vista, tal como Strunk e White. Ao adotar implicitamente a vida masculina como a norma, eles tentaram moldar o feminino a partir da roupagem masculina. Obviamente, tudo isso retorna a Adão e Eva – uma história que mostra, entre outras coisas, que se você faz uma mulher a partir do homem, você obrigatoriamente enfrentará problemas. No ciclo de vida, assim como no Jardim do Éden, a mulher tem sido a desviante.

A inclinação dos teóricos do desenvolvimento a projetar a imagem masculina, e tal imagem que parece assustadora para as mulheres, remonta ao menos a Freud (1905), que produziu a teoria do desenvolvimento psicossocial em torno das experiências de meninos que culmina no complexo de Édipo. Na década de 1920, Freud lutou para resolver as contradições impostas por sua teoria para as diferenças na anatomia feminina e a configuração distinta dos relacionamentos familiares de meninas. Após tentar enquadrar o feminino em uma concepção masculina, tomando-as como invejosas diante daquilo que lhes falta, ele reconheceu, em vez disso, uma diferença no desenvolvimento derivada da força e da persistência dos apegos pré-édipicos das mulheres às suas mães.

Ele considerou esta diferença no desenvolvimento feminino como responsável por aquilo que ele viu como uma falha no desenvolvimento das mulheres.

Tendo unido a formação do superego ou consciência à ansiedade da castração, Freud considerou as mulheres como sendo privadas por natureza do ímpeto por uma resolução clara do complexo de Édipo. Consequentemente, o superego feminino – o herdeiro do complexo de Édipo – foi comprometido: ele nunca foi "tão inexorável, tão impessoal, tão interdependente de suas origens emocionais como nós requeremos que seja em homens". Desta observação da diferença, que "o nível do que é eticamente normal para as mulheres é diferente do que é para os homens", Freud concluiu que as mulheres "mostram um senso de justiça menor do que os homens, que elas estão menos propensas a submeterem-se às grandes exigências da vida, que elas são mais frequentemente influenciadas em seus julgamentos por sentimentos de afeição ou hostilidade" (1925, p. 257-258).

Deste modo, um problema em teoria tornou-se um problema no desenvolvimento feminino, e o problema no desenvolvimento feminino estava localizado em sua experiência de relacionamentos. Nancy Chodorow (1974) – tentando explicar que "a reprodução dentro de cada geração de certas diferenças gerais e quase universais que caracterizam as personalidades e papéis masculinos e femininos" – atribui essas diferenças entre os sexos não à anatomia, mas, em vez disso, ao "fato de que as mulheres são largamente responsáveis pelo cuidado primário infantil de modo universal". Como este ambiente social difere e é experimentado de modo distinto por meninos e meninas, diferenças sexuais básicas repetem-se no desenvolvimento da personalidade. Como resultado, "em dada sociedade, a personalidade feminina define a si mesma em relação e conexão com outras pessoas de modo mais destacado do que a personalidade masculina" (p. 43-44).

Em sua análise, Chodorow confia primariamente nos estudos de Robert Stoller, que indica que a identidade de gênero, o cerne imutável da formação da personalidade, é "com raras exceções, firme e irreversivelmente estabelecido para ambos os sexos na fase em que a criança está em torno dos três anos de idade". Dado que para ambos os sexos a primeira cuidadora nos primeiros três anos de idade é tipicamente feminina, a dinâmica interpessoal da formação de identidade de gênero é diferente para meninos e meninas. A formação de identidade feminina toma lugar em um contexto de contínuo relacionamento, uma vez que "mães tendem a experimentar suas filhas como mais próximas e contíguas com elas mesmas". De modo correspondente, meninas, ao identificarem-se como femininas, experimentam-se tal qual suas mães, fundindo assim a experiência do apego com o processo de formação de identidade. Por outro lado, "as mães experimentam seus filhos como o oposto masculino", e os garotos, ao definirem-se como masculinos, separam suas mães deles mesmos, encurtando, portanto, "seu amor primário e seu senso de laço empático". Consequentemente, o desenvolvimento humano implica "uma individuação mais empática e uma reafirmação mais defensiva dos limites experimentados pelo ego". Para os meninos, mas não para as meninas, "problemas de diferenciação tornaram-se imiscuídos com problemas sexuais" (1978, p. 150; p. 166-167).

Escrevendo contra o enviesamento masculino da teoria psicoanalítica, Chodorow argumenta que a existência de diferenças sexuais nas primeiras experiências de individuação e relacionamento "não significa que a mulher tem limites do ego 'mais fracos' do que homens, ou que são mais propensas à psicose". Em vez disso, isso significa que "meninas emergem desse período com uma base por 'empatia' construída em suas primeiras definições do eu, de um modo que não ocorre com meninos". Chodorow, então, substitui a negativa de Freud e a descrição derivativa da psicologia feminina por uma descrição positiva e direta dela própria: "meninas emergem com uma base mais forte por experimentar as necessidades dos outros ou os sentimentos como se fossem seus (ou por pensar que alguém experimenta as necessidades e sentimentos do outro). Ademais, garotas não definem elas mesmas nos termos de uma negação ou modos de relacionamento pré-edípicos na mesma extensão que os meninos. Portanto, a regressão a esses modos tende a não sentir tanto uma ameaça básica ao seu ego. Desde cedo, assim, porque elas são adotadas por uma pessoa do mesmo gênero [...] garotas chegam a experimentar elas mesmas como menos diferenciadas do que os meninos, tal como mais contínuas com e relacionadas ao mundo-objeto externo, tal como diferentemente orientadas ao seu objeto-mundo interno" (p. 167).

Consequentemente, relacionamentos, e particularmente problemas de dependência, são experimentados diferentemente por homens e mulheres. Para meninos e homens, a separação e a individuação são criticamente unidas à identidade de gênero, uma vez que a separação da mãe é essencial para o desenvolvimento da masculinidade. Para meninas e mulheres, problemas de feminilidade ou identidade feminina não dependem do empreendimento da separação da mãe ou do progresso da individuação. Uma vez que a masculinidade é definida através da separação, enquanto a feminilidade é definida através do apego, a identidade de gênero masculina é ameaçada pela intimidade, enquanto a identidade de gênero feminina é ameaçada pela separação. Assim, a identidade de gênero feminina tem dificuldade com relacionamentos, enquanto mulheres tendem a ter problemas com a individuação.

A qualidade da inclusão na interação social e nos relacionamentos pessoais que caracterizam a vida feminina contrastam com as dos homens; porém, torna-se não só uma diferença descritiva, mas também uma responsabilidade do desenvolvimento, quando as pedras fundamentais do desenvolvimento na infância e adolescência na literatura psicológica são marcadores de uma separação crescente. A falha feminina para separar torna-se, assim, por definição, uma falha ao desenvolvimento.

As diferenças de sexo na formação da personalidade descritas por Chodorow na primeira infância aparecem durante meados da infância nos estudos sobre jogos infantis. Jogos infantis são considerados por George Herbert Mead (1934) e Jean Piaget (1932) como cruciais ao desenvolvimento social durante os anos escolares. Nos jogos, as crianças aprendem a assumir os papéis dos outros e chegam a ver elas mesmas pelos olhos dos outros. Nos jogos, elas aprendem a respeitar as regras e passam a compreender as formas pelas quais as regras são feitas e alteradas.

Janet Lever (1976), considerando o grupo de pares como sendo o agente de socialização durante os anos das séries iniciais e desempenhando uma atividade maior de socialização nesta fase, partiu para descobrir se há diferenças de sexo nos jogos que as crianças jogam. Estudando 181 crianças do quinto ano, brancas, de classe média, entre os 10 e 11 anos, ela observou a organização e a estrutura de seus jogos/atividades. Ela observou as crianças enquanto jogavam na escola durante o recesso e nas aulas de Educação Física; e, além disso, manteve diários sobre suas narrativas e como elas passavam o tempo fora da escola. A partir deste estudo, Lever relata diferenças de sexo: meninos brincam fora de casa com maior frequência do que meninas; meninos brincam mais frequentemente em grupos maiores e mais heterogêneos em termos de idade; eles praticam jogos competitivos mais frequentemente, e seus jogos duram mais do que as brincadeiras das meninas. Por último, em certa medida, percebe-se a descoberta mais interessante: os jogos dos meninos parecem durar mais não apenas porque eles requerem um alto nível de habilidade e foram, portanto, menos propensos a se tornarem entediantes, mas também porque, quando as disputas cresciam no curso do jogo, os garotos foram mais hábeis em resolver as disputas de modo mais efetivo do que as meninas: "durante o curso deste estudo, os garotos foram vistos brigando todo o tempo, mas em nenhum momento o jogo foi interrompido por mais do que sete minutos. Nos debates mais graves, a palavra final era sempre em torno de 'repetir o jogo', geralmente seguidos por um coro de 'provas de trapaceiros'" (p. 482). De fato, parece que os garotos gostavam tanto dos debates legais quanto dos próprios jogos em si, e até mesmo jogadores marginais de menor tamanho ou habilidade participaram igualmente nestas recorrentes brigas. Por outro lado, a erupção de disputas entre garotas tendia a encerrar o jogo.

Deste modo, Lever amplia e corrobora com as observações de Piaget no estudo das regras do jogo, em que ele encontra meninos tornando-se crescentemente encantados na infância com a elaboração legal de regras e o desenvolvimento de procedimentos justos para julgar conflitos; uma fascinação, que, ele percebe, não se vê nas garotas. As meninas, Piaget observa, têm uma atitude mais "pragmática" quanto às regras, "tomando a regra como boa enquanto o jogo for recompensador" (p. 83). Elas são mais tolerantes em suas atitudes quanto às regras, mais propensas a abrirem exceções e mais facilmente reconciliadas diante das inovações. Como resultado, o senso legal, que Piaget considera essencial ao desenvolvimento moral, "é muito menos desenvolvido em menininhas do que em meninos" (p. 77).

O enviesamento que levou Piaget a equacionar o desenvolvimento masculino com o desenvolvimento infantil também coloriu o trabalho de Lever. A afirmação molda sua discussão dos resultados de que o modelo masculino é melhor, uma vez que ele se adequa às exigências do sucesso corporativo moderno. Por outro lado, a sensibilidade e o cuidado diante dos sentimentos dos outros que as garotas desenvolvem através de seus jogos têm pouco valor de mercado e podem até mesmo impedir seu sucesso profissional. Lever implica que, dada às realidades da vida adulta, se uma garota não deseja se tornar dependente dos homens, ela deverá aprender a jogar como um garoto.

Para o argumento de Piaget, no qual as crianças aprendem a respeitar a necessidade das regras por um desenvolvimento moral ao jogar jogos pautados em regras, Lawerence Kohlberg (1969) acrescenta que essas lições são mais eficientemente aprendidas através das oportunidades para a tomada de papéis que desponta no curso de disputas em resolução. Consequentemente, as lições morais inerentes no jogo das meninas parecem ser menores do que nos garotos. Jogos de meninas tradicionais, como pular corda e amarelinha são jogos em formato de rodízio, em que a competição é indireta, uma vez que o sucesso de alguém não significa necessariamente a falha de outrem. Deste modo, disputas que demandam julgamentos são menos frequentes. De fato, a maioria das garotas que Lever entrevistou afirmou que quando uma briga acontece, o jogo é encerrado. Em vez de elaborar um sistema de regras para resolver disputas, as garotas subordinam a continuação do jogo à continuação dos relacionamentos.

Lever conclui que, a partir dos jogos que ambos os grupos jogam, os meninos aprendem sobre independência e habilidades organizacionais necessárias para a coordenação de atividades envolvendo grandes e diversos grupos de pessoas. Ao participar em situações de competição controladas e socialmente aprovadas, eles aprendem a lidar com a competição de um modo relativamente direto – jogar com seus inimigos e competir com seus amigos – tudo conforme as regras do jogo. Por outro lado, o jogo das meninas tende a ocorrer em grupos menores e mais íntimos, frequentemente em díades de melhores amigas, tal como em lugares privados. Este jogo replica o padrão social dos relacionamentos humanos primários, no qual sua organização é mais cooperativa. Portanto, ele tem menor ênfase, nos termos de Mead, em aprender a assumir o papel do "outro generalizado", assim como na abstração dos relacionamentos humanos. Mas ele adota o desenvolvimento da empatia e sensitividade necessário para a tomada de papel do "outro particular", e avança mais no conhecimento do outro como diferente de si mesmo.

As diferenças de sexo na formação da personalidade na primeira infância que Chodorow deriva de sua análise do relacionamento entre mãe e criança são assim estendidas pelas observações de Lever quanto às diferenças de sexo no desempenho de atividades na média infância. Juntamente com essas narrativas, ela sugere que meninos e meninas alcançam a puberdade com uma orientação interpessoal distinta e com uma gama diferente de experiências sociais. Ainda assim, uma vez que a adolescência é considerada como um tempo crucial de separação, o período do "segundo processo de individuação" (BLOS, 1967), o desenvolvimento feminino mostra-se mais divergente e, deste modo, mais problemático nesta fase.

"A puberdade", disse Freud, "que promove tamanho acesso à libido nos garotos, nas meninas é marcada por uma fresca onda de repressão", necessária para a transformação da "sexualidade masculina" da jovem garota para uma sexualidade feminina específica de sua vida adulta (1905, p. 220-221). Freud posiciona essa transformação no reconhecimento e aceitação das garotas do "fato de sua castração" (1931, p. 229). Para a garota, Freud explica, a puberdade produz uma nova preocupação da "cicatriz de seu narcisismo", conduzindo-a ao desenvolvimento de "um sentido de inferioridade, tal qual uma cicatriz" (1925, p. 253). Uma vez que a expansão da narrativa psicoanalítica de Freud por Erik Erikson, a adolescência é a fase quando o desenvolvimento articula sobre a identidade, e a garota chega a esta conjuntura quer psicologicamente em risco, quer com uma agenda diferente.

O problema que as mulheres adolescentes apresentam por teóricos do desenvolvimento humano é aparente no esquema de Erikson (1950), que mapeia oito estágios do desenvolvimento psicossocial – a adolescência é o quinto. A tarefa neste estágio é esquecer um senso coerente do eu, verificar e identificar o que pode ampliar a descontinuidade da puberdade e tornar possível a capacidade adulta para amar e trabalhar. A preparação para a resolução do sucesso da crise de identidade adolescente é delineada na descrição de Erikson das crises que caracterizam os quatro estágios precedentes. Conquanto a crise inicial na infância do "confiar *versus* desconfiar" ancore o desenvolvimento na experiência do relacionamento, a tarefa então se torna claramente a de individuação. O segundo estágio de Erikson centra-se sobre a crise da "autonomia *versus* vergonha e dúvida", que marca o progressivo sentido emergente da criança de separação e agência. Daqui, o desenvolvimento avança através da crise de "iniciativa *versus* culpa", resolução bem-sucedida que representa um movimento adicional em direção à autonomia. Na próxima etapa, seguindo o inevitável desapontamento do desejo mágico do período edipiano, as crianças percebem que, para competirem com os seus pais, elas devem primeiro juntar-se a eles e aprender o que eles fazem de bom. Assim, na infância média, o desenvolvimento gira em torno da crise da "indústria *versus* inferioridade", como a demonstração de competência se torna crítica para o desenvolvimento da autoestima da criança. Este é o momento quando as crianças esforçam-se para aprender e manter a tecnologia de sua cultura, de modo a reconhecerem-se e para que sejam reconhecidas pelos outros como sendo capazes de serem adultas. Em seguida vem a adolescência, a celebração do eu autônomo, iniciador e industrioso através da forja de uma identidade baseada em uma ideologia que possa apoiar e justificar os compromissos adultos. Mas sobre quem Erikson está falando?

Novamente ele fala sobre o menino. Para a menina, Erikson (1968) diz que a sequência é um pouco diferente. Ela mantém sua identidade em suspensão enquanto prepara-se para atrair o homem por aquele nome que ela saberá, por aquele *status* que ela definirá; o homem que irá resgatá-la do vazio e da solidão ao preencher seu "espaço interior". Enquanto para o homem a identidade precede a intimidade e a generosidade em um ciclo ótimo da separação e apego humanos, para a mulher, por sua vez, essas tarefas parecem estar fundidas. Intimidade segue juntamente com a identidade conforme a mulher conhece a si mesma como é conhecida; isto é, através de seus relacionamentos com outrem.

Apesar da observação de Erikson das diferenças sexuais, sua cartilha dos estágios do ciclo de vida permanece imutável: a identidade continua a preceder a intimidade, enquanto a experiência masculina continua a definir a concepção de seu ciclo de vida. Porém, neste ciclo de vida masculino, há pouco preparo para a intimidade durante o primeiro estágio adulto. Apenas o estágio inicial de confiança *versus* desconfiança sugere o tipo de reciprocidade que Erikson entende por intimidade e generosidade; e Freud, por sua vez, entende como genitalidade. O restante é a separação, com o resultado que o desenvolvimento em si mesmo passa a ser identificado com a separação, e os apegos parecem desenvolver impedimentos no desenvolvimento, como ocorre repetidamente no caso de assédio de mulheres.

A descrição de Erikson da identidade masculina tal qual ela é forjada no relacionamento para o mundo e da identidade feminina como amedrontada em um relacionamento de intimidade com outra pessoa é dificilmente algo novo. Nos contos de fadas que Bruno Bettelheim (1976) descreve, um retrato idêntico desponta. As dinâmicas da adolescência masculina são ilustradas arquetipicamente pelo conflito entre pai e filho em "As três línguas" (*The Three Languages*). Aqui, um filho, considerado como um irrecuperável estúpido por seu pai, recebe uma última chance para estudar e é enviado por um ano para aprender com um mestre. Porém, quando ele retorna, tudo que ele sabe é "porque os cães latem". Após duas tentativas adicionais desta natureza, o pai desiste desgostosamente e ordena seus servos a levarem a criança para a floresta e matá-la. Mas os servos, aqueles perpétuos resgatadores de crianças abandonadas e renegadas, sentem pena da criança e decidem simplesmente levá-la até a floresta. Dali, sua errância conduzem-no a uma terra atormentada por cães furiosos, que periodicamente devoram um de seus habitantes e cujos latidos não permitem que ninguém descanse. Agora, percebe-se que o nosso herói aprendeu apenas a coisa certa: ele pode falar com os cães e é capaz de acalmá-los, restaurando assim a paz da terra. Uma vez que o outro conhecimento adquirido por ele tem serventia igualmente proveitosa para ele, nosso herói emerge triunfante de sua confrontação adolescente com seu pai, um gigante na concepção do ciclo de vida.

Por outro lado, as dinâmicas da adolescência feminina são descritas através do contar de uma história bem diferente. No mundo dos contos de fadas, o primeiro ciclo menstrual da menina é seguido por um período de intensa passividade, no qual nada parece acontecer. Ainda nos sonos profundos de Branca de Neve e da Bela Adormecida (Snow White e Sleeping Beauty), Betellheim nota aquela concentração interna que ele considera como sendo a contraparte necessária para a atividade da aventura. Uma vez que as heroínas adolescentes acordam de seus adormecimentos não para conquistarem o mundo, mas para se casarem com o príncipe, suas identidades são definidas íntima e interpessoalmente. Para as mulheres, tanto na narrativa de Bettelheim quanto na de Erikson, identidade e intimidade são intricadamente combinadas. As diferenças sexuais descritas no mundo dos contos de fadas, como na fantasia da mulher guerreira na recente novela autobiográfica de Maxine Hong Kingston (1977), que ecoa as antigas histórias de Troilo e Créssida e de Tancredo e Clorinda, indicam repetidamente que a aventura ativa é uma atividade masculina; e que se a mulher embarcar em tais empreendimentos, ela deve ao menos se vestir como um homem.

Estas observações sobre a diferença de sexo apoiam a conclusão alcançada por David McClelland (1975), a saber, que "os papéis sexuais acabam sendo um dos mais importantes determinantes do comportamento humano; psicólogos encontraram diferenças sexuais em seus estudos a partir do momento em que eles iniciaram sua pesquisa empírica". Mas uma vez que é difícil dizer "diferente" sem dizer "melhor" ou "pior", considerando que há uma tendência de construir uma escala de medidas, e que tal escala tem geralmente derivado de uma padronização com base nas interpretações dos homens dos dados de pesquisas retirados predominantemente, ou exclusivamente, dos estudos masculinos, psicólogos "têm se inclinado a preocuparem-se com o comportamento masculino como a 'norma', e o comportamento feminino como um tipo de desvio daquela norma" (p. 81). Assim, quando as mulheres não se conformam com os padrões de expectativa psicológica, a conclusão que se tem alcançado de modo geral é que algo está errado com elas.

O que Matina Horner (1972) considerou como estando errado com as mulheres foi a ansiedade que elas manifestavam quanto a um empreendimento competitivo. Desde o início, a pesquisa sobre a motivação humana, usando o Teste da Percepção Temática (TPT), foi afligida pela evidência de diferenças sexuais que pareciam confundir e complicar a análise dos dados. O TPT oferta à interpretação uma pista ambígua – uma imagem sobre a qual uma história deve ser escrita ou um segmento de uma história que está para ser completada. Ao refletir a imaginação projetiva, tais histórias são consideradas por psicólogos como reveladoras das formas nas quais as pessoas constroem o que elas percebem, isto é, os conceitos e interpretações que trazem à experiência e, portanto, de modo presumível, o tipo de sentido que elas dão às suas vidas. Antes do trabalho de Horner, estava claro que as mulheres produzem um tipo de sentido distinto dos homens em situações de empreendimento competitivo, o que, em certa medida, implica que elas viam as situações diferentemente ou que as situações faziam crescer nelas uma resposta distinta.

Com base nos estudos dos homens, McClelland dividiu o conceito de motivação de conquista naquilo que parecia estar dividido em seus dois componentes lógicos, isto é, um motivo para se aproximar do sucesso ("sucesso esperado") e o motivo de evitar o insucesso ("temer o insucesso"). A partir de seus estudos sobre as mulheres, Horner identificou como uma terceira categoria a improvável motivação de evitar o sucesso ("temer o sucesso"). Mulheres pareciam ter um problema com o empreendimento competitivo, e tal problema parecia emanar do conflito percebido entre feminilidade e sucesso, o dilema da adolescente que luta para integrar suas aspirações femininas e identificações de sua infância primeva com uma competência mais masculina do que ela alcançou na escola. Da sua análise das compleições das mulheres de uma história que começou, "após concluir os últimos termos, Anne encontrou-se no topo de sua turma na escola de Medicina", e a partir de suas observações sobre o desempenho das mulheres em situações de empreendimentos competitivos, Horner reportou que "quando o sucesso é provável ou possível, ameaçadas pelas consequências negativas que elas esperam ao seguir sendo bem-sucedidas, jovens mulheres tornam-se ansiosas, e seus esforços em empreendimentos positivos tornam-se frustrados" (p. 171). Ela conclui que este medo "existe porque, para a maior parte das mulheres, a antecipação do sucesso em uma atividade de empreendimento competitivo, especialmente contra homens, produz a antecipação de certas consequências negativas; por exemplo, a ameaça de rejeição social e perda da feminilidade" (1968, p. 125).

Tais conflitos sobre o sucesso, no entanto, podem ser vistos sob uma luz diferente. Georgia Sassen (1980) sugere que o conflito expresso pelas mulheres pode indicar, em vez disso, "uma percepção aumentada do 'outro lado' do sucesso competitivo, que são os grandes custos emocionais que se ganha quando um empreendimento através da competição é alcançado – uma compreensão que, apesar de confusa, indica um sentido subjacente que algo está podre no estado no qual o sucesso é definido como alcançando notas melhores do que todos os demais" (p. 15). Sassen aponta que Horner encontrou a ansiedade do sucesso presente apenas em mulheres cujo empreendimento era diretamente competitivo, isto é, quando o sucesso de alguém ocorria às custas do insucesso de outrem.

Em sua elaboração da crise de identidade, Erikson (1968) cita a vida de George Bernard Shaw para ilustrar o sentido de ser cooptado prematuramente pelo sucesso em uma pessoa jovem cuja carreira ele não pode endossar de todo o coração. Shaw, aos 70 anos de idade, refletindo sobre a sua vida, descreveu sua crise aos 20 como tendo sido causada não pela falta de sucesso ou pela falta de reconhecimento, mas por uma carga excessiva de ambos: "eu fiz o bem, apesar de mim mesmo, e encontrei, para o meu desalento, em vez de me expelir como o impostor sem valor que eu era, estava me prendendo em mim sem intenção de me libertar. Contempla-me, portanto, aos meus 20 anos, com um treinamento de negócios, em um emprego que eu detestava tal qual qualquer pessoa sã permite-se detestar qualquer coisa da qual não pode escapar. Em março de 1876, eu me libertei" (p. 146). Neste ponto, Shaw assentou-se para estudar e escrever o que lhe agradava. Dificilmente interpretadas como uma evidência de ansiedade neurótica sobre o empreendimento e competição, as recusas de Shaw sugerem a Erikson "o funcionamento extraordinário de uma personalidade extraordinária que vieram à tona" (p. 144).

Com base nessas premissas nós podemos perguntar por que as mulheres têm conflitos sobre o sucesso competitivo, mas por qual motivo os homens demonstram tal prontidão para adotar e celebrar uma visão mais estreita de sucesso. Relembrando a observação de Piaget, que é corroborada por Lever, a saber, que os meninos em seus jogos estão mais preocupados com as regras enquanto as meninas estão mais preocupadas com os relacionamentos, frequentemente às custas do próprio jogo – e dada à conclusão de Chodorow que a orientação social masculina é posicional enquanto a feminina é pessoal – nós começamos a entender o motivo de o medo tender a desaparecer no conto do sucesso competitivo de Horner quando "Anne" se torna "John". Considera-se John como tendo jogado conforme as regras e vencido. Ele tinha o *direito* de se sentir bem sobre seu sucesso. Confirmado no sentido de sua própria identidade como separada daqueles que, comparados a ele, são menos competentes, seu sentido posicional de si recebe afirmação. Para Anne, é possível que a posição que ela poderia obter por estar no topo de sua turma na escola de Medicina não possa ser, de fato, aquilo que ela quer.

"É óbvio", disse Virginia Woolf, "que os valores das mulheres diferem muito frequentemente dos valores que foram produzidos pelo outro sexo" (1929, p. 76). Ademais, ela acrescenta que "são os valores masculinos que prevalecem". Como resultado, as mulheres chegam a questionar a normalidade de seus sentimentos e a alterar seus julgamentos em deferência à opinião dos outros. Nos romances do século XIX escritos por mulheres, Woolf vê operando "uma mente que estava levemente deslocada do normal de modo a alterar sua visão clara em deferência da autoridade externa". A mesma deferência para os valores e opiniões dos outros podem ser vista nos julgamentos das mulheres do século XX. A dificultosa experiência feminina em encontrar ou falar publicamente com suas próprias vozes emerge repetidamente na forma de qualificação e autodúvida, mas também em intimações de um julgamento dividido, uma avaliação pública e avaliação privada que estão fundamentalmente em desacordo.

Ainda assim, a deferência e a confusão que Woolf critica nas mulheres derivam dos valores que ela vê como a sua força. A deferência feminina está enraizada não apenas em sua subordinação social, mas também na substância de sua preocupação moral. A sensitividade para as necessidades dos outros e a suposição de responsabilidade por tomar cuidado conduz as mulheres a atender às vozes dos outros em vez da sua própria, e de incluir em seu julgamento outros pontos de vista. A fraqueza moral feminina, manifesta em uma difusão e uma confusão de julgamento aparente, é assim inseparável da força moral feminina, uma preocupação primordial com os relacionamentos e responsabilidades. A relutância para julgar pode em si ser indicadora do cuidado e preocupação com os outros que infunde a psicologia do desenvolvimento feminino e são responsáveis por algo que é geralmente visto como algo problemático em sua natureza.

Assim, as mulheres não apenas se definem em um contexto de relacionamento humano, mas também julgam elas mesmas em termos de suas habilidades do cuidado. O lugar da mulher no ciclo de vida do homem tem sido de nutridora, cuidadora e parceira, a tecelã daquelas redes de relacionamentos sobre as quais ela repousa, por sua vez. Mas enquanto as mulheres têm cuidado dos homens, os homens têm tendido a assumir ou desvalorizar o cuidado em suas teorias do desenvolvimento psicológico, tal como em seus arranjos econômicos. Quando o foco sobre a individuação e sobre os empreendimentos individuais estende-se à vida adulta e à maturidade e é equacionado com a autonomia pessoal, a preocupação com os relacionamentos parece uma fraqueza das mulheres em vez de uma força humana (MILLER, 1976).

A discrepância entre a masculinidade e a vida adulta é evidente nos estudos sobre os estereótipos nos papéis sexuais de Broverman, Vogel, Broverman, Clarkson e Rosenkrantz (1972). A descoberta repetida desses estudos é que as qualidades consideradas necessárias para a vida adulta – a capacidade de pensar autonomamente, tomada de decisões clara e ação responsável – são aquelas associadas com a masculinidade e consideradas indesejáveis enquanto atributos do próprio feminino. Os estereótipos sugerem uma divisão de amor e trabalho que relega capacidades expressivas às mulheres, enquanto posiciona habilidades instrumentais no domínio masculino. Ainda que observadas de uma perspectiva distinta, esses estereótipos refletem uma concepção de vida adulta que está em si mesma desequilibrada, favorecendo a separação do eu individual em vez da conexão com os outros, e inclinando-se mais para uma vida autônoma de trabalho do que para a interdependência do amor e cuidado.

A descoberta agora sendo celebrada por homens em meia idade da importância da intimidade, dos relacionamentos e do cuidado é algo que as mulheres sabem desde o início. No entanto, como o conhecimento nas mulheres tem sido considerado "intuitivo" ou "instintivo", uma função da anatomia aparelhada ao destino, os psicólogos têm se negado a descrever seu desenvolvimento. Em minha pesquisa, eu descobri que o desenvolvimento moral das mulheres centra-se na elaboração daquele conhecimento e, assim, delineia uma linha crítica de desenvolvimento psicológico na vida de ambos os sexos. O sujeito do desenvolvimento moral não apenas fornece a ilustração final do padrão reiterativo em observação e avaliação na literatura do desenvolvimento humano, mas também indica mais particularmente por que a natureza e o significado do desenvolvimento feminino têm sido por tanto tempo obscurecidos e envoltos em mistério.

A crítica que Freud faz ao senso de justiça feminino, percebendo-o como comprometido em sua recusa da imparcialidade cega, reaparece não apenas no trabalho de Piaget, mas também naquele de Kohlberg. Enquanto as garotas são algo a parte na narrativa de Piaget (1932) do julgamento moral das crianças, uma curiosidade para a qual ele devota quatro breves entradas em um índice que omite totalmente os "garotos" – porque "a criança" é tomada como sendo masculina; e é esta pesquisa da qual Kohlberg deriva a sua teoria, ou seja, que o feminino simplesmente não existe. Os seis estágios de Kolberg (1958; 1981) que descrevem o desenvolvimento do julgamento moral da infância até a vida adulta são pautados empiricamente em um estudo com 84 garotos, cujo desenvolvimento Kohlberg acompanhou por um período de 20 anos. Conquanto Kohlberg afirme a universalidade de sua sequência de estágios, aqueles grupos não incluídos em sua amostra inicial raramente alcançavam os estágios mais altos (EDWARDS, 1975; HOLSTEIN, 1976; SIMPSON, 1974). Proeminente entre aqueles que então pareciam ser deficientes no desenvolvimento moral quando medidos pela escala de Kohlberg estavam as mulheres, cujos julgamentos parecem exemplificar o terceiro estágio de sua sequência de seis estágios. Neste estágio, a moralidade é concebida em termos interpessoais e a bondade é equacionada a ajudar e agradar os outros. Esta concepção de bondade é considerada por Kohlberg e Kramer (1969) como sendo funcional nas vidas de mulheres adultas, tal como quando suas vidas tomam lugar no lar. Kohlberg e Kramer implicam que apenas se a mulher adentra na arena tradicional da atividade masculina, elas reconhecerão a inadequação de sua perspectiva moral e seu progresso, tal qual os homens em relação aos estágios mais altos, nos quais os relacionamentos são subordinados a regras (estágio quatro) e governados por princípios universais de justiça (estágios cinco e seis).

Ainda assim, ali se encontra um paradoxo, posto que os próprios tratos que tradicionalmente têm definido a "bondade" das mulheres, seu cuidado e sensibilidade diante das necessidades dos outros, são aqueles que as marcam como deficientes no desenvolvimento moral. No entanto, nesta versão do desenvolvimento moral, a concepção de maturidade deriva do estudo das vidas dos homens e reflete a importância da individuação em seu desenvolvimento. Piaget (1970), desafiando a impressão comum que a teoria do desenvolvimento é construída como uma pirâmide a partir de sua base na infância, aponta que uma concepção de desenvolvimento, em vez de pender de seu vértice de maturidade, aponta em direção do progresso no qual está traçado. Assim, uma mudança na definição de maturidade não simplesmente altera a descrição do estágio mais alto, mas, em vez disso, projeta novamente a compreensão do desenvolvimento, alterando completamente a narrativa.

Quando alguém começa com o estudo das mulheres e deriva o constructo do desenvolvimento de suas vidas, o esboço de uma concepção moral diferente daquela descrita por Freud, Piaget ou Kohlberg começa a emergir e informar uma descrição diferente de desenvolvimento. Nesta concepção, o problema moral desponta das responsabilidades conflitantes em vez dos direitos de competição, e requer, para sua resolução, um modo de pensamento que é conceitual e narrativo em vez de formal e abstrato. Esta concepção de moralidade, uma vez preocupada com a atividade do cuidado, centra-se no desenvolvimento moral em torno da compreensão da responsabilidade e nos relacionamentos, tal como a concepção de moralidade como justiça amarra o desenvolvimento moral à compreensão dos direitos e das regras.

Estas distintas construções do problema moral para mulheres podem ser vistas como uma razão crítica para a falha no desenvolvimento dentro das constrições propostas pelo sistema de Kohlberg. Em relação a todas as construções de responsabilidade como evidência de uma compreensão moral convencional, Kohlberg define os estágios mais altos de um desenvolvimento moral como derivados de uma compreensão reflexiva dos direitos humanos. Que a moralidade dos direitos se difere da moralidade da responsabilidade em sua ênfase na separação ao invés da conexão, em sua consideração do individual ao invés do relacionamento em primeiro lugar, fica ilustrado por duas respostas dadas a perguntas de entrevista sobre a natureza da moralidade. A primeira vem de um homem de 25 anos, um dos participantes do estudo de Kohlberg:

[*O que a moralidade significa para você?*] Ninguém no mundo sabe a resposta. Eu acredito que é reconhecer o direito do indivíduo, o direito dos outros indivíduos, não interferir naqueles direitos. Agir de modo tão justo como eles deveriam tratar você. Eu creio que é basicamente preservar o direito humano da existência. Eu acredito que isso é o mais importante. Em segundo lugar, o direito do ser humano de fazer o que quiser – novamente, desde que não intervenha nos direitos de outra pessoa.

[*Como suas posições sobre a moralidade mudaram desde a última entrevista?*] Eu penso que estou mais preocupado com os direitos dos indivíduos agora. Eu costumava apenas ver as coisas estritamente do meu ponto de vista; agora eu creio que estou mais preocupado com o que o indivíduo tem direito de fazer.

Kohlberg (1973) cita esta resposta masculina como ilustrativa do princípio de concepção dos direitos humanos que exemplificam seus estágios número cinco e seis. Comentando sobre a resposta, Kohlberg diz: "*deslocando para uma perspectiva fora daquela que compõe sua sociedade, ele identifica a moralidade com a justiça (equidade, direitos, a Regra de Ouro), com o reconhecimento dos direitos dos outros como se eles fossem definidos natural ou intrinsecamente. O direito humano de fazer o que lhe aprouver sem interferir no direito dos outros é uma fórmula definidora de direitos anterior à legislação social*" (p. 29-30).

A segunda resposta provém de uma mulher que participou do estudo dos direitos e responsabilidades. Ela também tinha 25 anos naquela época e era uma estudante de direito no terceiro ano da faculdade:

[*Há realmente alguma solução correta para problemas morais, ou as opiniões de todos são igualmente corretas?*] Não, eu não creio que a opinião de todos é igualmente correta.

Eu acho que, em algumas situações, pode haver opiniões que são igualmente válidas, e alguém pode conscientemente adotar um dos diversos cursos de ação. Mas há outras situações nas quais eu penso que há respostas certas e erradas, aquele tipo de lugar na natureza da existência de todos os indivíduos que precisam viver com os outros. Nós precisamos depender uns dos outros; por bem, não se trata apenas de uma necessidade física, mas a necessidade de uma satisfação em nós mesmos, de modo que a vida de uma pessoa é enriquecida ao cooperar com outra pessoa e lutando para viver em harmonia com todos os outros; e, ao fim, há o certo e o errado, há coisas que promovem aquele fim e que se movem para longe dele e, desta feita, é possível escolher em certos casos entre diferentes cursos de ação que obviamente promovem ou ameaçam tal meta.

[*Há um período no passado em que você pensou nessas coisas de modo diferente?*] Ah, claro, eu creio que passei por uma fase quando pensava que as coisas eram muito relativas, que eu não poderia dizer a você o que fazer e que você não poderia me dizer o que fazer porque você tem a sua consciência e eu tenho a minha.

[*Quando você pensava assim?*] Quando eu estava no Ensino Médio. Eu acho que é apenas o tipo de coisa que ocorreu de modo que minhas próprias ideias mudaram; e como meu próprio julgamento mudou, eu sentia que eu não poderia julgar o julgamento de outra pessoa. Mas agora eu penso que até mesmo quando apenas aquela pessoa será afetada, eu digo que está errado diante daquilo que é coerente com o que sei sobre a natureza humana e do que sei sobre você, e daquilo que eu penso ser verdadeiro sobre a operação do universo; assim, eu posso dizer que você está cometendo um erro.

[*O que levou você a mudar sua forma de pensar?*] Ao observar mais a vida, ao reconhecer que há muitas coisas horríveis que são comuns entre as pessoas. Há certos tipos de coisas que você chega a aprender para promover uma vida melhor, relacionamentos melhores e uma satisfação pessoal maior do que outras coisas que, de modo geral, tendem a ir na direção contrária; e as coisas que promovem isso podem ser chamadas de moralmente corretas.

Esta resposta também representa uma reconstrução pessoal da moralidade seguida por um período de questionamento e dúvida; porém, a reconstrução do entendimento moral não é baseada na primazia e na universalidade dos direitos individuais, mas, em vez disso, naquilo que ela descreve como "um sentido muito forte de responsabilidade para com o mundo". Dentro desta construção, o dilema moral muda para como o exercício do direito de alguém sem interferir no direito dos outros para como "levar uma vida moral que inclui obrigações para comigo mesmo(a), para com a minha família e para com as pessoas em geral". O problema então se torna a dinâmica das responsabilidades limitadoras, sem abdicar das preocupações morais. Quando é requerida a descrever a si mesma, esta mulher diz que avalia *"ter outras pessoas a quem eu estou ligada, e também tendo pessoas a quem sou ligada. Eu tenho um sentido muito forte de responsabilidade para com o mundo, de modo que eu não posso apenas viver para o meu próprio prazer, mas apenas pelo fato de ser no mundo, isso me obriga a fazer o que posso fazer para tornar o mundo um lugar melhor para viver, não importando quão pequeno meu ato seja em uma escala"*. Assim, enquanto os indivíduos da pesquisa de Kohlberg preocupam-se em como as pessoas podem interferir nos direitos umas das outras, esta mulher se preocupa com *"a possibilidade de omissão, de não ajudar os outros quando você pode"*.

O problema que esta mulher levanta é endereçado pelos cinco estágios "autônomos" do desenvolvimento do ego de Jane Loevinger, no qual a autonomia, colocada em um contexto de relacionamentos, é definida como moduladora de um excessivo sentido de responsabilidade através do reconhecimento de que outra pessoa tem a responsabilidade para com o seu próprio destino. O estágio autônomo na narrativa de Loevinger (1970) testemunha um abandono das dicotomias morais e sua substituição por "*um sentimento pelo caráter complexo e multifacetado das pessoas reais e das situações reais*" (p. 6). Enquanto os direitos de concepção da moralidade que informam os princípios de Kohlberg (estágios cinco e seis) estão voltados de modo a alcançar uma justiça em termos objetivos ou uma justa resolução para problemas morais sobre os quais pessoas racionais podem chegar a um acordo, a concepção de responsabilidade foca, em vez disso, nas limitações de qualquer resolução particular e descreve os conflitos que se mantêm.

Assim, torna-se claro a razão para qual a moralidade dos direitos e a não interferência possam parecer assustadoras para mulheres em sua justificativa potencial da indiferença e despreocupação. Ao mesmo tempo, torna-se clara a razão, de uma perspectiva masculina, da moralidade da responsabilidade parecer inconclusiva e difusa, dado seu insistente relativismo contextual. Portanto, os julgamentos morais femininos elucidam o padrão observado na descrição das diferenças de desenvolvimento entre os sexos; mas eles também fornecem uma concepção alternativa de maturidade, pela qual essas diferenças podem ser acessadas, e pela qual suas implicações podem ser traçadas. A psicologia das mulheres, que tem sido consistentemente descrita como distintiva em sua orientação maior em direção aos relacionamentos e à interdependência, implica um modo mais contextual de julgamento e uma compreensão moral distinta. Dadas as diferenças nas concepções do eu e da moralidade feminina, as mulheres trazem ao ciclo de vida um ponto de vista diferente e ordenam a experiência humana em termos de prioridades diferentes.

O mito de Deméter e Perséfone, que McClelland (1975) cita como exemplificador da atitude feminina diante do poder, foi associado com os mistérios eleusinos celebrados na Antiga Grécia durante quase 2 mil anos. Como narrado no *Hino de Deméter* homérico, a história de Perséfone indica as forças da interdependência, que se ergue de recursos e dádivas, de modo que McClelland encontrou em sua pesquisa sobre o poder da motivação de modo a caracterizar o estilo feminino de maturação. Conquanto McClelland tenha dito que *"ele seja moldado de maneira a concluir que ninguém saiba o que acontece nos mistérios, é sabido que eles provavelmente fossem as cerimônias religiosas mais importantes, com base parcial nos registros históricos, que foram organizados por mulheres, especialmente no início, antes que os homens assumissem-nos através do culto de Dionísio"*. Deste modo, McClelland considera o mito como *"uma apresentação especial da psicologia feminina"* (p. 96). Ele também é a história de um ciclo de vida por excelência.

Perséfone, a filha de Deméter, enquanto brincava em um campo com suas amigas, vê um belo narciso, que ela corre a colher. Assim que o faz, a terra se abre e ela é arrebatada por Hades, que a toma até o seu mundo subterrâneo. Deméter, a deusa da terra, assume tamanho luto por conta de sua filha que ela se recusa a permitir que qualquer coisa cresça. As colheitas que sustentam a vida sobre a terra se encolhem, matando homens e animais, até que Zeus apieda-se do sofrimento dos homens e persuade seu irmão a devolver Perséfone para a sua mãe. Porém, antes que ela se vá, Perséfone come algumas sementes de romã, de modo a garantir que ela passe parte de cada ano com Hades no submundo.

O elusivo mistério do desenvolvimento feminino deita suas raízes no reconhecimento da importância contínua do apego no ciclo de vida humano. O lugar da mulher no ciclo de vida do homem envolve proteger seu reconhecimento enquanto a litania do desenvolvimento entoa a celebração da separação, autonomia, individuação e direitos naturais. O mito de Perséfone fala diretamente à distorção, ao relembrar que o narcisismo conduz à morte, que a fertilidade da terra é, em certa medida, ligada misteriosamente à continuidade do relacionamento entre mãe e filha, e que o ciclo de vida em si ergue-se de uma alternação entre o mundo das mulheres e dos homens. Apenas quando os teóricos do ciclo de vida dividirem suas atenções e começarem a viver com mulheres tal como eles viveram com homens, é que irão abranger suas visões para as experiências de ambos os sexos e suas teorias se tornarão correspondentemente mais férteis.

2

IMAGENS DO RELACIONAMENTO

Em 1914, no ensaio "Sobre o narcisismo", Freud engole seu desgosto diante do pensamento de "abandonar a observação da controvérsia teorética estéril" e ampliar seu mapa do domínio psicológico. Traçando o desenvolvimento da capacidade de amar, que ele equacionou com a maturidade e a saúde psíquica, Freud alocou suas origens no contraste entre o amor da mãe e o amor de si. Mas, ao propor isso, dividindo o mundo do amor entre o narcisismo e os relacionamentos do tipo "objeto", ele descobriu que, enquanto o desenvolvimento masculino se torna mais claro, o desenvolvimento feminino torna-se cada vez mais opaco. O problema desponta porque o contraste entre a mãe e o eu produz duas imagens do relacionamento. Confiando no imaginário das vidas masculinas no gráfico do crescimento humano, Freud é incapaz de traçar o desenvolvimento dos relacionamentos nas mulheres, isto é, um claro senso do eu. Esta dificuldade em adequar a lógica de sua teoria para a experiência feminina leva-o, por fim, a colocar a mulher de lado, marcando seus relacionamentos, tal qual sua vida sexual, como um *"como 'um continente negro' para a psicologia"* (1926, p. 212).

Assim, o problema de interpretação que lança sombras sobre a compreensão do desenvolvimento feminino ergue-se das diferenças observadas entre sua experiência de relacionamento. Para Freud, apesar de viver cercado por mulheres e, por outro lado, vendo e convivendo com muitas experiências, os relacionamentos femininos parecem crescentemente misteriosos, difíceis de discernir e difíceis de descrever. Enquanto este mistério indica como a teoria pode cegar a observação, ele também sugere que o desenvolvimento nas mulheres é mascarado por uma concepção particular de relacionamentos humanos. Uma vez que o imaginário dos relacionamentos molda a narrativa do desenvolvimento humano, a inclusão da mulher, ao mudar aquele imaginário, implica uma mudança na narrativa por completo.

A mudança de imaginário, que cria o problema ao interpretar o desenvolvimento feminino, é elucidada pelos julgamentos morais de duas crianças de 11 anos, um menino e uma menina, que veem, no mesmo dilema, dois problemas morais diferentes. Enquanto a teoria atual brilhantemente ilumina a linha e a lógica do pensamento do menino, ela lança escassas luzes na linha e na lógica do pensamento da menina. A escolha da garota cujos pensamentos morais aludem categorias existentes da avaliação do desenvolvimento é significada de modo a acentuar o problema de interpretação em vez de exemplificar diferenças entre os sexos *per se*. Acrescentando uma nova linha de interpretação baseada no imaginário do pensamento da garota, é possível não apenas ver o desenvolvimento no qual previamente ele não era discernido, mas também considerar diferenças na compreensão dos relacionamentos sem produzir escalas do tipo melhor e pior.

As duas crianças estavam na mesma idade escolar (sexto ano) e participaram do estudo de direitos e responsabilidades – desenvolvido para explorar distintas concepções de moralidade e do eu. A amostra selecionada para esse estudo foi escolhida de modo a focar as variáveis de gênero e idade enquanto maximizavam o potencial de desenvolvimento ao aferir a constante, no nível mais alto, dos fatores de inteligência, educação e classe social que estiveram associados com o desenvolvimento moral – ao menos conforme aferidos pelas escalas existentes. As duas crianças em questão, Amy e Jake, eram ambas brilhantes e articuladas; e, ao menos diante de suas aspirações aos 11 anos, resistiam a categorias fáceis de estereótipos de papéis sexuais, uma vez que Amy aspirava tornar-se uma cientista, enquanto Jake preferia a Língua Inglesa a Matemática. Ademais, seus julgamentos morais parecessem inicialmente confirmar noções familiares sobre diferenças entre os sexos, sugerindo que, nesta fase de transição, as garotas apresentam um desenvolvimento moral durante os primeiros anos escolares, que são abandonados na puberdade, em comparação com a ascendência da lógica de pensamento formal em garotos.

O dilema que estas crianças de 11 anos deveriam resolver era um de uma série inventada por Kohlberg, criada para medir o desenvolvimento moral na adolescência ao apresentar um conflito entre normas morais e explorando a lógica de sua resolução. Neste dilema particular, um homem chamado Heinz considera se deve roubar ou não um remédio que ele não pode comprar, pois assim ele poderia salvar sua esposa. No formato padrão do procedimento de entrevista de Kohlberg, a descrição do dilema em si – o predicado de Heinz, a doença da esposa, o farmacêutico se recusando a baixar o preço do medicamento – é seguida pela questão "Heinz deve roubar o medicamento?" As razões para roubar ou não são, então, exploradas através de variados e extensos parâmetros do dilema, elaborado de tal modo a revelar a estrutura subjacente do pensamento moral.

Jake, aos 11 anos, esclarece desde o início que Heinz deve roubar o medicamento. Construindo o dilema, tal como Kohlberg fez, como um conflito entre os valores da propriedade e da vida, ele discerne a lógica da prioridade da vida e usa tal lógica para justificar sua escolha:

> Por um lado, a vida humana vale mais do que dinheiro, e se o farmacêutico perder apenas US$1000, ele ainda vai viver; mas se Heinz não roubar o medicamento, sua esposa irá morrer. (*Por que a vida vale mais do que dinheiro?*) Porque o farmacêutico pode conseguir milhares de dólares dos ricos com câncer depois, mas Heinz não pode ter de volta a sua esposa. (Por que não?) Porque pessoas são diferentes, de modo que você não pode ter de volta a esposa de Heinz.

Após ser perguntado se Heinz deve roubar a droga se ele não ama a sua esposa, Jake responde que ele deve, dizendo que não há ali apenas "uma diferença entre odiar e matar", mas também, se Heinz for pego, "o juiz provavelmente pensará que foi a coisa certa a ser feita". Perguntado sobre o fato de que, ao roubar, Heinz quebraria o pacto da lei, ele disse que "a lei tem erros, e você não pode avançar de modo a criar leis para tudo que possa imaginar".

Assim, enquanto leva a lei em conta para reconhecer sua função de mantenedora da ordem social (o juiz, disse Jake, "deve dar a Heinz a sentença mais leve possível"), ele também vê a lei como algo feito pelo homem e, portanto, sujeita a erro e mudança. Ainda que seu julgamento implique que Heinz deve roubar o medicamento, assim como sua visão de que a lei apresenta erros, sua forma de pensar repousa sobre a afirmação de um acordo, um consenso social em torno de valores morais que permitem que alguém saiba e espere que os outros reconheçam que é "o correto a se fazer".

Fascinado pelo poder da lógica, este menino de 11 anos aloca a verdade na Matemática, visto que, conforme diz, "é a única coisa que é totalmente lógica". Considerando o dilema sendo "parecido com um problema matemático com humanos", ele determina uma equação e avança para produzir a solução. Uma vez que a solução é racionalmente derivada, ele assume que qualquer um que seguisse a razão chegaria a mesma conclusão e, desse modo, um juiz também consideraria que o roubo era a ação correta por parte de Heinz – ainda que ele também esteja ciente dos limites da lógica. Perguntando sobre se há uma resposta correta para os problemas morais, Jake responde que "há apenas o certo e o errado em um julgamento", uma vez que os parâmetros de ação são variáveis e complexos. Ilustrando como as ações tomadas com a melhor das intenções podem ocasionar nas mais desastrosas consequências, ele disse que "tal como se você ceder o seu assento para uma senhora no bonde: se você estiver em um acidente de bonde e aquele assento voar pela janela, esta pode ser a razão para que a senhora morra".

As teorias da psicologia do desenvolvimento iluminam bem a posição dessa criança, que se encontra no cruzamento entre a infância e a adolescência, e que Piaget descreve como o pináculo da inteligência infantil – que começa através do pensamento de descobrir um amplo universo de possibilidades. O momento da pré-adolescência fica preso nessa conjunção do pensamento da operação formal com uma descrição do eu ainda ancorada em parâmetros factuais do mundo da infância – sua idade, sua cidade, a ocupação de seu pai, a substância daquilo que agrada, daquilo que desagrada e de suas crenças. Ainda assim, esta autodescrição irradia a autoconfiança de uma criança que chegou, nos termos de Eriksen, em uma balança favorável da indústria sobre a inferioridade – competência, certeza de si e conhecimento das regras do jogo – de modo que a emergência de sua capacidade para o pensamento formal, sua habilidade para pensar sobre o raciocínio e as razões das coisas a partir de uma via lógica, liberta-a de sua dependência da autoridade e permite que ela encontre soluções aos problemas por si mesma.

Esta emergência da autonomia segue a trajetória que Kohlberg traçou para os seis estágios do desenvolvimento moral em uma progressão de três níveis – de uma compreensão egocêntrica de justiça pautada na necessidade individual (estágios um e dois) até uma concepção de justiça ancorada nas convenções compartilhadas do acordo social (estágios três e quatro); e, finalmente, uma compreensão principiada pela justiça que repousa na lógica independente da igualdade e reciprocidade (estágios cinco e seis). Enquanto estes julgamentos dos garotos aos 11 anos estão apoiados em uma perspectiva convencional na escala de Kohlberg, isto é, em uma mistura dos estágios três e quatro, sua habilidade para trazer a lógica dedutiva de maneira a dar suporte em soluções de problemas morais, para diferenciar a moralidade da lei e para ver como as leis podem ser tomadas como contendo erros, avançam em direção da concepção de justiça baseada em princípios que Kohlberg equaciona com a maturidade moral.

Por outro lado, a resposta de Amy ao dilema transmite uma impressão muito diferente, uma imagem de desenvolvimento atrofiada pela falha da lógica, uma inabilidade de pensar por si mesma. Perguntada se Heinz deveria roubar o medicamento, ela responde de uma forma que parece evasiva e incerta:

> Bem, eu acho que não. Eu penso que deve haver outras formas além de roubar, como quando você pede dinheiro emprestado ou faz um empréstimo; mas ele realmente não deveria roubar a droga – mas sua esposa também não deveria morrer.

Perguntada do motivo para que ele não roube a droga, ela não considera nem a propriedade nem a lei, mas, em vez disso, o efeito que o roubo pode ter no relacionamento entre Heinz e sua esposa:

> Se ele roubar o medicamento, ele pode salvar sua esposa assim; mas se ele o faz, ele pode ir para a cadeia; e, deste modo, sua esposa pode ficar doente de novo, e como ele não poderá obter mais o remédio, pode ser algo ruim. Assim, ele deveria apenas falar e encontrar outra forma de levantar a quantia.

Vendo o dilema não como um problema de Matemática com humanos, mas uma narrativa de relacionamentos que se estende através do tempo, Amy prevê a contínua necessidade da esposa por seu marido e a contínua preocupação do marido com sua mulher, e busca responder a necessidade do farmacêutico de modo sustentável, em vez de um corte na conexão. Assim como ela liga a sobrevivência da esposa à preservação dos relacionamentos, ela considera o valor da vida da esposa em um contexto de relacionamento, dizendo que seria errado deixá-la morrer porque "se ela morrer, provocará sofrimento em muitas pessoas e nela também". Uma vez que o julgamento de Amy está enraizado na crença em que "se alguém tem algo que possa manter outro alguém vivo, então não é correto deixar de dar isso para ela", Amy considera o problema no dilema não na declaração de direitos do farmacêutico, mas de sua falha em oferecer uma resposta.

Conforme o entrevistado prossegue com uma série de questões que perscrutam a construção do dilema de Kohlberg, as respostas de Amy permanecem essencialmente incólumes, e as várias provas não servem nem para elucidar nem para modificar sua resposta inicial. Não importa se Heinz ama ou não sua esposa, ele não deveria roubar ou deixá-la morrer; se há uma estranha morrendo no lugar dela, Amy diz que "se o estranho não tem qualquer pessoa próxima ou alguém que ela conheça", então Heinz deve tentar salvar a sua vida, mas ele não deve roubar o medicamento. Mas como o entrevistador avança através da repetição de questões cujas respostas não foram ouvidas ou não estão corretas, a confiança de Amy começa a diminuir, e suas respostas tornam-se mais constrangidas e incertas. Perguntada novamente para que explique as razões, ela estabelece de novo que o roubo não é uma boa solução, adicionando de maneira débil que "se ele pega para si o remédio, ele pode não saber como entregá-lo para a sua esposa, de modo que ela possa ainda morrer". Ao não lograr êxito para ver o dilema como um problema de lógica moral em si, ela não discerne a estrutura interna de sua resolução; como ela constrói o problema diferentemente para si, a concepção de Kohlberg escapa totalmente a ela.

Em vez disso, vendo um mundo compreendido por relacionamentos em vez de pessoas que permanecem sós, um mundo que é coerente através das conexões humanas em vez de funcionar através de um sistema de regras, ela encontra o quebra-cabeça no dilema até cair no erro do farmacêutico responder a esposa. Dizendo que "não é correto que alguém morra quando sua vida pode ser salva", ela assume que se o farmacêutico visse as consequências de se negar a reduzir o valor do medicamento, ele poderia perceber "que deveria apenas entregá-lo para a esposa de Heinz e, assim, que o marido pagasse por ele posteriormente". Assim, Amy considera a solução do dilema com base na confiança de tornar a condição da esposa mais saliente para o farmacêutico ou, caso isso falha, apelar aos outros que estão em condições de ajudar.

Assim como Jake está confiante de que o juiz concordaria que roubar é a coisa certa para Heinz, Amy também está certa de que "se Heinz e o farmacêutico conversassem o suficiente, eles chegariam a algum acordo em vez dele ter que roubar". Assim como ele considera que a "lei tem erros", ela vê este drama como um erro, acreditando que "o mundo deve apenas compartilhar mais as coisas, e então as pessoas não precisariam roubar". Portanto, ambas as crianças reconhecem a necessidade por um acordo, mas o veem como mediado de modos distintos – ele de modo impessoal, através de sistemas de lógica e lei, e ela pessoalmente através da comunicação e relacionamento. Uma vez que ele repousa nas convenções da lógica para deduzir a solução para este dilema, assumindo que essas convenções são compartilhadas, ela confia, por sua vez, no processo de comunicação, assumindo a conexão e a crença que sua voz será ouvida. Enquanto suas afirmações sobre o acordo sejam confirmadas pela convergência da lógica entre suas respostas e as perguntas feitas, as afirmações dela são desmentidas pela falha da comunicação, na inabilidade do entrevistador em compreender sua resposta.

Apesar da frustação da entrevista com Amy ser aparente na repetição das questões e, em último grau, em sua circularidade, o problema de interpretação é focado pela avaliação de sua resposta. Quando considerada à luz da definição de estágios e sequências de desenvolvimento moral de Kohlberg, os julgamentos morais dela parecem estar um estágio inteiro abaixo em termos de maturidade quando comparados aos do menino. Ela está apoiada em uma mistura dos estágios dois e três, uma inabilidade para pensar sistematicamente sobre as concepções de moralidade ou lei, uma relutância para desafiar a autoridade ou examinar a lógica das verdades morais recebidas, uma falha mesmo para conceber a ação direta para salvar uma vida ou até mesmo ponderar sobre tal ação, que se tomada, pode possivelmente ter um efeito. Sua confiança nos relacionamentos parece revelar uma contínua dependência e vulnerabilidade, de modo que sua crença na comunicação, tal como o modo pelo qual ela resolve problemas morais, parece ingênuo e cognitivamente imaturo.

Ainda assim, a descrição de Amy de si mesma transmite uma impressão marcadamente distinta. Novamente, os sinais de uma criança pré-adolescente manifestam uma criança segura de seu senso de si, a confiança na substância de suas crenças e a certeza de sua habilidade de fazer algo de valor no mundo. Descrevendo a si mesma aos 11 anos como "em crescimento e mudando", ela disse que "vê algumas coisas de modo diferente agora porque me conheço muito bem atualmente e sei mais sobre o mundo". Ainda que o mundo que ela conheça seja um mundo diferente daquele refratado pela construção de Kohlberg no dilema de Heinz. Seu mundo é um mundo de relacionamentos e verdades psicológicas, no qual uma preocupação com a conexão entre pessoas dá lugar ao reconhecimento da responsabilidade para com o outro, uma percepção de necessidade de uma resposta. A partir deste prisma, sua compreensão da moral parte do reconhecimento do relacionamento, de sua crença na comunicação como o modo de resolução do conflito e de sua convicção que a solução para o dilema seguirá de sua atraente representação – esta, longe de ser ingênua ou cognitivamente imatura. Em vez disso, os julgamentos de Amy contêm os vislumbres centrais de uma ética do cuidado, tal como os julgamentos de Jake refletem a lógica da aproximação da justiça. Sua incipiente preocupação com o "método da verdade", o princípio central da resolução de conflitos não violentos, e sua crença na atividade restaurativa do cuidado, conduzem-na a ver os atores ordenados em um dilema não como oponentes em uma disputa de direitos, mas como membros de uma rede de relacionamentos da qual todos dependem da continuidade. Consequentemente, sua solução para o dilema repousa na ativação da rede pela comunicação, assegurando a inclusão da esposa pelo fortalecimento em vez da separação das conexões.

Mas a lógica distinta na resposta de Amy chama atenção para a interpretação da própria entrevista. Concebida como um interrogatório, ela manifesta, em vez disso, ares de um diálogo, que precisa considerar as dimensões morais por si mesma, pertinentes aos usos de poder e às manifestações de respeito do entrevistador. Com esta mudança na concepção da entrevista, torna-se imediatamente claro que o problema na compreensão da resposta de Amy por parte do entrevistador deriva do fato que Amy está respondendo uma questão diferente daquela que o entrevistador pensou ter colocado em jogo. Amy não está considerando *se Heinz deve ou não* agir nesta situação ("Heinz *deve* roubar o medicamento?"); mas, em vez disso, *como* Heinz deve agir enquanto resposta para a preocupação diante das necessidades de sua esposa ("Heinz deve *roubar* o medicamento?"). O entrevistador assume que o modo de ação é garantido, presumindo como sendo real; Amy assume a necessidade para a ação e considera que forma deve tomar. Na falha do entrevistador em imaginar uma resposta não sonhada na filosofia moral de Kohlberg que jaz a falha de ouvir a questão de Amy e ver a lógica em sua resposta, de maneira a discernir aquilo que aparece, de uma perspectiva; ser uma evasão do dilema significa, em outros termos, um reconhecimento do problema e uma busca por uma solução mais adequada.

Assim, nesse dilema de Heinz, as duas crianças observaram dois problemas morais distintos: para Jake, um conflito entre a vida e a propriedade que pode ser resolvido pela dedução lógica; para Amy, uma fratura do relacionamento humano que pode ser reparado em si mesmo. Perguntando diferentes questões que despontam de diferentes concepções do domínio moral, as crianças chegam a respostas que fundamentalmente divergem, e o arranjo dessas respostas como estágios sucessivos de uma escala crescente de maturidade moral calibrada pela lógica da resposta do garoto perde a verdade diferente revelada no julgamento da garota. Para a questão "o que ele vê que ela não vê?", a teoria de Kohlberg fornece uma resposta pronta, manifesta no placar dos julgamentos de Jake em uma escala de estágios maior do que Amy manifesta na maturidade moral; para a questão "o que ela vê que ele não vê?", a teoria de Kohlberg nada tem a dizer. Uma vez que a maioria das respostas dela escorre pela peneira do sistema de pontuação de Kohlberg, suas respostas aparecem, nesta perspectiva, como externas ao domínio moral.

Ainda que Jake revele uma sofisticada compreensão da lógica da justificativa, Amy é igualmente sofisticada em sua compreensão da natureza da escolha. Reconhecendo que "se ambas as opções vão para direções totalmente opostas, se você escolher uma, nunca saberá o que poderia acontecer se escolhesse a outra", ela explica que "esta é a chance que você tem que tomar, e como eu digo, é apenas um palpite". Para ilustrar seu ponto "de uma forma simples", ela descreve sua escolha para passar o verão em um acampamento:

> Eu nunca saberei o que aconteceria se eu tivesse ficado aqui; e se algo errado acontecesse no acampamento, eu nunca saberia se ficar aqui seria o melhor a fazer. Não há realmente outra opção porque você não pode optar por duas coisas ao mesmo tempo, mesmo que tenha decidido o que fazer; mas você nunca saberá.

Deste modo, estas duas crianças de 11 anos, ambas muito inteligentes e perceptivas sobre a vida, de formas diferentes demonstraram modos distintos de compreensão moral, diferentes formas de pensar sobre conflito e escolha. Na resolução do dilema de Heinz, Jake confia no robô para evitar o confronto e volta-se para a lei como mediadora da disputa. Transpondo a hierarquia do poder em uma hierarquia dos valores, ele desarma um conflito potencialmente explosivo entre pessoas ao projetá-lo como um conflito impessoal de demandas. Desta forma, ele abstrai o problema moral da situação interpessoal, encontrando na lógica da bondade uma forma objetiva de decidir quem deve vencer a disputa. Mas este ordenamento hierárquico, com este imaginário de vencer e perder e o potencial de violência nele contido, abriu caminho para a construção de Amy do dilema em direção de uma rede de conexão, uma teia de relacionamentos que é sustentada por um processo de comunicação. Com esta mudança, o problema moral muda de uma dominação injusta, a imposição da propriedade sobre a vida, para uma exclusão desnecessária, a falha do farmacêutico em responder a esta mulher.

Esta mudança na formulação do problema moral e a mudança concomitante no imaginário dos relacionamentos aparecem nas respostas de duas crianças de oito anos, Jeffrey e Karen, que foram perguntadas de modo a descrever uma situação na qual elas não estavam certas sobre a coisa certa a se fazer:

Jeffrey

Quando eu realmente quero chegar aos meus amigos e minha mãe está limpando, eu penso nos meus amigos, e então eu penso na minha mãe, e então eu penso na coisa certa a se fazer. (*Mas como você sabe qual a coisa certa a se fazer?*) Porque algumas coisas estão na frente das outras.

Karen

Eu tenho muitos amigos, e nem sempre eu posso brincar com eles, então cada um terá que ter o seu turno, porque todos são meus amigos. Mas quando alguém está totalmente sozinho, eu irei brincar com ele. (*Que tipos de coisas você pensa sobre quando você está tentando tomar uma decisão?*). Humn, alguém totalmente sozinho, solitário.

Enquanto Jeffrey determina um ordenamento hierárquico para resolver um conflito entre desejo e dever, Karen descreve uma rede de relacionamentos que inclui todos os seus amigos. Ambas as crianças lidam com os problemas de exclusão e prioridade criados pela escolha; mas enquanto Jeffrey pensa sobre o que vem primeiro, Karen foca em quem ficou de fora.

As imagens contrastantes de hierarquia e da rede no pensamento das crianças sobre o conflito moral e escolha iluminam duas visões de moralidade que são complementares em vez de sequenciais ou opostas. Mas esta construção das diferenças avança contra o enviesamento da teoria do desenvolvimento em relação ao ordenamento das diferenças em um modo hierárquico. A correspondência entre a ordem da teoria do desenvolvimento e a estrutura do pensamento dos garotos contrasta com a disparidade entre a teoria existente e a estrutura manifesta no pensamento das garotas. Ainda assim, em nenhuma comparação um dos julgamentos das crianças parece como um precursor da posição do outro. Portanto, questões surgem quanto às relações entre essas duas perspectivas: qual o significado desta diferença e como estes dois modos de pensamento se conectam? Essas questões são elucidadas ao considerar o relacionamento entre as compreensões de moralidade das crianças de 11 anos e suas descrições sobre elas mesmas:

Jake	Amy
(como você se descreve para você mesmo(a)?)	
Perfeito. Este é meu lado pretensioso. O que você quer – qualquer forma que eu escolher para descrever a mim mesmo?	Você quer dizer meu caráter? (*O que você acha?*). Bom, eu não sei. Eu descreveria a mim mesma, bem... o que você quer dizer?

Jake	Amy

(se você tivesse que descrever a pessoa que você é de uma forma que você soubesse que era você, o que diria?)

Eu começaria com 11 anos de idade. Jake [sobrenome]. Eu acrescentaria que eu vivo em [cidade] porque é uma grande parte de mim, e também que meu pai é um médico, porque eu penso que isso me afeta um pouco, e eu não acredito no crime, exceto quando seu nome é Heinz; que eu acredito que a escola é entediante, pois eu penso que ela muda seu caráter um pouco. Eu meio que não sei como descrever a mim mesmo porque eu não sei ler minha personalidade. *(Se você tivesse que descrever a forma que realmente você descreveria você mesmo, o que diria?)* Eu gosto de piadas bregas. Eu realmente não gosto de começar a trabalhar, mas posso fazer todas as coisas cobradas na escolha. Cada problema que eu tenho visto na escola sou capaz de fazer, exceto àqueles que exigem conhecimento, e após eu ler, eu sou capaz de fazê-los; mas algumas vezes eu não quero perder meu tempo em trabalhos de casa fáceis. E também eu sou louco por esportes. Eu penso, diferentemente de muitas pessoas, que o mundo ainda tem esperança [...] a maioria das pessoas que eu conheço, eu gosto, e eu tenho uma boa vida, tão boa quanto eu vejo por aí, e eu sou alto para a minha idade.

Bom, eu diria que é alguém que gosta da escola e de estudar, e que isso é tudo que eu quero fazer com a minha vida. Eu quero ser um tipo de cientista ou algo assim, e eu quero fazer coisas, e quero ajudar as pessoas. Acho que este é o tipo de pessoa que sou, ou o tipo de pessoa que eu tento ser. E que é provavelmente como eu descreveria a mim mesma. E eu quero fazer algo para ajudar outras pessoas. *(Por quê?)* Bom, porque eu penso que este mundo tem muitos problemas, e acho que todo mundo deve tentar ajudar outra pessoa de alguma forma, e a forma que escolhi foi através da ciência.

Na voz de um menino de 11 anos, uma forma familiar de autodefinição aparece, ressoando a inscrição do jovem Stephen Daedalus em seu livro de Geografia: "ele mesmo, seu nome e onde ele estava", e ecoando as descrições que aparecem em *Nossa cidade* (*Our Town*), dispondo através de coordenadas de tempo e espaço uma ordem hierárquica que define o lugar de alguém. Descrevendo a si mesmo como distinto ao localizar sua posição particular no mundo, Jake se coloca como separado daquele mundo por suas habilidades, suas crenças e sua altura. Conquanto Amy também enumere seus gostos, seus desejos e suas crenças, ela se aloca em relação ao mundo, descrevendo a si mesma através das ações que a colocam em conexão com os outros, elaborando laços através de sua habilidade de oferecer ajuda. Para o ideal de perfeição de Jake, contra quem ele afere o valor de si mesmo, Amy contrapõe um ideal de cuidado, contra o qual ela mensura o valor de sua atividade. Enquanto ela posiciona a si mesma em relação ao mundo e escolhe ajudar os outros por meio da ciência, ele posiciona o mundo em relação a si mesmo tal como ele define seu caráter, sua posição e sua qualidade de vida.

O contraste entre uma autodefinição através da separação e outra autodefinição delineada através da conexão, entre uma automedida contra um ideal abstrato de perfeição e um acesso autoavaliado através de atividades particulares de cuidado, torna-se cada dia mais claro que as implicações deste contraste estendem-se ao considerar as diferentes formas pelas quais essas crianças resolvem um conflito entre a responsabilidade para com os outros e a responsabilidade para consigo mesmas. A questão sobre a responsabilidade seguiu um dilema posto por um conflito de uma mulher entre seus compromissos para o trabalho e aos relacionamentos familiares. Enquanto os detalhes deste conflito colorem o texto da resposta de Amy, Jake abstrai o problema de responsabilidade do contexto em que ele aparece, substituindo os temas de relacionamento íntimo com seu próprio imaginário de conexão explosiva:

Jake	Amy
(Quando a responsabilidade consigo mesmo e a responsabilidade com os outros entra em conflito, como alguém faz sua escolha?)	
Você opta por 1/4 para os outros e 3/4 para si.	Bem, isso depende da situação. Se você é responsável por alguém, então deve manter isso até determinado ponto – mas até o ponto em que isso irá ferir você ou parar de fazer algo que você realmente quer; então eu acho que talvez você deve se colocar em primeiro lugar. Mas se você é responsável com alguém que é realmente próximo, você deve decidir em que situação você ou essa pessoa é mais importante; e, como eu disse, isso depende do tipo de pessoas que você é e como você se sente sobre a outra pessoa ou pessoas envolvida(s).

(Por quê?)

Porque a coisa mais importante em sua decisão deve ser você mesmo; não se deixe ser totalmente guiado por outras pessoas, ainda que as leve em consideração. Assim, se o que você quer fazer é se explodir com uma bomba atômica, você talvez deva se explodir com uma granada de mão, pois assim você está pensando em seus vizinhos, que também podem morrer.	Bem, como algumas pessoas colocam elas mesmas e as coisas para si antes de outras pessoas, e algumas pessoas realmente se preocupam com as outras. Por exemplo, eu não penso que seu trabalho é tão importante quanto alguém que você realmente ame, como seu marido, seus pais ou um amigo muito próximo. Alguém que você realmente se preocupa – ou que é apenas uma responsabilidade para o seu trabalho ou alguém que você mal conhece, então você pode ficar em primeiro lugar; mas se é alguém que você realmente ama e ama ao ponto ou até mais do que ama você mesmo, você tem que decidir o que ama mais: aquela pessoa, aquela coisa ou você mesmo. (*E como você faz isso?*) Bom, você tem que pensar

sobre isso, tem que pensar sobre ambas as coisas, e pensar no que seria melhor para todos ou para você mesmo, o que é mais importante e o que fará as pessoas mais felizes. Como se as outras pessoas pudessem colocar outra pessoa a cargo disso, não importa quem, ou não precise especificamente de você, talvez seja melhor fazer o que você quer porque as outras pessoas ficarão bem com outra fazendo aquilo; de modo que elas continuarão felizes, e então você ficará feliz também porque você fará o que quiser.

(O que significa responsabilidade?)

Significa basicamente pensar nos outros quando eu faço algo, como se quisesse atirar uma pedra; mas não devo atirar em uma janela porque eu penso na pessoa que pagará por aquele vidro, ou seja, não apenas fazendo as coisas para si mesmo porque você tem que viver com outras pessoas e viver com sua comunidade; e se você faz algo que fere todas elas, muitas pessoas acabarão sofrendo e este é o tipo de coisa errada a se fazer.

Aquelas pessoas que estão contando com você para fazer algo, e você não pode justamente decidir "bom, eu prefiro fazer isso a fazer aquilo". (*Há outros tipos de responsabilidade?*) Bom, para com você mesmo. Se algo parece realmente divertido, mas você pode se ferir praticando-o porque você não sabe muito bem como fazê-lo e seus amigos dizem "vamos lá, você consegue, não se preocupe"; se você tem medo real de fazê-lo, é sua responsabilidade consigo mesmo, se imagina que pode se ferir, que você não deve fazê-lo, pois você tem que tomar cuidado consigo mesmo e que esta é uma responsabilidade consigo mesmo.

Jake novamente constrói o dilema como uma equação matemática, derivando uma fórmula que guia a solução: 1/4para os outros, 3/4 para si mesmo. Iniciando com a responsabilidade para si, uma responsabilidade que ele toma como garantida, ele então considera a extensão daquilo que considera como a responsabilidade para com os outros. Procedendo de uma premissa de separação, mas reconhecendo que "você tem que viver com outras pessoas", ele busca regras de modo a limitar a interferência e, portanto, minimizar o ferimento. A responsabilidade em sua construção pertence a uma limitação de ação, uma restrição da agressão, guiada pelo reconhecimento de que suas ações podem afetar os outros, assim como elas podem interferir nele. Tais regras, ao limitar a interferência, tornam a vida em comunidade mais segura, protegendo a autonomia através da reciprocidade e estendendo a mesma consideração aos outros e a si mesmo.

Para esta questão sobre o conflito de responsabilidades, Amy novamente responde contextualmente em vez de alegoricamente, dizendo "depende" e indicando como a escolha pode ser afetada por variações no caráter da pessoa e nas circunstâncias. Procedendo de uma premissa da conexão, que "se você tem uma responsabilidade *com* outra pessoa, você deve mantê-la", ela então considera a extensão daquilo que ela toma como uma responsabilidade para consigo mesma. Explorando os parâmetros de separação, ela imagina situações onde, ao fazer aquilo que quer, você deveria evitar ferir a si mesmo ou que, ao fazer o que quiser, você não deveria assim diminuir a alegria dos outros. Para ela, a responsabilidade significa resposta, uma extensão em vez de uma limitação da ação. Portanto, isso conota um ato de cuidado em vez de uma restrição da agressão. Novamente buscando a solução que seria mais inclusiva diante das necessidades dos outros, ela se esforça a resolver o dilema de uma forma que "fará todos felizes". Uma vez que Jake está preocupado em limitar as interferências, enquanto Amy foca na necessidade de resposta, para ele a condição limitadora é "não se deixe ser guiado completamente pelos outros"; mas, para ela, tal questão se ergue quando "outras pessoas contam com você". Neste caso, "você não pode apenas decidir que 'bem, eu prefiro fazer isso a aquilo'". A interação entre essas respostas é clara quando ela, ao assumir a conexão, começa a explorar os parâmetros de conexão. Mas a primazia da separação ou da conexão conduz a diferentes imagens do eu e dos relacionamentos.

A diferença mais marcante entre elas é o imaginário da violência na resposta dos meninos, descrevendo um mundo de perigoso confronto e conexão explosiva, onde ela vê um mundo de cuidado e proteção, uma vida vivida com outros que "você pode amar tanto quanto ama a si mesmo". Uma vez que a concepção de moralidade reflete a compreensão dos relacionamentos sociais, esta diferença no imaginário dos relacionamentos abre espaço para uma mudança na própria injunção moral. Para Jake, a responsabilidade significa *não fazer* o que quer porque ele está pensando nos outros; para Amy, significa *fazer* o que os outros contam que ela faça independentemente do que ela quer. Ambas as crianças estão preocupadas em evitar ferimentos, mas constroem o problema de formas distintas – ele vendo o ferimento despontando de uma expressão de agressão, e ela da falha da resposta.

Se as trajetórias do desenvolvimento fossem desenvolvidas através das respostas dessas crianças, elas traçariam caminhos correspondentemente diferentes. Para Jake, o desenvolvimento implicaria chegar a ver o outro como igual a si e a descoberta que a igualdade fornece uma forma de tornar a conexão segura. Para Amy, o desenvolvimento seguiria a inclusão de si em uma rede em expansão de conexões e a descoberta que a separação pode ser protetiva e não precisa implicar isolamento. Ao ver esses distintos caminhos de desenvolvimento e particularmente as diferentes formas nas quais as experiências de separação e conexão são alinhadas com a voz de si mesmo, a representação do desenvolvimento do menino como uma única linha do crescimento adolescente para ambos os sexos produz um problema contínuo quando ele é usado para interpretar o desenvolvimento da menina.

Uma vez que o desenvolvimento tem como premissa a separação e é exposto como uma narrativa de relacionamentos que falharam – de apegos pré-edípicos, fantasias edípicas, camaradagens pré-adolescentes e amores adolescentes – os relacionamentos que se posicionam contra um enquadramento de separação, apenas sucessivamente de modo a entrar em erupção e dar espaço para uma individuação crescentemente empática, o desenvolvimento de garotas parece problemático por conta da continuidade de relacionamentos em suas vidas. Freud atribui a virada interior das garotas na puberdade como uma intensificação do narcisismo primário, significando uma falha do amor ou dos relacionamentos de tipo "objeto". Mas se esta virada interior é construída contra um enquadramento de contínua conexão, ela sinaliza uma nova responsividade para o eu, uma expansão do cuidado em vez de uma falha do relacionamento. Deste modo, as garotas, vendo que não se enquadram nas categorias de relacionamento derivadas da experiência masculina, chamam atenção às suposições sobre os relacionamentos que têm informado a narrativa do desenvolvimento humano, substituindo o imaginário da conexão explosiva com imagens de separação perigosa.

O significado desta mudança é revelado por um estudo da imagem da violência que aparece nas histórias escritas por estudantes universitários diante de imagens sobre o TAT, um estudo que reporta estatisticamente as diferenças sexuais em locais onde a violência também é vista na substância das fantasias violentas.

Os temas de separação e conexão são centrais ao estudo, conduzidos por Susan Pollak e por mim, e são baseados nas análises de histórias escritas aprioristicamente ao estudo por estudantes como um exercício escolar em um curso de psicologia sobre a motivação (POLLAK; GILLIGAN, 1982). O estudo começa com uma observação de Pollak de um imaginário aparentemente bizarro de violência em histórias masculinas sobre uma imagem do que parece ser uma cena tranquila, a saber, um casal sentado sobre um banco próximo a um rio e de uma ponte baixa. Em resposta à imagem, mais de 21% dos 88 homens na turma escreveram histórias contendo incidentes de violência – homicídio, suicídio, esfaqueamento, sequestro ou estupro. Por outro lado, nenhuma das 50 mulheres da turma projetou violência nesta cena.

Essa observação de violência nas histórias dos homens sobre intimidade transparece para nós um possível corolário da violência diante do relatório de Horner (1968) do imaginário da violência em histórias femininas sobre o sucesso competitivo. Horner, exemplificando sua categoria de "imaginário bizarro ou violento" na descrição da antecipação feminina das consequências negativas que sucedem o sucesso, cita uma história que descreve uma jubilante Anne, que se encontra no topo de sua turma de Medicina, fisicamente derrotada e mutilada por toda a sua vida por colegas de turma invejosos. A observação corolária do imaginário violento em fantasias masculinas de relacionamentos íntimos é ilustrada por uma história escrita por um dos homens na turma que descreve a cena do banco junto ao rio:

> Nick viu sua vida passando diante de seus olhos. Ele podia sentir o frio penetrando ainda mais profundamente em seu corpo. Fazia quanto tempo que ele tinha caído no gelo – trinta segundos, um minuto? Não levaria muito

tempo para que ele sucumbisse ante o punho arrepiante do Rio Charles de meados de fevereiro. Quão tolo ele tinha sido ao aceitar o desafio de sua colega Sam para cruzar o rio congelado. Ele sabia o quanto Sam o odiava. Ela o odiava porque ele era rico e especialmente porque ele estava noivo de Mary, a amada de Sam durante a infância. Mas Nick nunca imaginou até aquele momento que Mary também o odiava e que ela realmente amava Sam. No entanto, lá estavam eles, os dois, calmamente sentados em um banco na beira do rio, observando enquanto Nick afundava. Eles estariam casados logo, e eles provavelmente financiariam a união com o seguro de vida que tinha Mary como beneficiária.

Chamando atenção ao olhar do observador para perceber onde é possível ver o perigo, Pollak e eu nos perguntamos se homens e mulheres percebem o perigo em situações diferentes e interpretam o perigo de maneiras distintas. Seguindo a observação inicial da violência em histórias masculinas sobre intimidade, nós avançamos para descobrir se havia diferenças sexuais na distribuição de fantasias violentas através de situações de empreendimento e afiliação, e se a violência era associada de modo diferente por homens e mulheres no tocante à intimidade e sucesso competitivo. As descobertas das imagens resultantes do estudo da violência corroboram com os relatórios prévios das diferenças sexuais na agressão (TERMAN; TYLER, 1953; WHITING; POPE, 1973; MACCOBY; JACKLIN, 1974) ao revelar uma incidência muito maior da violência em histórias escritas por homens. Dos 88 homens da turma de motivação, 51% escreveram ao menos uma história contendo imagens de violência, em comparação aos 20% entre 50 mulheres na turma; e nenhuma mulher escreveu mais do que uma história na qual a violência despontava. Mas o estudo também revela diferenças sexuais na distribuição e substância das fantasias violentas, indicando uma diferença entre a forma nas quais homens e mulheres tendem a imaginar os relacionamentos.

Quatro de seis imagens que compreendem o teste foram escolhidas para os propósitos desta análise, uma vez que elas fornecem ilustrações claras de empreendimento e situações de afiliação. Duas das imagens mostram um homem e uma mulher em íntima afiliação pessoal – o casal no assento na cena do rio, e dois artistas trapezistas agarrando os punhos uns dos outros, o homem pendurado pelos joelhos no trapézio e a mulher em meio ao ar. Duas imagens mostram pessoas trabalhando em situações de empreendimento impessoal – um homem sentado sozinho em sua mesa em um prédio de escritórios, e duas mulheres, vestidas com jalecos brancos e trabalhando em um laboratório, a mulher no fundo observando enquanto a mulher à frente manuseia os tubos de teste. O estudo centra-se na comparação entre as histórias escritas sobre esses dois conjuntos de imagens.

Enquanto grupo, os homens da turma projetaram mais situações de violência a partir de contextos de afiliação pessoal do que em situações impessoais de empreendimentos. 25% dos homens escreveram histórias violentas apenas derivadas das imagens de afiliação, 19% das imagens de afiliação e empreendimento e 7% apenas das imagens de empreendimento. Por outro lado, as mulheres viram mais violência em situações impessoais de empreendimento do que em situações de afiliação: 16% das mulheres escreveram histórias violentas derivadas das imagens de empreendimento e 6% das imagens de afiliação.

Como na história sobre Nick, escrita por um homem, ilustra a associação do perigo com a intimidade, o mesmo ocorre na história sobre a Senhora Hegstead, escrita por uma mulher, que exemplifica a projeção da violência em situações de empreendimento e a associação de perigo com o sucesso competitivo:

Outro dia entediante no laboratório, o que significa que a maliciosa Senhora Hegstead estava sempre respirando atrás das costas dos estudantes. Ela estava na Escola secundária de Needham Country há quarenta anos e cada turma de Química era a mesma. Ela estava observando Jane Smith, a estudante modelo da turma. Ela sempre passa por Jane e comenta aos outros estudantes que Jane está fazendo o experimento corretamente, que Jane é a única estudante que realmente trabalha duro etc. A Senhora Hegstead nada sabe sobre o fato de Jane produzir arsênico para misturar ao seu café vespertino.

Se a agressão é concebida como uma resposta para a percepção de perigo, as descobertas das imagens do estudo da violência sugerem que homens e mulheres podem perceber o perigo em situações sociais diferentes, além de construir o perigo de formas distintas – os homens veem o perigo mais recorrentemente em afiliações pessoais íntimas do que em empreendimentos, e constroem o perigo como resultantes da intimidade, enquanto as mulheres percebem o perigo em situações de empreendimentos impessoais, construindo o perigo como o resultado do sucesso competitivo. Nas histórias de intimidade descritas por homens, o perigo abarca o aprisionamento ou a traição, ser pego em um relacionamento nebuloso ou humilhado pela rejeição e engano. Por outro lado, nas histórias femininas, o perigo derivado do empreendimento abarca o risco do isolamento, um temor de ficar de fora ou ser separada em decorrência do sucesso, ou seja, que elas serão deixadas sozinhas. Na história de Miss Hegstead, a única causa aparente da violência parte do fato de Jane ser intitulada como a melhor estudante e, deste modo, ela é separada de seus colegas de turma. Ela retalia ao produzir arsênico, que introduz no café vespertino da professora, ainda que a Senhora Hegstead estivesse elogiando Jane por seu bom trabalho.

Conforme as pessoas são unidas nas imagens, as imagens de violência nas histórias masculinas aumentam, enquanto, nas histórias femininas, a violência aumenta quando as pessoas são afastadas. As mulheres da turma projetam a violência mais frequentemente na imagem do homem em sua mesa (a única imagem que retrata uma pessoa sozinha), enquanto os homens da turma mais frequentemente veem a violência na cena do acrobata sobre o trapézio (a única imagem na qual as pessoas se tocam). Assim, tudo leva a crer que homens e mulheres podem experimentar o apego e a separação de formas diferentes, e que cada sexo percebe o perigo em algo que o(a) outro(a) não vê – homens na conexão, mulheres na separação.

Mas uma vez que a percepção de perigo da mulher parte do modo usal de expectativa, os acrobatas aparentemente estão em um perigo muito maior do que o homem em sua mesa, de maneira que sua percepção coloca em questão o modo usual de interpretação. As diferenças sexuais na agressão são usualmente interpretadas pelo ator de adotar a resposta masculina como a norma, de modo que a ausência de agressão nas mulheres é identificada como um problema a ser explicado. No entanto, a alocação disparatada da violência nas histórias escritas por mulheres e homens levanta a questão do porquê das mulheres verem os acrobatas como seguros.

A resposta vem da análise das histórias sobre o trapézio. Conquanto a imagem dos acrobatas apresente-os nas alturas sem uma rede, 22% das mulheres acrescentaram redes nas histórias que escreveram. Por outro lado, apenas 6% dos homens imaginaram a presença da rede, enquanto 40% ou mencionaram explicitamente a ausência dela ou implicaram sua ausência descrevendo um ou ambos acrobatas despencando para as suas mortes. Assim, as mulheres viram as cenas do trapézio como seguras porque, ao fornecer as redes, elas tornaram tal ato seguro, protegendo as vidas dos acrobatas em uma queda eventual. Ainda que falhassem ao imaginar a presença de redes na cena sobre o trapézio, os homens, interpretando as respostas femininas, prontamente atribuíram a ausência da violência nas histórias femininas como uma negação do perigo ou uma repressão da agressão (MAY, 1981) em vez de atividades do cuidado que as mulheres tomam para assegurar os acrobatas. Como as mulheres imaginam as atividades através das quais os relacionamentos são tecidos e as conexões sustentadas, o mundo da intimidade – que parece misterioso e perigoso para os homens – mostra-se crescentemente coerente e seguro.

Se a agressão é amarrada, como os homens percebem, à fratura da conexão humana, então as atividades do cuidado, como suas fantasias sugerem, são atividades que fazem do mundo social seguro ao evitar o isolamento e prevenindo a agressão em vez de buscar regras que limitam sua extensão. Diante dessa luz, a agressão não mais parece como um impulso desregrado que deve ser contido, mas, em vez disso, como um sinal da fratura da conexão, o sinal da falha do relacionamento. Desta perspectiva, a prevalência da violência nas fantasias masculinas, denotando um mundo onde o perigo é observado em todos os lugares, significa um problema no ato de realizar conexões, causando a erupção dos relacionamentos e fazendo da separação um isolamento perigoso. Revertendo o modo de interpretação usual, no qual a ausência da agressão nas mulheres está ligada ao problema da separação, é possível ver a prevalência da violência nas histórias masculinas, sua localização ímpar no contexto dos relacionamentos íntimos e sua associação com a traição e logo como um indicador do problema com a conexão que conduz os relacionamentos a tornarem-se perigosos, enquanto a segurança deriva da separação. Deste modo, a vinculação das situações de empreendimento competitivo que, para as mulheres, ameaçam as redes de conexões, para os homens fornecem, por sua vez, um modo de conexão que estabelece claramente as fronteiras e limita a agressão, parecendo assim comparativamente segura.

Uma história escrita por uma dessas mulheres sobre os acrobatas no trapézio ilustra esses temas, chamando à questão a oposição usual do empreendimento e afiliação ao descrever a continuação dos relacionamentos como um predicado para o sucesso:

> Estes são os dois ciganos voadores, e eles estão se apresentando para a grande oportunidade de emprego no Circo Ringling Brothers. Eles são a última equipe a pleitear a oportunidade, e eles estão indo muito bem. Eles têm graça e estilo, mas usam uma rede de segurança que algumas equipes não usam. Os proprietários do circo dizem que irão contratá-los se eles se livrarem da rede, mas os ciganos decidem que eles preferem viver mais e negar a oportunidade de emprego do que assumir tal risco. Eles têm consciência que a *performance* será arruinada caso eles se ferirem e não veem sentido em assumir esse risco.

Para os ciganos da história, o ponto central não envolve a oportunidade de um grande emprego neste circo, que é de importância capital, mas, em vez disso, o bem-estar das duas pessoas envolvidas. Antecipando as consequências negativas de um sucesso ligado ao risco de suas vidas, eles recusam o trabalho em vez da rede, que protege não só suas vidas, mas também a *performance*, "que seria arruinada caso eles se ferissem".

Portanto, enquanto as mulheres tentam mudar as regras de modo a preservar os relacionamentos, os homens, atrelando-se a essas regras, descrevem os relacionamentos como facilmente substituíveis. Projetando mais violência nesta cena, eles escrevem histórias sobre a infidelidade e traição que terminam com um acrobata homem derrubando a mulher, presumivelmente substituindo o relacionamento e seguindo com a *performance*:

> A artista trapezista é casada com o melhor amigo do homem que acabou de descobrir (antes do show) que ela tem sido infiel ao seu amigo (o marido dela). Ele a confrontou com seu conhecimento e disse a ela para que conte ao seu marido; porém, ela se recusou. Não tendo a coragem de confrontá-lo, o trapezista criou um acidente enquanto estava a cem pés do chão, deixando que a mulher escorregasse de seu punho em meio ao voo. Ela morreu no acidente; mas o trapezista não se sentiu culpado, acreditando que ele retificou a situação.

A prevalência da violência na fantasia masculina, como o explosivo imaginário do julgamento moral em um garoto de 11 anos e a representação do roubo como uma forma de solucionar uma disputa, é consonante com a visão da agressão como endêmica nos relacionamentos humanos. Mas essas fantasias humanas e imagens também revelam um mundo no qual a conexão é fragmentada e a comunicação falha, em que a traição ameaça porque parece não haver um caminho para conhecer a verdade. Perguntado se ele já pensou sobre se as coisas são ou não reais, Jake, o menino de 11 anos, disse que ele imagina muitas coisas sobre se as pessoas estão dizendo a verdade, sobre "o que as pessoas dizem, como um dos meus amigos fala, 'ah, sim, ele disse isso', e algumas vezes eu penso 'ele está realmente dizendo a verdade?'" Considerando como algo verdadeiro mentir na Matemática e que a certeza não reside na lógica, ele não pode ver "linhas-guia" para estabelecer a verdade nas aulas de Inglês ou nos relacionamentos pessoais.

Assim, conquanto a agressão tenha sido construída como instintiva e a separação tenha sido pensada como necessária mediante suas restrições, a violência na fantasia masculina parece surgir, em vez disso, de um problema na comunicação e na ausência do conhecimento sobre os relacionamentos humanos. Mas como Amy, a menina de 11 anos, que parte para construir a conexão na qual Kohlberg assume que ela irá falhar, as mulheres criam, em suas fantasias, redes de segurança nas quais os homens descrevem a aniquilação; as vozes das mulheres comentam sobre o problema da agressão que ambos os sexos se deparam, localizando o problema no isolamento do eu e na construção hierárquica dos relacionamentos humanos.

Freud, retornando aos temas da cultura e moralidade em *O mal-estar na civilização* (*Civilization and its discontents*, 1930), que o preocuparam desde a juventude, começa ao endereçar o padrão de medida, a noção de "qual é o verdadeiro valor na vida" (p. 64). Referindo-se a uma carta de Romain Rolland, que escreveu que aquilo que foi o conforto último para um homem é uma "sensação de 'eternidade'", um sentimento "oceânico", Freud, enquanto honrava seu amigo, rejeita este sentimento como uma ilusão, uma vez que ele não pode *"descobrir este sentimento oceânico em mim mesmo"*. Descrevendo este sentimento de "um laço indissolúvel de ser um com o mundo como um todo", explica que *"a partir de minha própria experiência, não posso convencer a mim mesmo da natureza primária de tal sentimento. Mas isso não me dá direito de negar que ele de fato não ocorra em outras pessoas. A única questão é se ele está sendo corretamente interpretado"*. Ainda levantando a questão da interpretação, Freud imediatamente dissipa o problema que ele colocou, rejeitando a primazia de um sentimento de conexão com base que "ele se encaixa muito mal na fábrica de nossa psicologia". Com esta base, ele sujeita o sentimento a uma "psicanálise – isto é, a uma explicação genética", derivando o sentimento de conexão de um sentimento mais primário de separação (p. 65).

O argumento construído por Freud centra-se no "sentimento do nosso eu, de nosso próprio ego", que "se assemelha para nós a algo autônomo e unitário, marcado de modo distinto de todo o resto". Enquanto ele assim aponta imediatamente que "tal aparência é enganadora", o engano que ele vê baseia-se não na falha em reconhecer a conexão entre o eu e o outro, mas na falha de ver a conexão do ego ao *id* inconsciente, "ao qual ele serve como um tipo de fachada". Retornando para a explicação genética, ele traça o sentimento de fusão de volta para a falha da criança em distinguir seu ego do mundo externo como uma fonte de sensações. Esta distinção desponta através da experiência da frustração quando fontes externas de sensações evadem o infante, "*acima de tudo, o seio de sua mãe – e apenas reaparece com o resultado de seu grito por socorro*" (p. 65-67). Nesse grito por ajuda, Freud vê o nascimento do eu, a separação do ego do objeto que conduz à sensação de ser localizado dentro do eu, enquanto os outros se tornam objetos de gratificação.

No entanto, este desengajamento do eu em relação ao mundo de fora inicia não apenas o processo de diferenciação, mas também a busca por autonomia, o desejo de ganhar controle sobre as fontes e objetos de prazer de modo a escorar as possibilidades de felicidade contra o risco de desapontamento e perda. Tal conexão – associada por Freud com o "desamparo infantil" e "narcisismo ilimitado", com a ilusão e a negação do perigo – dão espaço para a separação. Consequentemente, a afirmação ligada à agressão torna-se a base para os relacionamentos. Desta forma, uma separação primária, erguendo-se do desapontamento e alimentada pela raiva, cria um eu cujas relações com os outros ou "objetos" devem então ser protegidas por regras, uma moralidade que contém esse potencial explosivo e ajusta "os relacionamentos mútuos dos seres humanos na família, no estado e na sociedade" (p. 86).

Ainda assim, há uma intimação na parte de Freud da sensibilidade diferente da sua própria, de um estado mental diferente sobre o qual ele estabelece a premissa de sua psicologia, a "exceção única" para a "hostilidade mútua primária dos seres humanos", para a "agressividade" que "forma a base de cada relação de afeto e amor entre as pessoas"; e esta exceção está localizada na experiência feminina, na "relação da mãe com seu filho homem" (p. 113). Novamente, a mulher aparece como a exceção para a regra dos relacionamentos, ao demonstrar um amor não imiscuído com a raiva, um amor que não se ergue da separação ou de um sentimento de ser um com o mundo externo com um todo; mas, em vez disso, de um sentimento de conexão, um laço primário entre o outro e o eu. Mas este amor de mãe não pode ser compartilhado, diz Freud, pelo filho, que assim *faria a si mesmo dependente de uma forma mais perigosa em uma porção do mundo externo, nomeadamente seu amor-objeto escolhido, e expõe a si mesmo ao sofrimento extremo se ele for rejeitado por aquele objeto ou perdê-lo através da infidelidade ou morte"* (p. 101).

Conquanto Freud alegue que *"nós nunca somos tão indefesos diante dos sofrimentos como quando nós amamos"* (p. 82), ele persegue a linha da defesa, uma vez que ela conduz através da raiva e da consciência para a civilização e culpa; seja como for, a questão mais interessante deveria ser porque a mãe é propensa a correr tal risco. Uma vez que seu amor também cria a possibilidade de desapontamento e perda, a resposta deve basear-se em uma experiência distinta de conexão e um modo diferente de resposta. Através do trabalho de Freud, as mulheres permanecem como uma exceção em sua descrição dos relacionamentos, e elas soam como um tema contínuo de uma experiência de amor que, apesar de descrita – como narcisista ou hostil à civilização – não parece ter a separação e a agressão como suas bases. Diante desta luz alternativa, o eu não aparece ancorado no grito isolado por socorro nem na perda na fusão com o mundo inteiro como um todo, mas ligado em um modo indissociável de relacionamento que é distinto de modo observável, porém difícil de descrever.

Demonstrando um contínuo senso de conexão diante da separação e perda, as mulheres iluminam uma experiência do eu que, conquanto disparatada da narrativa de Freud, trata diretamente do problema da agressão que, no fim, ele confronta o problema de "como ficar livre do maior impedimento à civilização", isto é, a agressividade e as defesas contra ela que "causam tanto infelicidade quanto a própria agressão" (p. 142-143). Ao considerar este problema, Freud começa a prever sua solução em um senso mais primário de conexão; não se trata de um sentimento oceânico, mas de uma "urgência altruística" que leva a modos de relacionamentos com os outros ancorados no "desejo por união" com eles. Enquanto descreve a urgência para com a união com os outros como uma manifestação antagonista ao desenvolvimento individual (p. 141), Freud intima uma linha de desenvolvimento ausente de sua narrativa prévia, uma linha que conduz não através da agressão até a separação, mas através da diferenciação até a interdependência. Ao aludir esta urgência como "altruísta", Freud alude uma concepção moral distinta, erguida não até o limite da agressão, mas de modo a sustentar a conexão.

Assim, juntamente com o drama que Freud cria entre a felicidade e a cultura, na qual a moralidade desempenha um papel central, transformando o perigo do amor no desconforto da civilização – um drama que ilumina obscuramente o papel do *amor na origem da consciência e da inevitabilidade fatal do sentimento de culpa*" (p. 132) – outro cenário começa a emergir. Nesta luz distinta, a conexão, em vez de parecer uma ilusão ou de assumir uma transmissão transcendental, aparece como um padrão primário tanto da psicologia individual quanto da vida civilizada. Uma vez que "*o indivíduo humano faz parte do curso do desenvolvimento da humanidade ao mesmo tempo em que ele persegue seu próprio caminho na vida*" (p. 141), a separação subitamente começa a parecer tão ilusória quanto a conexão parecia ser inicialmente. Ainda de modo a incorporar este sentido de conexão até que a fábrica de sua psicologia possa mudar não apenas a coloração da vida instintiva, como Freud vê, mas também a representação do eu e o retrato dos relacionamentos.

O "padrão masculino" da fantasia que Robert May (1980) identifica como o "orgulho" em seus estudos das diferenças sexuais na imaginação projetiva leva ao aperfeiçoamento da privação e continua a história que Freud contou de uma fratura inicial da conexão, levando através da experiência da separação até uma perda irreparável, um empreendimento glorioso seguido por uma queda desastrosa. Mas o padrão de fantasia feminina que May designa como "cuidador" traça um caminho que permanece largamente inexplorado, uma narrativa de privação seguida por um aperfeiçoamento naquela conexão; ainda que conduza através da separação, no fim, ela é mantida ou restaurada. Iluminando a vida como uma rede em vez de uma sucessão de relacionamentos, as mulheres retratam a autonomia em vez do apego como uma missão ilusória e perigosa. Desta forma, o desenvolvimento feminino aponta para uma história diferente do apego humano, reforçando a continuidade e mudança na configuração em vez da substituição e separação, elucidando uma resposta diferente para a perda e mudando a metáfora do crescimento.

Jean Baker Miller (1976), enumerando os problemas que surgem quando todas as afiliações são projetadas no molde da dominância e subordinação, sugere que "*os parâmetros do desenvolvimento feminino não são os mesmos dos homens e que os mesmos termos não são aplicáveis*" (p. 86). Ela não encontra uma linguagem na psicologia para o senso feminino estruturador do eu, "*organizando em torno de ser capaz de fazer e então de manter afiliações e relacionamentos*" (p. 83).

Mas ela vê nesta estruturação psíquica o potencial por *"formas de viver mais avançadas, mais afiliadas – menos casadas às formas perigosas do presente"*, uma vez que o senso do eu não está ligado à crença na eficácia da transgressão, mas em um reconhecimento da necessidade da conexão (p. 86). Portanto, prevendo o potencial por um modo de vida mais criativo e cooperativo, Miller clama não apenas por igualdade social, mas também por uma nova linguagem na psicologia que poderia separar a descrição do cuidado e conexão do vocabulário da desigualdade e opressão, e ela vê esta nova linguagem como originária da experiência feminina dos relacionamentos.

Na ausência dessa linguagem, o problema da interpretação que impede os psicólogos de compreender a experiência feminina é espelhado pelo problema criado pelas mulheres na falha de representarem sua experiência ou pela distorção de sua representação. Quando as interconexões da rede são dissolvidas pelo ordenamento hierárquico dos relacionamentos, quando as redes são retratadas como armadilhas perigosas, impedindo o voo em vez de proteger contra a queda, as mulheres chegam à questão se o que elas têm visto existe e se o que elas sabem a partir de sua própria experiência é verdadeiro. Essas questões não são levantadas como especulações filosóficas abstratas sobre a realidade da natureza e verdade, mas como dúvidas pessoais que invadem o senso feminino delas mesmas, comprometendo sua habilidade de agir conforme suas próprias percepções e, assim, sua prontidão para assumirem suas responsabilidades pelo que fazem. Este problema se torna central no desenvolvimento feminino durante os anos da adolescência, quando o pensamento se torna reflexivo e o problema da interpretação adentra, deste modo, na corrente do desenvolvimento interno.

As duas crianças de 11 anos, uma vez perguntadas para descreverem suas experiências morais de conflito e escolha, pressagiam os temas do desenvolvimento adolescente masculino e feminino ao recontar em um sentido a mesma história; porém tratando-a de perspectivas muito diferentes. Ambas as crianças descrevem a situação na escola onde elas confrontam uma decisão se devem ou não dizer. Para Jake, o dilema se levanta quando ele decide tomar a ação contra a injustiça e busca o reforço de regras de modo a proteger um amigo que tem apanhado "injustamente" e foi ferido. Indo ao encontro de seus amigos para informar o diretor sobre esses eventos, ele imagina se deve contar ou não a outro amigo que o diretor foi informado – uma vez que esse amigo apenas bateu no outro como uma resposta à provocação, não dizendo que ele sofreria represálias que, neste caso, seriam injustas.

Ao descrever seu dilema, Jake foca se seria ou não correto nesta instância violar seu padrão de tentar "praticar o que ele prega" – neste caso, de manter sua palavra que ninguém saberia que o diretor foi informado. O dilema articula-se sobre se ele deve construir sua ação do contar como justa, se suas atividades variadas de cuidado diante dos dois amigos com quem ele está envolvido podem ser reconciliadas com os padrões de sua crença moral. Se ele pode combinar sua ação a esse padrão de justiça, então ele não se sente "envergonhado" e estará propenso a "tomar posse" daquilo que fez; por outro lado, ele diz que terá que admitir para si mesmo e aos seus amigos que cometeu um erro.

O dilema de Amy deriva do fato de que ela viu uma amiga tomar um livro que pertence a outra. Construindo o problema como um conflito de lealdades, um problema de capacidade de resposta no relacionamento, ela imagina se compensa arriscar ferir uma amiga enquanto resposta para ferir outra. Sua questão é como agir, dado que ela viu e sabe, uma vez que, em sua construção, não contar ou contar constituem uma resposta. Como Jake considera violar seus padrões e faltar com a sua palavra, comprometendo seus princípios apesar da lealdade para com um amigo, Amy considera afastar-se de uma amiga de modo a afirmar um padrão no qual ela acredita, um padrão de compartilhamento e cuidado, de proteger as pessoas de se ferirem. Mas dado este padrão, ela pensa sobre a extensão de qual amiga será ferida e foca nos parâmetros da situação de modo a avaliar quais serão as consequências prováveis de sua ação. Tal como Jake imagina se ao encenar a amizade ele violaria sua integridade pessoal, Amy se preocupa se, ao avaliar suas crenças, ela irá ferir uma amiga.

Ao descrever seu pensamento sobre o que fazer, Amy recria o diálogo interno de vozes com o qual ela lida – um diálogo que inclui a voz dos outros e também a sua própria voz:

> Ninguém jamais saberá o que eu vi, e ninguém irá usar isso contra mim, mas então você se senta aqui pensando sobre isso e pensa que alguém sempre saberá – você sempre saberá que nunca contou, e isso me faz sentir muito mal porque minha amiga está sentada aqui. "Alguém viu meu livro? Onde ele está? Socorro! Eu preciso do meu livro para a próxima aula! Socorro! Não está aqui. Onde ele está?" E eu penso que se você sabe que o mais importante é contar, e que você não está tagarelando ou algo parecido porque o melhor, você sabe, é contar.

De modo que sua preocupação quanto ao choro dos outros por ajuda torna a falha de contar em uma falha de cuidar; então contar não é tagarelar quando colocado *neste* contexto de relacionamento. Mas esse modo contextual de análise leva a interpretação prontamente a mudar, uma vez que a mudança, neste contexto de relacionamentos, poderia tornar o seu ato em uma ação de traição.

Assim, percebendo que os outros podem não saber o que ela viu e ouviu, e reconhecendo quão prontamente sua ação pode ser mal interpretada, Amy imagina se seria mais adequado nada dizer ou ao menos não dizer que ela disse. Portanto, se o segredo de um jovem adolescente gira em torno de abrigar os contínuos apegos que não podem ser representados na lógica da justiça, os segredos da adolescente pertencem ao ato de silenciar sua própria voz, um silenciamento reforçado pelo desejo de não ferir os outros, mas também de, ao falar, que sua voz não seja ouvida.

Com esse silêncio, o imaginário do mito de Perséfone retorna, traçando o misterioso desaparecimento do eu feminino na adolescência ao mapear um mundo subterrâneo mantido em segredo porque ele é proclamado pelos outros como egoísta e errado. Quando a experiência do eu e a compreensão da moralidade muda com o crescimento do pensamento reflexivo na adolescência, questões sobre a identidade e moralidade convergem quanto ao problema da interpretação. Como a questão da garota de 11 anos se deve ou não ouvir ela mesma expande-se através da adolescência, a dificuldade experimentada por psicólogos ao ouvir as mulheres é composta pela dificuldade das mulheres ouvirem elas mesmas. Essa dificuldade é evidente em uma narrativa de uma jovem mulher sobre sua crise de identidade e crença moral – uma crise que se concentra em seu conflito para desemaranhar sua voz das vozes dos outros e de encontrar uma linguagem que representa sua experiência dos relacionamentos e seu senso de si.

Claire, uma participante no estudo dos estudantes de graduação, foi entrevistada primeiro como uma veterana na faculdade, e depois novamente aos 27 anos. Quando perguntada, enquanto uma veterana, como descreveria a si mesma para si, respondeu "estou confusa", dizendo que ela seria capaz de dizer "bem, eu sou assim e assado"; mas, que em vez disso, ela se considera "mais insegura agora do que eu jamais fui". Ciente de que "as pessoas me veem de certa maneira", ela chegou a ponderar tais imagens como contraditórias e constrangedoras, "meio que me achando sendo empurrada, sendo colocada no meio: eu devo ser uma boa mãe e filha; eu devo ser, como uma estudante de graduação, agressiva, empoderada e orientada para a carreira". Ainda assim, como o sentimento de ser pega no meio voltou-se, em seu ano como veterana, para o senso de ser constrangida a agir, de "ser impulsionada a começar a tomar decisões por mim mesma", ela chegou "a perceber que todos esses papéis variados não são exatamente corretos". E assim ela conclui que:

> Eu não sou necessariamente o tipo de namorada que eu devo ser ou que acham que sou, e eu não sou necessariamente o tipo de filha que acham que sou. Você cresce para ver a si mesma na forma como as pessoas te veem, e é muito difícil, tudo de uma só vez, e começar a separar isso e começar a perceber que realmente nenhuma outra pessoa pode tomar essas decisões.

Encarada como uma veterana com a necessidade de manifestar uma escolha sobre o que fazer no ano seguinte, ela tenta separar sua percepção de si da percepção dos outros, para ver a si mesma diretamente em vez de um reflexo mediante o olhar alheio:

> Por um longo período, eu estava vendo a mim mesma como as outras pessoas queriam me ver. Digo, meu namorado estava realmente interessado em ter uma esposa que fosse uma professora de Língua Inglesa, e eu estava como que empurrando isso de volta em minha mente, visto que não queria fazer isso; eu realmente sentia que talvez isso fosse o que eu realmente queria fazer. Eu passei a ver todos os lados positivos disso porque estava vendo isso através dos olhos dele; e então, subitamente, eu meio que percebi que não podia mais fazer isso. Eu não posso – você

> sabe –, eu devo parar de fazer isso e passar a ver a mim
> mesma como eu quero me ver, e então percebi que não,
> que isso é realmente trabalhoso, e que o mundo da aca-
> demia não é necessariamente o certo para mim, mesmo
> quando eu fosse a esposa ideal naquela situação. Então
> naturalmente me deparei com o que é certo para mim, e
> é muito difícil porque, ao mesmo tempo, pude sentir que
> eu não posso crescer.

Deste modo, como sua escolha por olhar para ela mesma tornou-se mais direta, a questão moral correspondente mudou do que é "certo" para "o que é certo para mim". Ainda ao encarar tal desafio, ela imediatamente recuou e encontrou o sentimento que "não posso crescer".

Capturada pelo pedido do entrevistador para se autodescrever em um momento quando ela estava resistindo a "categorizar ou classificar a mim mesma", ela descobriu que "é difícil começar a definir por que eu estou no processo de indefinição" do eu que, no passado, poderia "tentar empurrar meus sentimentos para baixo do tapete", de maneira que não criasse quaisquer "repercussões". Descrevendo a si mesma como "amorosa", ela é pega entre dois contextos nos quais o termo agora se aplica: um mundo subterrâneo que a estabelece como "separada dos outros, separada das definições sobre mim", e um mundo de conexões, que a coloca separada dela mesma. Ao tentar explicar seu sendo de si como de uma só vez separado e conecto, ela encontra um problema com a "terminologia", quando tenta convencer uma nova compreensão tanto de si quanto do relacionamento:

> Eu estou tentando te dizer duas coisas. Estou tentando ser
> algo sozinho, separado dos outros, separados de suas de-
> finições sobre mim; e, ao mesmo tempo, eu estou fazendo
> exatamente o contrário, tentando estar com ou relaciona-

do a – seja qual for a terminologia – não creio que eles sejam mutuamente excludentes.

Desse modo, ela amarra um novo sentido de separação com uma nova experiência de conexão, uma forma de estar com os outros que a permite também estar consigo mesma.

Alcançando uma imagem que poderia convir para esse desconhecido sentido de conexão, mas incapaz de encontrar um *per se*, ela apreende um oferecido por uma amiga, a personagem de Gudrun em *Mulheres apaixonadas* (*Women in Love*) de D.H. Lawrence. A imagem de Gudrun evoca em Claire seu senso de ser "infantil" e "indomada", responsável pela sensualidade tanto na natureza quanto em si. Esta conexão com o mundo do "prazer sensual" representa o lado "artístico e boêmio" de si e contrasta com sua visão sobre si mesma como "uma *lady* e uma pessoa crescida". A imagem de Gudrun é por fim moralmente problemática para ele porque implica ser "descuidada com os outros", apesar de evocar uma forma diferente de conexão.

Novamente, Claire é capturada, mas de uma forma diferente: não entre duas expectativas contraditórias dos outros, mas entre a capacidade de resposta diante aos outros e a si mesma. Sentindo que esses modos de resposta "não são mutuamente excludentes", ela examina o julgamento moral que no passado lhes puseram separadamente. No início, ela considerou que "uma forma moral de olhar" como aquela que focou na "responsabilidade para com os outros"; agora ela chegou à questão do que parecia no passado uma verdade autoevidente, que "fazendo o que é certo para com os outros você está fazendo o que é certo para si mesma". Ela tinha alcançado, disse, "o ponto onde eu não acho que possa ser boa para ninguém, a menos que saiba quem sou".

No processo de buscar descobrir "o que sou eu", ela tinha começado a "se livrar de todos esses rótulos e coisas que não vejo como sendo minhas", a separar suas percepções de sua forma prévia de interpretar e, além disso, de olhar mais diretamente para os outros e para si. Assim, ela começou a observar as "falhas" em sua mãe, que ela percebia como uma "dada" sem limites, "porque não se preocupava se ela se machucava ao fazer isso. Ela não percebia – bom, ela percebe que, ao ferir-se, ela fere as pessoas muito próximas a ela". Auferido contra um padrão de cuidado, o ideal de Claire de autossacrifício abre espaço para uma visão de "uma família em que cada um é encorajado a se tornar um indivíduo e, ao mesmo tempo, que todos ajudem os outros e recebam, por sua vez, a ajuda deles".

Trazendo essa perspectiva ao dilema de Heinz, Claire identifica o mesmo problema moral que Amy, a menina de 11 anos, focando não no conflito de direitos, mas na falha da resposta. Claire acredita que Heinz deveria roubar a droga ("a vida de sua esposa era muito mais importante do que qualquer coisa. Ele deveria fazer de tudo para salvar a sua vida"), mas ela contrapõe a construção de direitos com sua própria interpretação. Conquanto o farmacêutico "tenha um direito, digo, tenha o direito legal, acho que ele tinha a obrigação moral de mostrar compaixão nesse caso. Eu não acho que ele tinha o direito de recusar". Ao atar a necessidade de ação de Heinz ao fato que "a esposa precisava dele ao ponto de fazer isso; ela não poderia ter feito, e cabe a ele fazer o que ela precisa", Claire elabora o mesmo conceito de responsabilidade com a necessidade de resposta que se ergue do reconhecimento, os outros estão contando contigo e que você está na posição de ajudar.

Se Heinz ama sua esposa ou não é irrelevante para a decisão de Claire; não porque a vida tem prioridade sobre o afeto, mas porque sua esposa "é outro ser humano e precisa de ajuda". Assim, a injunção moral de agir não se enraíze nos sentimentos de Heinz por sua esposa, mas de sua preocupação com suas necessidades, uma preocupação mediada não pela identificação, mas por um processo de comunicação. Tal como Claire considera o farmacêutico moralmente responsável por sua recusa, de modo que ela une a moralidade com a preocupação de conexão, definindo a pessoa moral como alguém que, ao agir, "considera seriamente as consequências de todos envolvidos". Portanto, ela critica sua mãe por negligenciar sua responsabilidade consigo mesma, ao mesmo tempo em que ela critica a si mesma por negligenciar sua responsabilidade junto aos outros.

Apesar de os julgamentos de Claire quanto ao dilema de Heinz não se enquadrarem nas categorias da escala de Kohlberg, sua compreensão da lei e sua habilidade de articular sua função de modo sistemático posiciona sua maturidade moral no estágio quatro. Cinco anos depois, quando ela é entrevistada aos 27 anos, esta pontuação é colocada em questão porque ela subordina a lei às considerações de responsabilidades que informam seu pensamento sobre o farmacêutico, Heinz e sua esposa. Julgando a lei atualmente em termos de quem ela protege, Claire estende sua ética da responsabilidade para uma visão mais ampla da conexão da sociedade. Mas a disparidade entre essa visão e a concepção de justiça faz com que sua pontuação na escala de Kohlberg recue.

Durante o período em que o julgamento moral de Claire parecia regredir, sua crise moral foi resolvida. Tendo tomado o curso de Kohlberg, ela suspeitava que o que ela tinha experimentado como crescimento não era progresso conforme estes termos. Desse modo, quando ela recebeu uma carta perguntando se ela estaria disposta a ser entrevistada novamente, ela pensou:

> Meu Deus, e se eu tivesse voltado! Tudo leva a crer que, em um estágio da minha vida, eu seria capaz de responder esses dilemas com muito mais certeza e dizer "sim, isso está absolutamente correto e isso está absolutamente errado". E eu não estou afundando cada vez mais na lama da incerteza. Não tenho certeza daquilo que é bom e ruim nesta altura, mas penso que há, nesse sentido, uma direção.

Contrastando um padrão absoluto de julgamento com sua própria experiência da complexidade da escolha moral, ela introduz a questão da direção, a interpretação sobre seu próprio desenvolvimento.

A questão da interpretação repete-se através do texto de sua entrevista aos 27 anos quando, casada e prestes a iniciar a escola de Medicina, ela reflete sobre sua própria experiência quanto à crise e descreve as mudanças em sua vida e forma de pensar. Falando do presente, ela diz que "que as coisas se encaixaram no lugar", mas imediatamente corrige sua frase, visto "que soa como se outro alguém as colocassem juntas, e não foi isso que aconteceu". No entanto, o problema de interpretação centra-se na descrição do modo de conexão. A conexão em si é aparente na descrição de Claire sobre si, na qual ela diz que "soa um tanto quanto estranha", uma vez que ela caracteriza a si mesma como "maternal, mediante todas as suas conotações". Vendo a si mesma como "uma médica, como uma mãe", ela disse que "é difícil pensar sobre mim mesma sem considerar o que as pessoas em volta a quem eu me dedico". Como Amy, Claire une sua experiência de si com as atividades de cuidado e conexão. Reunindo a imagem de sua mãe com a de si mesma, ela se vê como uma médica maternal, enquanto se prepara, tal como Amy, para tornar-se uma cientista que toma cuidado do mundo.

Ao descrever a resolução de uma crise que se estende por um período de anos, ela retraça seus passos de modo a explicar sua descoberta de "uma direção que subjaz tudo isso". A crise teve início em seu segundo ano na universidade:

> Durante um final de semana inteiro eu não consegui sair da cama porque não tinha uma razão para fazê-lo. Eu simplesmente não conseguia me compelir a fazê-lo e sair da cama. Eu não sabia o que faria se saísse da cama, mas a maior parte do meu segundo ano foi assim. Eu não sabia o que estava fazendo, qual a razão para fazer qualquer coisa. Nada parecia conectar-se.

Unindo seu desespero com seu senso de desconexão, ela projeta sobre uma palavra ou imagem que se adeque a esta experiência:

> Não foi uma mudança de rumo nisso quando eu saí da cama, e tudo estava certo novamente. Isso não aconteceu. Não se tratou de uma grande epifania ou algo similar. Apenas grudou na minha mente, mesmo que, naquela época, não tenha percebido como uma experiência poderosa. Não parecia que algo estava acontecendo comigo. Pelo contrário, tudo leva a crer que foi uma experiência poderosa. Ela foi real.

Ao aferir sua própria experiência contra as metáforas existentes de crise e mudança, ela começa a concluir que nada aconteceu, ou que o que aconteceu não foi poderoso ou real. Ela não chegou ao fundo do poço, nem experimentou uma epifania, ou ainda "o desespero último":

> Eu não deitei na cama e pensei que minha vida era totalmente sem valor. Não foi isso. Não se tratava de uma infelicidade profunda. Era apenas um nada. Talvez esse seja o desespero último, mas você não sente isso quando acontece. Eu creio que se agarra como uma coisa porque era

tão desprovido de sentimentos. Outra coisa era a extrema amargura e extremo ódio que eu sentia quanto [a um parente] que abandonava a família. Digo, era exatamente o oposto; mas era tão intenso.

Descobrindo tanto na ausência do sentimento quanto na presença do ódio que não há forma de conectar-se com os outros, ela interpreta sua experiência de desespero como o despontando de um sentimento de desconexão que se segue, em parte, da falha nos relacionamentos familiares.

O sentimento de desconexão dos outros leva Claire a ter dificuldades para ver a si mesma como "digna de valor", como digna de seu próprio cuidado e, assim, como sendo justificado agir por si mesma. Como ela descreve o processo através do qual se arrisca a fazer o que queria, indica como neste processo sua concepção de moralidade mudou. Enquanto ela estava acostumada a definir uma boa pessoa como "a pessoa que promove o melhor pelos outros", agora une a moralidade à compreensão que se ergue da experiência do relacionamento, uma vez que considera a capacidade de "entender o que outra pessoa está experimentando" como um pré-requisito para a resposta moral.

Agora impaciente com o dilema de Heinz, ela estrutura-o sobriamente como um contraste entre a vida da esposa e a ambição do farmacêutico, vendo na preocupação do farmacêutico com o lucro como uma falha de compreensão, tal como de resposta. A vida vale mais do que o dinheiro porque "todos têm o direito de viver". Mas quando ela muda sua perspectiva, dizendo que "não está certa em como deveria dizer isso de tal maneira". Em seu redizer, ela substitui a hierarquia dos direitos com uma rede de relacionamentos. Mediante essa substituição, ela desafia a premissa da separação, sublinhando a noção de direitos e articula um "princípio-guia de conexão". Percebendo os relacionamentos como primários em vez de privados da separação, considerando a interdependência das vidas das pessoas, ela imagina "a forma como as coisas são" e "as formas como elas deveriam ser" como uma rede de interconexões em que "todos pertencem a ela e todos provêm dela". Contra essa concepção da realidade social, a demanda do farmacêutico mantém-se em uma contradição fundamental. Vendo a vida como dependente da conexão, tal como sustentada pelas atividades do cuidado, uma vez que está baseada em uma ligação de apego em vez de um contrato, ela acredita que Heinz deva roubar o remédio quer ele ame a esposa ou não, "pela virtude do fato que ambos estão ali". Conquanto uma pessoa não possa gostar da outra, "você tem que amar outra pessoa, posto que você é inseparável dela. Em certa medida, é como amar sua mão direita: ela é parte de você. Aquela outra pessoa é parte daquela gigante coleção de todos". Assim, ela articula uma ética da responsabilidade que se baseia em uma preocupação da interconexão: "o estranho ainda é outra pessoa pertencente àquele grupo, uma pessoa a quem você está conectada pela virtude de ser outra pessoa".

Claire descreve a moralidade como "uma tensão constante entre ser parte de algo maior e um tipo de entidade contida em si mesma", e ela vê a habilidade de viver com tal tensão como a fonte do caráter moral e força. Esta tensão está no centro do dilema moral que ela tem enfrentado, no qual os conflitos de personalidade que pertenciam a um problema de verdade foram tornados, assim, em um reconhecimento de relacionamento. O problema de verdade tornou-se aparente a ela quando, após a universidade, trabalhou como conselheira em uma clínica de aborto e disseram-lhe que se uma mulher quisesse ver o que foi evacuado de seu útero, ela deveria dizer: "você não pode ver nada agora. É como uma gelatina neste momento". Uma vez que essa descrição se chocava com a turbulência moral que Claire sentia enquanto trabalhava na clínica, ela decidiu que "tinha que enfrentar o que vinha pela frente. Assim, decidiu olhar para o feto evacuado em um aborto tardio e, ao fazer isso, percebeu que":

> Eu não podia brincar comigo mais e dizer que não havia nada no útero, apenas um pequeno pontinho. Isso não é verdade, e eu sabia que não era verdade, posto que eu meio que vi. E, ao mesmo tempo, eu sabia o que estava acontecendo. Eu também acreditava que isso era certo; que deveria ter acontecido. Mas eu não podia dizer: "bom, isso é o certo e aquilo é errado". Eu estava apenas constantemente em conflito.

Quando ela mensurou o mundo visualmente e confiou em suas percepções para definir o que era certo, o julgamento moral absoluto foi dissolvido. Como resultado, ela estava em "constante conflito" e mirava a incerteza quanto ao problema do aborto; mas também foi capaz de agir de um modo mais responsável:

> Eu lutei bastante com isso. Finalmente, eu tinha que reconciliar comigo mesma – eu realmente acreditava nisso, mas não é uma coisa fácil que você possa dizer sem emoções e sem remorso – que, sim, a vida é sagrada, mas a qualidade de vida também é importante, e que essa deve ser a coisa determinante neste caso em particular. A qualidade de vida daquela mãe, a qualidade de vida daquela criança não nascida – eu vi muitas fotografias de bebês em latas de lixos e esse tipo de coisa, e é tão fácil dizer "ou", embora não seja bem isso. E eu devia ser capaz de dizer "sim, isso é um assassinato, não tem uma forma de contornar tal questão, mas eu estou propensa a aceitar, conquanto eu não esteja propensa a seguir com isso, pois é difícil". Eu não creio que seja capaz de explicar. Eu não creio que possa realmente verbalizar uma justificativa.

A inabilidade de Claire para articular sua posição moral baseia-se em parte do fato de que o julgamento dela é contextual, isto é, ligado ao tempo e espaço, contingente sempre "naquela mulher" e naquela "criança não nascida", e assim resistente a uma formulação categórica. Para ela, as possibilidades de imaginação ultrapassam a capacidade de generalização. Mas esse sentido de ser incapaz de verbalizar ou explicar o racional por sua participação no aconselhamento do aborto, na habilidade que pode refletir a inadequação de seu pensamento moral, pode também refletir no fato de ela não encontrar validação no mundo da posição que ela está tentando transmitir, uma posição que não é nem pró-vida nem pró-escolha, porém baseada no reconhecimento da contínua conexão entre a vida da mãe e a vida da criança.

Assim, Claire projeta o dilema não como uma disputa de direitos, mas como um problema de relacionamentos centrado na questão da responsabilidade que, no fim, deve ser enfrentado. Se o apego não pode ser sustentando, o aborto pode ser a melhor solução; mas, seja qual for o caso, a moralidade subjaz no reconhecimento da conexão, no ato de tomar a decisão do aborto ou assumir a responsabilidade pelo cuidado da criança. Conquanto ocorram situações em que "matar dessa forma seja necessário, mas que não deve ser uma situação tão fácil" como ocorre em "se [o feto] for removido de você. Se o feto é apenas uma gelatina, ele será removido de você". Assim, a moralidade e a preservação à vida são contingentes na manutenção da conexão, vendo as consequências da ação ao manter a rede de relacionamentos intacta, "não permitindo que outro alguém mate por você sem que você assuma a responsabilidade". Novamente, um julgamento absoluto produz uma complexidade de relacionamentos. O fato de que a vida é sustentada por uma conexão a leva a afirmar o "laço sagrado" da vida em vez daquela "sacralidade da vida a todo custo", e articular uma ética da responsabilidade enquanto permanece conhecedora do problema dos direitos.

O problema da verdade também se levanta para Claire quando uma amiga pede a ela para escrever uma recomendação de trabalho, produzindo um dilema similar daquele que Amy descreveu. Enquanto Amy reflete sobre "manter a amizade ou fazer justiça", conquanto o fim da questão envolva responder aos outros e, assim, manter a paz consigo mesma, a matéria da honestidade estava, no início, no centro da preocupação de Claire: "como eu posso ser honesta e, ao mesmo tempo, ser justa com ela?" Mas o problema da justiça estava no problema da responsabilidade, que se ergue do reconhecimento que suas ações na formação da amizade estabeleceram uma cadeia de expectativas, levando sua amiga a acreditar que poderia contar com a ajuda de Claire. Claire, percebendo que "não gostava realmente" de sua amiga que seus sistemas de valores "eram diferentes", também reconheceu a realidade do relacionamento e a impossibilidade de ser simultaneamente honesta e justa. A questão do que fazer baseada em um julgamento da dor relativa que suas ações causariam à sua amiga e ao ajudar pessoas cujas vidas seriam afetadas se a amiga fosse bem-sucedida ao conseguir o emprego. Decidindo que nesta situação seria melhor escrever a carta, ela percebeu que o dilema poderia ser evitado ao "ser mais honesta com ela apenas por um dia".

Quanto à questão da honestidade, Claire chega ao fim do drama de "Sr. Certo" e "Sr. Errado", um drama que une vários temas de relacionamentos, responsabilidade e interpretação ao personalizar a questão da verdade moral em vez de objetivar o problema de um relacionamento pessoal. O Sr. Certo, assim como Anne na história de Horner, estava no topo de sua turma na escola de Medicina e "odiava não ter todo o domingo para estudar", posto que queria continuar no topo. Consequentemente, nas noites de sábado, ele voltava para dormir em sua própria cama, fazendo com que Claire se sentisse não apenas sozinha e abandonada, mas também "egoísta" e "errada":

> O que há de errado comigo por querer mais? Há obviamente algo. Eu sou uma pessoa terrivelmente egoísta, e nunca encarei o fato de que havia algo obviamente errado com o relacionamento.

Enquanto resultado da experiência, ela começou a suspeitar que o Sr. Certo não era "certo para mim". Mas não querendo terminar o relacionamento, ela se voltou, em vez disso, ao Sr. Errado:

> No último ano, isso apenas ocorreu, mas em vez de dizer "digo para mim mesma: não vou prosseguir mais com isso", eu tive esse *affair* sórdido pelas costas e então joguei isso sobre ele. E não apenas lancei sobre ele, mas cheguei até ele com lágrimas nos olhos e confessei, de modo que me senti maravilhosa, mas tudo isso meio que foi calculado pelo meu subconsciente para feri-lo.

Claire primeiro descreveu o conflito ou dilema como uma disparidade entre julgamento e ação, dada à sua forma "muito estrita e engraçada de sentimentos monogâmicos"; mas então acrescenta que o conflito real estava entre duas imagens de si mesma "esta coisa pura e virginal e este outro lado de mim mesma que parecia estar aflorando". O problema despontou porque ela "não foi capaz de tomar uma decisão no ponto e da maneira que eu queria". Presa entre duas imagens de si, ela foi pega entre dois mundos de relacionamento:

> Eu não estava disposta a desistir do primeiro relacionamento porque ele representava muitas coisas. Ele era o Sr. Certo para todos os outros, mas eu o conhecia melhor. E o outro cara, que, por sua vez, era claramente o Sr. Errado,

meio que representava aquele tipo de coisa animal para mim; e, ao mesmo tempo, eu não era capaz de desistir dele também.

Uma vez que ela começou a confrontar a disparidade dentro de sua percepção de si, ela também começou "a ver que os padrões morais impostos por outras pessoas não eram necessariamente certos para mim". Assim, tal como o Sr. Certo mostrou-se não sendo correto, o Sr. Errado não era tão incorreto.

Focando nas ações dela que revelavam o conflito malresolvido consigo mesma, ela disse que "as duas pessoas envolvidas naquele conflito eram eu e eu mesma". Conforme ela explora a divisão interna, ela explora o mundo dos relacionamentos também, identificando sua não propensão a "assumir as responsabilidades por minhas ações" e perpetuando, assim, um ciclo de ferimentos:

> Esta foi a parte de todo o problema com o relacionamento, por não ter assumido a minha parte de responsabilidade nele. Ele também foi, creio eu, meio que delineado de modo a feri-lo da mesma maneira que ele me feria, mesmo que eu nunca tenha assumido a responsabilidade por impedi-lo de continuar a me ferir. Eu nunca disse "fique aqui no Sábado ou então nós terminaremos nosso relacionamento". Apenas dois ou três anos depois eu percebi o que tinha acontecido.

Claire, olhando para o dilema do Sr. Certo e do Sr. Errado, localizou o problema não apenas em sua falha de autoafirmar-se, mas também em "não entender que ela *deveria* se autoafirmar -se". Mas o ato da afirmação não é um ato de agressão; em vez disso, é um ato de comunicação. Ao dizer ao Sr. Certo a verdade sobre si, ela não apenas teria prevenido a agressão, mas também fornecido uma oportunidade para a resposta. Como o "eu" que falou claramente às 23h transformou-se em uma "confusa" adolescente, nota-se que a confusão ocorreu através da descoberta que a responsividade para si e a responsividade para os outros estão conectadas em vez de opostas.

Descrevendo as pessoas que ela admira – sua mãe por ser "tão dada como ela é" e seu marido, que "vive pelo que acredita" – Claire prevê para si uma vida de integridade centrada nas atividades do cuidado. Essa visão é iluminada pelas ações de uma mulher médica que, vendo a solidão de uma mulher idosa no hospital, "sairia para comprar uma cerveja e sentar ao lado da cama com ela, de modo que pudesse ter alguém consigo". O ideal de cuidado é, portanto, uma atividade de relacionamento, de ver e responder a necessidade, tomando cuidado do mundo ao sustentar a rede de conexão, de modo que ninguém é deixado sozinho.

Enquanto as verdades da teoria psicológica blindaram os psicólogos da verdade da experiência feminina, tal experiência iluminou um mundo que os psicólogos consideraram difícil de traçar, uma trajetória em que a violência é rara e os relacionamentos parecem seguros. A razão de a experiência feminina ser tão difícil de decifrar ou até mesmo discernir é que uma mudança no imaginário dos relacionamentos produz um problema de interpretação. As imagens da hierarquia da rede, desenhadas dos textos das fantasias e pensamentos de homens e mulheres, transmitem diferentes formas de estruturas os relacionamentos e são associados com diferentes visões de moralidade e de si. Mas essas imagens criam um problema na compreensão, porque cada uma delas distorce a outra representação. Como o topo da hierarquia torna-se a borda da rede, enquanto o centro da rede se torna o meio de uma progressão hierárquica, cada imagem mostra quão perigoso é o lugar que o outro toma como seguro. Assim, as imagens de hierarquia e rede informam diferentes formas de afirmação e resposta: o desejo de estar sozinho no topo e o consequente medo de que os outros ficarão muito próximos; o desejo de estar no centro de conexão e o consequente medo de estar muito longe da beirada. Esses medos disparatados de estar preso e ser pego produzem diferentes retratos de empreendimento e afiliação, levando a formas distintas de ação e caminhos diferentes de acessar as consequências da escolha.

Desse modo, a reinterpretação da experiência feminina nos termos de seu próprio imaginário clarifica aquela experiência e também fornece uma visão não hierárquica da conexão humana. Uma vez que os relacionamentos, quando projetados na imagem de hierarquia, parecem inerentemente instáveis e moralmente problemáticos, sua transposição para uma imagem de rede muda de uma ordem de desigualdade para uma estrutura de interconexão. Mas o poder das imagens de hierarquia e rede, sua evocação dos sentimentos e sua recorrência no pensamento, significam a inclusão de ambas essas imagens no ciclo da vida humana. As experiências de desigualdade e interconexão, inerentes no relacionamento entre pai e filho, propiciam, assim, a ética da justiça e cuidado, os ideais do relacionamento humano – a visão que o eu e o outro serão tratados com o mesmo valor; que, apesar das diferenças no poder, as coisas serão justas; a visão que todos irão ser respondidos e incluídos, que ninguém será deixado sozinho ou ferido. Essas visões disparatadas em sua tensão refletem as verdades paradoxais da experiência humana – que nós conhecemos nós mesmos como distintos apenas quando vivemos conectados aos outros, e que nós experimentamos os relacionamentos apenas quando nós diferenciamos o outro(a) do eu mesmo(a).

3

CONCEITOS DO EU E MORALIDADE

Uma estudante universitária, respondendo a questão "se tivesse que dizer o que a moralidade significa para você, como sinteticamente responderia?":

> Quando eu penso na palavra *moralidade*, penso em obrigações. Eu usualmente penso nela como um conflito entre desejos pessoais do eu *versus* desejos pessoais de outra pessoa ou pessoas. A moralidade é todo aquele reino de como você decide esses conflitos. Uma pessoa moral é aquela que decide colocar a si mesma mais frequentemente como igual às outras do que o contrário. Uma pessoa verdadeiramente moral poderia sempre considerar outra pessoa como sua igual [...] Em uma situação de interação social, algo é moralmente errado quando o indivíduo termina ferrando muitas pessoas. E é moralmente correto quando todos terminam melhores no final.

Ainda quando perguntada se poderia pensar em alguém que ela considera como genuinamente moral, ela responde: "bom, imediatamente eu penso em Albert Schweitzer, porque ele obviamente tem dado sua vida para ajudar os outros". Obrigação e sacrifício perpassam o ideal de igualdade, determinando uma contradição básica em seu pensamento.

Outra graduanda responde a questão: "o que significa dizer que algo é moralmente certo ou errado?" ao também falar inicialmente sobre responsabilidades e obrigações:

> Eu tenho que lidar com responsabilidades, obrigações e valores, principalmente valores [...] Em minha situação de vida, eu relaciono moralidade com relacionamentos interpessoais, que devem interagir com respeito aos outros e comigo. (*Por que respeitar outras pessoas?*) Porque elas têm uma consciência ou sentimentos que podem ser feridos, uma preocupação de que podem ser feridos.

A preocupação em ferir os outros persiste como um tema principal nas respostas de duas outras mulheres estudantes para a questão "por que ser moral?":

> Milhões de pessoas têm que viver juntas pacificamente. Eu pessoalmente não quero ferir outras pessoas. Este é um critério real, um critério principal para mim. Ele subjaz meu senso de justiça. Não é legal infligir dor. Eu tenho empatia por qualquer um que sente dor. Não ferir os outros é importante conforme minhas morais privadas. Anos atrás, eu teria pulado de uma janela para não ferir meu namorado. Aquilo era patológico. Mesmo hoje, no entanto, quero aprovação e amor, mas não desejo fazer inimigos. Talvez isso seja a moralidade – de modo que as pessoas possam receber aprovação, amor e amizade.
>
> Meu principal princípio é não ferir outras pessoas conforme isso não atente contra sua própria consciência e conforme você permanece fiel a você mesmo [...] Há muitos problemas morais, tais como o aborto, o roubo, o

assassinato, a monogamia. Se algo é um assunto controverso como esses, então sempre digo que é algo que cabe ao indivíduo. O indivíduo tem que decidir e então seguir sua própria consciência. Não há morais absolutas. Leis são instrumentos pragmáticos, mas não há absolutos. Uma sociedade viável pode produzir exceções de tempos em tempos, mas eu pessoalmente [...] temo que terei alguma grande crise com meu namorado um dia, e alguém sairá ferido, e ele sairá mais ferido do que eu. Eu sinto uma obrigação de não feri-lo, mas também uma obrigação de não mentir. Não sei se é possível não mentir e não ferir.

O fio comum que corre através dessas afirmações é o desejo de não ferir os outros e a esperança que um caminho de resolver conflitos resida na moralidade, de modo que ninguém saia ferido. Este tema é introduzido de maneira independente por uma a cada quatro mulheres, tanto no item mais específico quanto na resposta para a questão mais geral. A pessoa moral é aquela que ajuda os outros; bondade é um serviço, ou seja, a capacidade de encontrar as obrigações e responsabilidades de alguém para com os outros, se possível sem sacrificar a si mesmo. Enquanto a primeira das quatro mulheres conclui negando o conflito que ela inicialmente introduziu, a última antecipa um conflito entre permanecer fiel a si mesma e aderir ao princípio de não ferir os outros. O dilema que testaria os limites desse julgamento poderia ser aquele no qual ajudar os outros envolve pagar um preço: ferir a si mesma.

A reticência sobre assumir posições em "assuntos controversos", uma propensão a "fazer exceções todo o tempo", é ecoada repetidamente por outras mulheres universitárias:

> Eu nunca senti que poderia condenar qualquer outro. Eu tenho uma posição muito relativista. A ideia básica que abraço é a santidade da vida humana. Eu sou inibida acerca de oferecer minhas impressões aos outros.

Eu não poderia jamais argumentar que minha crença em uma questão moral é algo que outra pessoa deva aceitar. Eu não creio em absolutos. Se há um absoluto para decisões morais é a vida humana.

Ou como uma estudante de pós-graduação disse quando estava explicando os motivos de achar difícil roubar um remédio para salvar sua própria vida, apesar de sua crença que seria certo roubar de outro, *"é simplesmente muito difícil defender a si mesma contra as regras. Digo, nós vivemos pelo consenso, e se você adota uma ação simplesmente para/por você mesma, não há consenso ali, e é algo indefensável na sociedade atual".*

O que emerge nessas vozes é um senso de vulnerabilidade que impede essas mulheres de tomar uma posição, aquilo que George Eliot relembra como a "suscetibilidade" das garotas diante de julgamentos adversos alheios, que se baseia de sua falta de poder e consequente inabilidade *"para fazer algo no mundo"* (p. 365). A não prontidão para fazer julgamentos que Kohlberg e Kramer (1969) e Kohlberg e Gilligan (1971) associam com a crise adolescente de identidade e crença toma a forma nos homens no questionamento do conceito de moralidade em si. Mas a relutância dessas mulheres para julgar pauta-se, em vez disso, de sua incerteza sobre seus direitos de fazerem julgamentos morais, ou talvez do preço que tais julgamentos parecem implicar.

Quando as mulheres se sentem excluídas da participação direta na sociedade, elas veem a si mesmas como sujeitas ao consenso ou ao julgamento feito e reforçado pelos homens cuja proteção e suporte elas dependem, e por aqueles nomes que elas conhecem. Uma mulher divorciada de meia idade, mãe de filhas adolescentes, residente em uma sofisticada comunidade universitária, conta a seguinte história:

Como uma mulher, sinto que nunca entendi que eu fui uma pessoa, que poderia tomar decisões e que tinha direito a tomá-las. Eu sempre senti que pertencia ao meu pai ou ao meu marido de certa maneira, ou à Igreja, que era sempre representada por um clérigo homem. Eles foram os três homens na minha vida: pai, marido e clérigo, e eles tinham muito a dizer sobre o que eu devia e o que não devia fazer. Eles foram realmente figuras de autoridade que aceitei. Apenas tardiamente eu percebi que nunca me rebelei contra isso, e minhas filhas são muito mais conscientes disso, não no sentido militante, mas no reconhecimento desse sentido [...] ainda deixo as coisas acontecerem comigo em vez de deixá-las acontecer, do que escolhendo, conquanto eu saiba sobre todas as opções. Eu sei os passos e procedimentos e tudo mais. (*Você tem pistas sobre o motivo disso ser verdadeiro?*) Bom, eu penso que, por um sentido, há menos responsabilidade envolvida. Porque se você toma decisões estúpidas, tem que assumir as responsabilidades. Se isso acontecer contigo, bem, você pode reclamar sobre. Penso que se você não crescer sentindo que nunca teve qualquer escolha, você não percebe que tem uma responsabilidade emocional. Com este sentimento de escolha começa o sentimento de responsabilidade.

A essência da decisão moral é o exercício da escolha e a propensão a aceitar a responsabilidade por aquela escolha. Até que extensão aquelas mulheres percebem que não têm escolha, e elas correspondentemente se escusam da responsabilidade que a decisão implica. Agindo de modo infantil a partir da vulnerabilidade de sua dependência e do consequente medo do abandono, elas proclamam que querem apenas agradar; mas, em troca por sua bondade, esperam ser amadas e cuidadas. Trata-se, assim, de um "altruísmo" sempre em risco, pois pressupõe uma inocência constante no perigo de estar compromissada por uma preocupação de troca que foi feita. Solicitada a descrever a si mesma, a sênior universitária responde:

> Eu ouvi sobre a teoria das camadas da cebola. Eu vejo a mim mesma como uma cebola, como um bloco com diferentes camadas. As camadas externas são para pessoas que eu não conheço tão bem, a agradável, a social; e conforme você avança para a parte interna, há mais lados que eu mostro para as pessoas que conheço. Não estou certa sobre as partes mais internas, nem se há um núcleo, ou se apenas peguei tudo conforme fui crescendo, essas diferentes influências. Penso que tenho uma atitude neutra para comigo mesma, mas penso em termos do que é bom e ruim. Bom – eu tento ser considerativa e pensativa para com outras pessoas, e tento ser justas em situações, e ser tolerante. Eu uso as palavras, mas tento e trabalho com elas de modo prático. Coisas ruins – não estou certa se são ruins, se são altruístas ou se estou realizando-as basicamente por aprovação de outras pessoas. (*Que coisas são essas?*) Os valores que eu tento agir. Eles lidam principalmente com relações interpessoais [...] Se eu estivesse fazendo coisas por aprovação, seria algo muito tênue. Se eu não recebesse o *feedback* certo, perderia todos os meus valores.

A peça de Ibsen intitulada *Casa de bonecas* (*Doll's House*) descreve a explosão do justo como um mundo através do dilema moral que levanta a questão da noção da bondade subjacente ao seu centro. Nora, a "esposa esquilo", vivendo com seu marido assim como ela vivia antes com seu pai, coloca em ação sua concepção de bondade como sacrifício e, com a melhor das intenções, faz a justiça com as próprias mãos. A crise que se segue, mais dolorosa para ela pelo repúdio daquela bondade pela própria pessoa que seria seu recipiente e beneficiária, a faz rejeitar o suicídio, algo que ela inicialmente via como a expressão última; ela escolhe, em vez disso, buscar novas e firmes respostas para as questões de identidade e crença moral.

A disponibilidade da escolha, e com ela o ônus da responsabilidade, tem invadido agora o setor mais privado do domínio da mulher e ameaça uma explosão similar. Por séculos, a sexualidade feminina esteve ancorada na passividade, em uma estância receptiva em vez de ativa, em que os eventos da concepção e nascimento poderiam ser controlados apenas por uma retenção na qual suas próprias necessidades sexuais seriam negadas ou sacrificadas. Que tal sacrifício implicava um custo de sua inteligência tal como foi percebida por Freud (1908) quando ele uniu a "indubitável inferioridade intelectual de muitas mulheres" a "inibição de pensamento proporcionada pela supressão sexual" (p. 199). As estratégias de controle e negação que as mulheres têm empregado na política dos relacionamentos sexuais parecem similares à evasão ou controle do julgamento no reino moral. A hesitação de estudantes universitárias de afirmar uma crença mesmo no valor da vida humana, como na relutância para alegar a sexualidade de alguém, evidencia uma incerteza própria de sua força, não propensão de lidar com a escolha e a tentativa de evitar o confronto.

Assim as mulheres têm tradicionalmente deferido ao julgamento dos homens, conquanto recorrentemente mantenham-se íntimas de uma sensibilidade própria, que varia conforme aquele julgamento. Maggie Tulliver, em *O moinho à beira do rio* (*The Mill on the Floss*) responde às acusações que se sucedem da descoberta de seu relacionamento secreto e contínuo com Phillip Wakeham por aderir ao julgamento moral de seu irmão; entrementes, afirmando um conjunto diferente de padrões para os quais ela atesta sua própria superioridade:

> Eu não quero defender a mim mesma [...] eu sei que estou errada – frequentemente de modo contínuo. Mas, ainda

assim, algumas vezes, quando eu faço algo errado, isso ocorre porque tenho sentimentos que seriam melhor caso você os tivesse. Se *você* alguma vez estivesse em falta, se você alguma vez tivesse feito algo errado, eu deveria me desculpar pela dor que eu trouxe até você; eu não devo desejar que a punição seja acumulada sobre você.

O protesto de Maggie é uma afirmação eloquente da divisão tardia entre pensamento e sentimento, justiça e misericórdia, que são subjacentes a muitos clichês e estereótipos acerca das diferenças entre os sexos. Mas, considerando de outro ponto de vista, seu protesto significa um momento de confronto, substituindo uma evasão prévia. Esta confrontação revela dois modos de julgamento, duas construções diferentes no domínio da moral – um tradicionalmente associado com a masculinidade e o mundo público do poder social, e outro com a feminilidade e o caráter privado da troca doméstica. O ordenamento desenvolvimentista desses dois pontos de vista tem levado a considerar o masculino como mais adequado do que o feminino, e assim levando o primeiro a substituir o feminino quando o indivíduo avança para a maturidade. A reconciliação desses dois modos, no entanto, não é clara.

A pesquisa de Norma Haan (1975) sobre os estudantes universitários, assim como o estudo de três anos de duração de Constance Holstein (1976) sobre os adolescentes e seus pais, indicam que os julgamentos morais das mulheres diferentes daqueles empreendidos pelos homens; em grande extensão, sobre quais julgamentos femininos estão ligados aos sentimentos de empatia e compaixão, e como eles se preocupam com a resolução do real em vez de dilemas hipotéticos. Porém, uma vez que as categorias pelas quais o desenvolvimento é acessado derivam de pesquisas sobre os homens, isto é, a divergência do padrão masculino pode ser vista apenas como uma falha no desenvolvimento. Assim, como resultado, o pensamento das mulheres é frequentemente classificado com aquele já anunciado outrora pelas crianças. A ausência de critérios alternativos que possam melhor abranger o desenvolvimento feminino, contudo, pontua não apenas as limitações das teorias enquadradas pelos homens e validades por amostras de pesquisa desproporcionalmente masculinas e adolescentes, mas também a desconfiança prevalente entre as mulheres, sua relutância para falar publicamente com sua própria voz, dado os constrangimentos impostos sobre eles pela falta de poder e as políticas de relação entre os sexos.

De modo a extrapolar a questão "o quanto as mulheres pensam como os homens, isto é, quanto elas são capazes de engajarem-se em construções abstratas e hipotéticas da realidade?", é necessário identificar e definir os critérios do desenvolvimento que abrangem as categorias do pensamento feminino. Haan pontua a necessidade de derivar tais critérios da resolução da "*ocorrência mais frequente dos dilemas morais da vida real das preocupações interpessoais, empáticas e de sentimentos de camaradagem*" (p. 34) que por muito tempo tem sido o centro da preocupação moral feminina. Mas para derivar critérios de desenvolvimento da linguagem do discurso da moral feminina é necessário primeiro ver se a construção feminina da moral repousa sobre uma linguagem diferente da masculina e se ela merece uma credencial equivalente na definição do desenvolvimento. Isso, por sua vez, requer encontrar locais nos quais as mulheres têm o poder para escolher e, assim, estarem propensas a falar com suas próprias vozes.

Quando o controle de natalidade e o aborto fornecem às mulheres os meios efetivos de controlarem sua fertilidade, o dilema da escolha ocupa uma arena central nas vidas femininas. Deste modo, os relacionamentos que têm tradicionalmente definido as identidades femininas e enquadram seus julgamentos morais não mais fluem inevitavelmente de sua capacidade reprodutiva, mas tornam-se matérias de decisão sobre as quais elas têm controle. Libertas da passividade e reticência da sexualidade que as une e as torna dependentes, as mulheres podem questionar com Freud o que elas desejam e podem afirmar suas próprias respostas para a questão. No entanto, ainda que a sociedade possa afirmar publicamente o direito feminino de escolher por si mesma, o exercício dessa voz a coloca em conflito com as convenções de feminilidade, particularmente com a equação moral da bondade com autossacrifício. Conquanto a afirmação independente no julgamento e a ação sejam consideradas a marca da vida adulta, em vez disso, é no cuidado e preocupação para com os outros que as mulheres têm julgado elas mesmas e têm sido julgadas.

O conflito entre o eu e o outro assim constitui o problema moral central para as mulheres, colocando um dilema cuja resolução requer uma reconciliação entre a feminilidade e a vida adulta. Na ausência de tal reconciliação, o problema moral não pode ser solucionado. A "boa mulher" mascara a afirmação na evasão, negando a responsabilidade ao afirmar apenas o ato de encontrar as necessidades dos outros, enquanto a "mulher má" renuncia os compromissos que as unem no autoengano e traição. E é precisamente esse dilema – conflito entra a compaixão e a autonomia, entre a virtude e o poder – que o feminino luta para resolver em seu esforço para reclamar o eu e para solucionar o problema moral de modo que ninguém seja ferido.

Quando uma mulher considera se deve prosseguir com uma gravidez ou abortar, ela contempla uma decisão que afeta tanto a si mesma quanto os outros, e engaja-se diretamente ao problema moral e crítico de ferir. Uma vez que a escolha é por fim sua e, portanto, uma escolha para a qual ela é a responsável, isso levanta questões precisamente do julgamento que têm sido as mais problemáticas para as mulheres. Nesse momento ela é perguntada sobre o motivo de interromper a corrente de vida na qual por séculos as têm imergido na passividade da dependência, enquanto, ao mesmo tempo, impõe sobre ela a responsabilidade do cuidado. Desse modo, a decisão do aborto carrega o núcleo da apreensão feminina, sobre a qual Joan Didion (1972) chama *"a diferença irreconciliável disso – o sentido de viver uma vida mais profunda sob a água, o envolvimento sombrio com o sangue, o nascimento e a morte"* (p. 14), as questões adultas da responsabilidade e escolha.

A maneira com a qual as mulheres lidam com tais escolhas foi o objeto do estudo do aborto, designado para clarificar as formas nas quais as mulheres constroem e decidem sobre o aborto. Vinte e nove mulheres dos 15 aos 33 anos, com diversos enquadramentos étnicos e classes sociais, foram referenciadas para o estudo do aborto e gravidez em serviços de aconselhamento. As mulheres participavam do estudo por uma variedade de razões – algumas para alcançar clarificação adicional a respeito da decisão sobre a qual elas estavam em conflito, algumas em resposta às preocupações dos conselheiros sobre abortos repetidos, e outras ainda para contribuir com a pesquisa em curso. Conquanto as gravidezes tenham ocorrido sob uma variedade de circunstâncias nas vidas dessas mulheres, certos aspectos comuns foram discernidos. As adolescentes frequentemente falharam no controle de concepção porque elas negavam ou desacreditavam em sua capacidade de ter filhos. Algumas mulheres ficaram grávidas através da omissão diante dos métodos anticonceptivos em circunstâncias sexuais não antecipadas. Algumas gravidezes coincidiram com os esforços de parte das mulheres para encerrar um relacionamento e podem ser vistas como uma manifestação da ambivalência ou uma forma de colocar o relacionamento em um teste último de compromisso. Para essas mulheres, a gravidez parecia ser um caminho de testar a verdade, fazer do bebê um aliado na busca por um apoio e proteção masculinos; ou, caso falhasse, um companheiro vítima da rejeição masculina. Por fim, algumas mulheres ficaram grávidas como o resultado ou da falha no controle dos métodos anticonceptivos ou como uma decisão conjunta que posteriormente foi reconsiderada. Das vinte e nove mulheres, quatro decidiram ter o bebê, duas abortaram, vinte e uma escolheram o aborto e duas estavam em dúvida sobre que decisão tomar no período da entrevista, e não puderam ser contatadas na pesquisa subsequente.

As mulheres foram entrevistadas duas vezes: a primeira quando elas estavam tomando a decisão, no primeiro trimestre de uma gravidez confirmada, e a segunda no final do ano seguinte. O procedimento de referência requeria que haveria um intervalo entre o contato com a mulher por um conselheiro ou clínico quando o aborto fosse realizado. Diante desse fator e do fato de que alguns conselheiros viram a participação nesse estudo como um meio efetivo de crise-intervenção, há uma razão para acreditar que as mulheres entrevistadas estavam em um conflito quanto à decisão acima do normal. Uma vez que o estudo focou na relação entre o julgamento e a ação em vez do problema do aborto *per se*, nenhum esforço foi feito para selecionar uma amostra que seria representativa das mulheres que estivessem considerando, buscando ou tendo abortos. Assim, as descobertas pertencem a diferentes formas nas quais as mulheres pensaram sobre os dilemas em suas vidas em vez dos caminhos nos quais as mulheres normalmente pensam sobre a escolha do aborto.

Na parte inicial da entrevista, as mulheres foram questionadas de modo a discutir a decisão que elas se deparavam, como elas estavam lidando com ela, as alternativas que estavam considerando, as razões tanto pró quanto contra cada opção, as pessoas envolvidas, os conflitos implicados e, por fim, os caminhos nos quais tomar essa decisão afetava a visão delas mesmas e seus relacionamentos com os outros. Na segunda parte da entrevista, as mulheres foram perguntadas sobre como resolver três problemas morais, incluindo o dilema de Heinz da pesquisa de Kohlberg.

Ao ampliar a descrição de Piaget do julgamento moral das crianças e do julgamento moral dos adolescentes e adultos, Kohlberg (1976) distingue três perspectivas sobre o conflito moral e escolha. Unindo o desenvolvimento moral na adolescência ao crescimento de um pensamento reflexivo em cada época, Kohlberg nomeou essas três visões de moralidade como pré-convencional, convencional e pós-convencional, no intuito de refletir a expansão na compreensão moral de um indivíduo para a sociedade, e desta para um ponto de vista universal. Neste esquema, a moralidade convencional ou a equação do certo e do bem com a manutenção das normas e valores sociais existentes é sempre o ponto de partida. Enquanto o julgamento moral pré-convencional denota a inabilidade para construir um ponto de vista compartilhado ou societário, o julgamento pós-convencional transcende aquela visão. O julgamento pré-convencional é egocêntrico e deriva do constructo moral das necessidades individuais; o julgamento convencional é baseado nas normas compartilhadas e valores que sustentam relacionamentos, grupos, comunidades e sociedades; e o julgamento pós-convencional adota uma perspectiva reflexiva sobre os valores societários e constrói princípios morais que são universais em termos de aplicação.

Esta mudança na perspectiva em direção a formas crescentemente diferenciadas, compreensivas e reflexivas de pensamento aparecem nas respostas femininas tanto nos dilemas hipotéticos quanto nos correntes. Mas tal como as convenções que moldam o julgamento moral das mulheres diferem daqueles dos homens, o mesmo ocorre com as definições das mulheres dos domínios da moral, que divergem daqueles derivados dos estudos com os homens. A construção do problema moral nas mulheres, em vez de versar sobre direitos e regras, une-se ao desenvolvimento de seu pensamento moral para mudanças em suas compreensões de responsabilidade e relacionamentos, assim como a concepção de moralidade e justiça une-se ao desenvolvimento da lógica da igualdade e reciprocidade. Deste modo, a lógica subjacente à ética do cuidado é uma lógica psicológica dos relacionamentos, que contrasta com a lógica formal da justiça, que comunica a abordagem da justiça.

As construções femininas do dilema do aborto em particular revelam a existência de uma linguagem moral distinta, cuja evolução traça uma sequência de desenvolvimento. Esta é a linguagem do egoísmo e responsabilidade, que define o problema moral como uma obrigação para exercitar o cuidado e evitar ferir. Infligir dor é considerado como egoísta e imoral em sua reflexão da falta de preocupação, enquanto a expressão do cuidado é vista como o preenchimento da responsabilidade moral. O uso reiterado pelas mulheres das palavras *egoísmo* e *responsabilidade* ao falar sobre conflito moral e escolha, dada à moral subjacente que essa linguagem reflete, coloca a mulher separada dos homens, que Kohlberg estudou e pontuou uma compreensão distinta do desenvolvimento moral.

As três perspectivas morais reveladas pelo estudo da decisão do aborto denotam uma sequência no desenvolvimento da ética do cuidado. Essas visões distintas do cuidado e as transições entre elas emergem de uma análise das formas nas quais as mulheres usam a linguagem moral – palavras como *deve, convém, melhor, certo, bom* e *ruim*, pelas mudanças e guinadas que aparecem em seu pensamento e pela forma nas quais elas refletem sobre e julgam seu pensamento. Nesta sequência, um foco inicial no cuidado de si de modo a garantir a sobrevivência é seguido por uma

143

fase transitiva na qual esse julgamento é criticado como egoísta. A crítica assinala uma nova compreensão das conexões entre eu e outros, que está articulada pelo conceito de responsabilidade. A elaboração deste conceito de responsabilidade e sua fusão com uma moralidade maternal que busca garantir o cuidado do dependente e desigual caracteriza a segunda perspectiva. Neste ponto, o bom é equacionado com o cuidado com os outros. No entanto, quando apenas os outros são legitimados como recipientes do cuidado feminino, a exclusão de si faz despontar problemas nos relacionamentos, criando um desequilíbrio que inicia a segunda transição. A equação de conformidade com o cuidado, em sua definição convencional, e a falta de lógica da desigualdade entre o outro e o eu, conduz à consideração dos relacionamentos em um esforço para separar a confusão entre autossacrifício e cuidado inerente nas convenções da bondade feminina. A terceira perspectiva foca na dinâmica dos relacionamentos e dissipa a tensão entre egoísta e responsabilidade através de uma nova compreensão da interconexão entre o outro e o eu. O cuidado torna-se um princípio escolhido por si mesmo de um julgamento que permanece psicológico em sua preocupação com os relacionamentos e resposta, mas se torna universal em sua condenação do ato de explorar e ferir. Portanto, uma compreensão progressiva e mais adequada da psicologia dos relacionamentos humanos – uma crescente diferenciação do eu e do outro e uma crescente compreensão das dinâmicas da interação social – informam o desenvolvimento de uma ética do cuidado. Essa ética, que reflete um conhecimento acumulado dos relacionamentos humanos, evolui em torno de um vislumbre central, a saber, que o eu e o outro são interdependentes. As diferentes formas de pensamento sobre essa conexão ou os diferentes modos para apreendê-las marcam as três perspectivas como fases transitivas. Nesta sequência, o fato da interconexão informa o reconhecimento central e recorrente que tal como a incidência da violência é, ao fim e ao cabo, destrutivo a todos, a atividade do cuidado, por outro lado, realça tanto os outros como o eu.

Nesta construção simplista, a decisão do aborto centra-se no eu. A preocupação é pragmática e o problema é a sobrevivência. A mulher foca em tomar cuidado de si mesma porque ela sente que está totalmente sozinha. Dessa perspectiva, *dever* é indiferenciado de *poder*, e outras pessoas influenciam a decisão apenas através do poder de afetar suas consequências. Susan, uma mulher de 18 anos, quando perguntada do porquê de ela encontrar-se grávida, responde: *"Eu realmente não penso em nada além de que eu não quero. (Por quê?) Eu não quero, não estou pronta para isso, e ano que vem é meu último ano e eu quero ir para a universidade"*. Perguntada se há uma decisão certa ou uma maneira correta de decidir sobre o aborto, ela diz: *"Não há decisão correta. (Por quê?) Eu não quero"*. Para ela, a questão da certeza deveria emergir apenas se suas próprias necessidades estivessem em conflito; trata-se de um dilema de Joan, outra mulher de 18 anos, que se vê tendo um bebe não apenas como uma forma de incrementar sua liberdade por providenciar *"a chance perfeita para me casar e sair de casa"*, mas também como uma forma de restringir sua liberdade *"para fazer muitas coisas"*.

Neste modo de compreensão, o eu, que é o único objeto de preocupação, é constrangido pela falta de poder que se enraíza do sentimento de sentir-se desconectada e, assim, consequentemente, completamente sozinha. O desejo de *"fazer muitas coisas"* é constantemente desmentido pelas limitações do que de fato tem sido feito. Os relacionamentos são majoritariamente desapontadores: *"a única coisa que você irá receber de um garoto é ser ferida"*. Como resultado, em certos casos, as mulheres deliberadamente escolhem o isolamento de modo a protegerem-se da dor. Quando perguntada sobre como ela descreveria a si mesma, Martha, uma mulher de 19 anos que carrega a responsabilidade pela morte acidental de um irmão mais novo de quem ela se sentia particularmente próxima, responde:

> Eu realmente não sei. Eu nunca pensei sobre isso. Eu não sei. Sei basicamente o contorno de um personagem. Sou muito independente. Eu não quero perguntar qualquer coisa para ninguém. Sou sozinha na vida. Eu prefiro estar sozinha do que cercada por qualquer outra pessoa. Administro meus amigos para tê-los em número limitado, ao ponto de ter pouquíssimos amigos. Eu não sei o que mais... eu sou sozinha e gosto disso. A vida é curta.

A primazia da preocupação com a sobrevivência é explicitamente reconhecida por Betty, uma garota de 16 anos, em seu julgamento do dilema de Heinz sobre roubar o medicamento para salvar a vida de sua esposa:

> Penso que sobreviver é uma das primeiras coisas pela qual a pessoa luta na vida. Eu creio que é a coisa mais importante, mais importante do que roubar. Roubar pode ser errado, mas se você tem que roubar para sobreviver, ou até mesmo matar, é o que você deve fazer [...] A preservação de si, penso, é a coisa mais importante. É o que vem antes de qualquer coisa na vida.

Na transição que segue essa posição, os conceitos de egoísmo e responsabilidade aparecem primeiro. Eles fazem referência inicialmente ao eu, em uma redefinição do próprio interesse que até então serviu como a base para o julgamento. O problema transitivo é aquele do apego ou conexão com os outros. A gravidez acentua esse problema não apenas ao representar uma conexão imediata e literal, mas também ao afirmar, de maneira mais concreta e física, a capacidade de assumir papéis femininos adultos. Conquanto ter um bebê inicialmente pareça oferecer um adiamento da solidão da adolescência e resolver conflitos sobre a dependência e independência, na realidade, a continuação de uma gravidez na adolescência geralmente compõe esses problemas, incrementando o isolamento social e impedindo os passos subsequentes para a independência.

Ser uma mãe no sentido social, tal como no físico, requer a suposição da responsabilidade parental do cuidado e proteção de uma criança. No entanto, de modo a ser capaz de cuidar do outro, é preciso primeiro ser capaz de cuidar responsavelmente de si. O crescimento da infância para a vida adulta, concebido como um movimento do egoísmo para a responsabilidade, é articulado por Josie, uma garota de 17 anos, ao descrever sua resposta para a gravidez:

> Comecei a me sentir muito bem sobre estar grávida em vez de me sentir muito mal porque eu não estava observando a situação de maneira realista. Eu estava olhando para a questão a partir de meus sentimentos egoístas porque estava sozinha. As coisas não estavam indo realmente bem para mim, de modo que eu estava olhando para isso e porquê eu poderia ter um bebê que deveria cuidar ou algo que era parte de mim, e isso me fez sentir bem. Mas eu não estava olhando para o lado realista, para a responsabilidade que eu deveria tomar. Cheguei a essa decisão, isto é, que eu faria um aborto, porque eu percebi quanta responsabilidade envolve em ter uma criança. Tal como estar aqui: você não pode estar fora de casa todo o tempo, que é algo que gosto de fazer. E decidi que eu tenho que tomar a responsabilidade por mim mesma e trabalhar com muitas coisas.

Descrevendo sua forma prévia de julgamento, o desejo de ter um bebê como uma forma de combater a solidão e criar uma cone-

xão, Josie agora critica tal julgamento como "egoísta" e "irrealista".
A contradição entre o desejo por um bebê e o desejo de liberdade
para estar *"fora de casa a todo tempo"* – isto é, entre conexão e
independência – é resolvido nos termos de uma nova prioridade. Como o critério de julgamento muda, o dilema assume uma
dimensão moral, e o conflito entre o desejo e a necessidade é pro-
jetado como uma disparidade entre "poderia" e "deveria". Nesta
construção, o "egoísmo" da decisão intencional é contraposta à
"responsabilidade" da escolha moral:

> O que eu quero é ter o bebê, mas o que eu sinto que devo
> fazer, que é o que eu preciso fazer, é fazer um aborto ago-
> ra, porque algumas vezes o que você quer não é o certo.
> Algumas vezes o que é necessário vem antes do que o que
> você quer, pois isso pode nem sempre levar à coisa certa.

A gravidez por si mesma confirma a feminilidade, como Josie
diz: *"Eu comecei a me sentir muito bem. Grávida, eu comecei a me
sentir como uma mulher".* Mas, para ela, a decisão do aborto tornou-se
uma oportunidade para o exercício adulto da escolha responsável:

> (*Como descreveria você para você mesma?*) Eu olho para
> mim mesma diferentemente de modo que tenho tido uma
> decisão realmente pesada sobre mim; eu nunca tive deci-
> sões tão difíceis em minha vida, e tenho que tomá-la. Tenho
> mudado nesse sentido, isto é, que eu tenho que tomar uma
> decisão difícil. E isso tem sido bom porque antes eu não
> olharia para esse assunto de maneira realística, em minha
> opinião. Eu escolheria o que gostaria de fazer, e queria isso,
> mesmo que não fosse o certo. Assim, eu vejo a mim mes-
> ma como me tornando mais madura nas formas de tomar
> decisões e cuidar de mim mesma ao fazer algo para mim
> mesma. Creio que isso me ajudará de outras formas, se eu
> tiver outras decisões a tomar diante de mim que exijam cer-
> ta responsabilidade. E eu saberia que poderia tomá-las.

Na epifania dessa reconstrução cognitiva, o velho objeto transforma-se em um novo. O desejo de "fazer algo para mim mesma" permanece, mas nos termos de uma mudança que preenche. Para Josie, a decisão do aborto afirma tanto sua feminilidade quanto sua vida adulta em sua integração entre cuidado e responsabilidade. A moralidade, diz outra adolescente, "é a forma que você pensa sobre si mesma. Cedo ou tarde você terá que fazer sua mente começar a tomar cuidado de si mesma. O aborto, se *realizado feito pelas razões certas, estará ajudando você a começar de novo e fazer coisas diferentes*".

Uma vez que essa transição sinaliza um avanço na autovalorização, ela requer uma concepção de si que inclui a possibilidade de fazer "a coisa certa", a habilidade de ver em alguém o potencial para ser bom e, portanto, valioso para a inclusão social. Quando tal confiança é colocada seriamente em dúvida, os problemas transitivos podem se levantar, mas o desenvolvimento é impedido; a falha de empreender essa primeira transição, apesar do entendimento dos problemas envolvidos, é ilustrada por Anne ao final dos 20 anos, quando lutava com o conflito entre egoísmo e responsabilidade, mas falhava ao resolver seu dilema se deveria ou não fazer o terceiro aborto:

> Creio que devo pensar nas pessoas que estão envolvidas, incluindo você mesma. Você tem responsabilidades consigo mesma. E tomar uma decisão certa – seja ela qual for – depende do conhecimento e preocupação das responsabilidades que você tem, se pode sobreviver com uma criança, o que isso propiciará ao relacionamento com o pai e, por fim, como isso irá afetá-lo emocionalmente.

Rejeitando a ideia de vender o bebê e fazer "*muito dinheiro no mercado negro ou esse tipo de coisa [...] porque eu opero com base em princípios acima de tudo, e eu me coço inteira só de pensar que eu poderia estar vendendo minha criança"*, Anne luta com um conceito de responsabilidade que repetidamente volta-se para a questão de sua própria sobrevivência. A transição parece bloqueada por uma autoimagem que é insistentemente contraditória:

> (*Como você descreveria você mesma para você mesma?*) Eu vejo a mim mesma como impulsiva, prática – o que é uma contradição – moral e amoral, uma contradição. Agudamente, a única coisa que é consistente e não contraditória é o fato de que eu sou muito preguiçosa, algo que todos sempre têm dito a mim; é um sintoma de algo mais que nunca fui capaz de resolver. Tem tomado muito tempo para gostar de mim mesma. De fato, há vezes que não gosto, o que considero saudável até certo ponto, e algumas vezes eu gosto demais de mim mesma, e eu provavelmente fujo de mim mesma de modo demasiado, que evito a responsabilidade para comigo e com outras pessoas que gostam de mim. Eu sou um tanto infiel comigo mesma. Passo tempos terríveis mesmo quando penso que sou um ser humano, simplesmente porque muitas coisas podres aparecem e as pessoas são tão sujas e insensíveis.

Percebendo que ela evitava as responsabilidades para consigo mesma, Anne não pode encontrar uma base sobre a qual ela pudesse resolver o dilema da gravidez. Sua inabilidade para alcançar qualquer sentido claro de decisão apenas contribui adicionalmente para seu sentimento geral de falha. Criticando seus pais pela traição para com ela durante a adolescência, ao coagirem-na a fazer um aborto que ela não queria, ela agora trai a si mesma e também lança críticas por isso. Sob essa luz, não é surpreendente que ela considere vender sua criança, uma vez que, com efeito, ela mesma se sentiu vendida por seus pais para manterem suas reputações.

A transmissão da primeira para a segunda perspectiva, a mudança do egoísmo para a responsabilidade, é um movimento em direção de uma participação social. Enquanto a moralidade é uma matéria de sanções impostas por uma sociedade da qual alguém é mais sujeito do que cidadão frente à primeira perspectiva, na segunda, o julgamento moral baseia-se em normas compartilhadas e expectativas. Neste ponto, a mulher valida sua demanda por uma participação social através da adoção de valores sociais. O julgamento consensual sobre bondade, tomado como a preocupação primordial, agora é visto de maneira a depender da aceitação dos outros.

Aqui, a voz feminina convencional emerge com grande clareza, definindo o eu e proclamando seu valor com base na habilidade de cuidar e proteger os outros. A mulher agora constrói um mundo permeado das suposições sobre a bondade feminina, que são refletidas nos estereótipos do estudo de Broverman et. al. (1972), no qual todos os atributos considerados desejáveis para as mulheres presumem outro – o recipiente do *"tato, gentileza e expressão de sentimento"* que permite à mulher responder sensivelmente enquanto evoca, por outro lado, o cuidado que encontra nela *"uma necessidade muito forte de segurança"* (p. 63). A força dessa posição repousa em sua capacidade de cuidar; a limitação dessa posição deita raízes na restrição imposta sobre expressão direta. Ambas as qualidades são elucidadas por Judy, uma mulher de 19 anos que contrasta sua própria relutância para criticar com a franqueza de seu namorado:

> Eu nunca quero ferir ninguém, e digo isso a eles de modo muito legal; tenho respeito por suas próprias opiniões, e eles podem fazer coisas na forma que desejarem. Ele usualmente se dirige às pessoas de modo direto. Ele faz muitas coisas publicamente que eu faço privadamente. É o melhor, mas eu nunca poderia fazê-las.

Enquanto seu julgamento claramente existe, ele não é expresso, ao menos não publicamente. A preocupação com os sentimentos de outrem impõe uma deferência a eles que, no entanto, é criticada na preocupação dela que, alcunhada como preocupação, a vulnerabilidade e a duplicidade são seladas.

Neste ponto do desenvolvimento, conflitos são produzidos sobre o problema de ferir. Quando não há outra opção que possa ser construída como sendo de melhor interesse de todos, quando as responsabilidades entram em conflito e a decisão implica o sacrifício das necessidades de alguém, então a mulher confronta a tarefa aparentemente impossível de escolher a vítima. Cathy, uma mulher de 19 anos, temendo as consequências para si de um segundo aborto, mas se deparando com a oposição de sua família e de seu amor para continuar com a gravidez, descreve o dilema:

> Eu não sei que escolhas estão abertas para mim. Trata-se de ter [a criança] ou o aborto; essas são as questões abertas para mim. O que me confunde, penso eu, é uma escolha de ou ferir a mim mesma ou ferir as pessoas a minha volta. O que é mais importante? Se houvesse um ponto mediano feliz, seria ótimo, mas não há. Trata-se de ferir alguém de um lado ou ferir a mim mesma, do outro.

Conquanto a identificação feminina de bondade com autossacrifício claramente dite a resolução "correta" desse dilema, o que está em jogo pode ser algo difícil para a própria mulher; e, em qualquer situação, o sacrifício do feto compromete o altruísmo de um aborto motivado pela preocupação com os outros. Uma vez que a feminilidade em si mesma está em conflito com um aborto pretendido como uma expressão de amor e cuidado, essa resolução prontamente explode em suas próprias contradições.

"Não penso que qualquer um deveria escolher entre duas coisas que ama", disse Denise, uma mulher de 25 anos que teve um aborto que não desejava, pois ela sentia uma responsabilidade

não apenas para com seu amor, mas também por seu marido e criança:

> Eu apenas queria a criança e realmente não acredito em abortos. Quem pode dizer quando a vida começa? Penso que a vida começa na concepção. Eu sinto como se mudanças estivessem acontecendo em meu corpo, e sinto-me muito protetiva. Mas sinto uma responsabilidade, minha responsabilidade se qualquer coisa acontecer com [seu marido]. Ele me fez sentir que eu tenho que fazer uma escolha, e que há apenas uma escolha a fazer, que fazer um aborto; e eu sempre posso ter uma criança noutra época, e ele me fez sentir de modo que, se eu não fizesse isso, tal ação poderia nos separar.

A decisão do aborto estava em sua mente como uma escolha que não levaria em conta a gravidez: "*esta foi a minha escolha: eu tenho que fazer isso*". Em vez disso, ela escolhe subordinar a gravidez à continuidade de um relacionamento que ela via como se abrangesse a sua vida: "*desde que eu o conheci, ele tem sido a minha vida. Eu faço tudo por ele; minha vida meio que gira em torno dele*". Uma vez que ela desejava ter o bebê e também queria continuar o relacionamento, qualquer escolha poderia ser tomada como egoísmo. Ademais, uma vez que ambas implicam ferir alguém, nenhuma delas pode ser considerada como moral. Confrontada por uma decisão que, em seus próprios termos, era insustentável, ela buscou evitar a responsabilidade pela escolha que deveria fazer, construindo a decisão como um sacrifício de suas próprias necessidades por aquelas que atendiam seu amor e marido. No entanto, esse sacrifício público em nome da responsabilidade engendrava um sentimento privado de ressentimento, que entrava em erupção quando ela sentia raiva, comprometendo o próprio relacionamento que ela pretendia manter:

Mais tarde, nós atravessamos um período ruim porque – eu odeio dizer isso e estava errada – mas o culpei. Eu cedi por ele. Mas quando isso veio à tona, tomei a decisão. Eu poderia ter dito: "eu vou ter essa criança, quer você queira, quer não", mas eu simplesmente não fiz isso.

Grávida de novo do mesmo homem, ela reconhece retrospectivamente que a escolha era de fato sua, e ela retorna novamente ao que parece ter sido uma oportunidade perdida de crescimento. Buscando dessa vez tomar uma decisão em vez de abdicar dela, ela vê o problema como uma questão de "força", e ela luta para libertar-se da falta de poder provocado por sua própria dependência:

Agora eu vejo a mim mesma como alguém que pode se tornar muito mais forte. Por conta das circunstâncias, eu apenas vou com a maré. Eu realmente nunca tive qualquer coisa minha anteriormente [...] eu espero ficar mais forte e tomar uma grande decisão, quer ela seja a certa ou não.

Como a moralidade do autossacrifício justifica o aborto prévio, agora ela precisa suspender aquele julgamento se ela quiser reclamar sua própria voz e aceitar a responsabilidade da escolha. Ela assim levanta a questão da hipótese subjacente à sua perspectiva prévia, que ela é responsável pelas ações dos outros enquanto os outros são responsáveis pelas escolhas que faz. Essa noção de responsabilidade, anterior às suas hipóteses quanto ao controle, disfarçam a afirmativa como resposta. Ao reverter a responsabilidade, ela gera uma série de ações indiretas que, por fim, fazem com que todos se sintam manipulados e traídos. A lógica dessa posição é confusa, uma vez que a moralidade do cuidado mútuo está embutida na psicologia da dependência. A afirmação torna-se potencialmente imoral em seu poder de ferir. Essa confusão é capturada na definição de Kohlberg do terceiro estágio do desenvolvimento moral, que une a necessidade por aprovação com o desejo de tomar cuidado de e ajudar os outros. Assim, quando é capturada entre a passividade da dependência e a atividade do cuidado, a mulher torna-se suspensa em uma paralisia de iniciativa, tanto quanto à ação quanto ao pensamento. Assim, Denise fala de si mesma como "apenas seguindo a maré".

Ao separar a voz de si da voz dos outros, a mulher pergunta se é possível ser responsável por si tanto quanto aos outros e, assim, reconciliar a disparidade entre ferir e cuidar. O exercício de tal responsabilidade requer um novo tipo de julgamento, que requer inicialmente a honestidade. Ser responsável por alguém torna necessário em primeiro lugar reconhecer o que está sendo feito. O critério para julgar muda, assim, da bondade para a verdade quando a moralidade da ação é acessada não com base em sua aparência ante os olhos de outrem, mas nos termos das realidades de suas intenções e consequências.

Janet, uma mulher de 24 anos, casada, católica, novamente grávida dois meses depois do nascimento de sua primeira criança, identifica seu dilema como uma questão de escolha: *"você tem que decidir agora. Porque o aborto agora está disponível, então você tem que tomar uma decisão. E se ela não estivesse disponível, não haveria uma escolha aberta; você faria apenas o que tem que fazer"*. Na falta de um aborto legal, a moralidade do autossacrifício é necessária de modo a garantir a proteção e cuidado da criança dependente. No entanto, quando tal sacrifício torna-se opcional, o problema inteiro é reformulado.

Novamente, essa combinação de egoísmo e razões responsáveis para o aborto é sua crença religiosa sobre o aborto:

> É tomar uma vida. Mesmo que ainda não esteja formado, é o potencial e, para mim, ainda é tirar uma vida. Mas te-

nho que pensar em mim, meu filho, meu marido. E, em primeiro lugar, pensava que fazia isso por razões egoístas, mas não são. Eu também acredito que parte delas são egoístas. Eu não quero outro agora; não estou pronta para isso".

O dilema se ergue sobre o problema da justificativa por tirar uma vida. "*Eu não posso ocultar isso porque eu acredito nisso, e se eu tentar acobertar, eu sei que ficarei em uma bagunça danada. Seria negar o que estou fazendo*". Perguntando a si mesma se "*eu estou fazendo a coisa certa? Isso é moral?*", Janet contrapõe suas crenças sobre o aborto com sua preocupação diante das consequências de continuar a gravidez. Concluindo que ela não pode ser "*tão moralmente estrita para ferir três outras pessoas com uma decisão pautada apenas em minhas crenças morais*", ela percebe que o problema da bondade ainda permanece crítica para a sua resolução do dilema:

> O fator moral está ali. Para mim é tomar uma vida, e eu tomarei a decisão que está sobre mim, e tenho sentimentos sobre isso; conversei com um padre. Mas ele disse que está ali, e ali estará dali em diante, e depende das pessoas, isto é, se elas podem viver com a ideia e ainda acreditarem que elas são boas.

O critério para a bondade, no entanto, move-se para dentro, uma vez que a habilidade de fazer um aborto e ainda considerar-se uma boa pessoa articula-se com o problema do egoísmo. Perguntada se agir conforme a moral é agir conforme o que é melhor para si ou ainda se é uma matéria de autossacrifício, ela responde:

> Não sei se realmente entendo a questão. Em minha situação, onde eu quero fazer o aborto, e se eu não fizer isso seria um autossacrifício, eu estou realmente em meio aos dois caminhos. Mas penso que minha moralidade é forte, e se essas razões – financeiras, realidade física e também

por toda a família envolvida – não estivessem ali, que eu não teria que fazer isso, então seria um autossacrifício.

A importância de clarificar sua própria participação na decisão é evidente em sua tentativa de averiguar seus sentimentos, de modo a determinar se ela está ou não "colocando-os abaixo" na decisão de encerrar a gravidez. Em suas primeiras transições, do egoísmo para a responsabilidade, as mulheres fazem listas, de maneira a ponderar as necessidades dos outros em vez das próprias. Mas, na segunda transição, da bondade para a verdade, as necessidades do eu devem ser deliberadamente descobertas. Confrontando a realidade de seu próprio desejo por um aborto, Janet lida com o problema da bondade e a qualificação do que parece se impor sobre a "bondade" de sua decisão. Mas a preocupação com o egoísmo rende, ao fim, uma preocupação com a honestidade e com a verdade:

> De certa maneira, penso que sou egoísta e muito emocional, e creio que eu sou uma pessoa muito autêntica e compreensiva, que posso lidar bem com as situações da vida; assim, estou baseando muitas coisas em minha habilidade para fazer as coisas que acredito que são corretas e as melhores para mim e com qualquer pessoa que estiver envolvida comigo. Eu penso que sou muito justa comigo mesma sobre a decisão, e realmente penso que tenho sido confiável, não escondendo nada, unindo todos os sentimentos envolvidos. Eu sinto que é uma boa decisão e uma decisão honesta, ou seja, uma decisão verdadeira.

Assim, ela se esforça para abranger as próprias necessidades e as das demais pessoas, ser responsável com os outros e, deste modo, ser "boa" também é ser responsável consigo mesma, ser "honesta" e "autêntica".

Se por um lado oferecer atenção às próprias necessidades seja egoísmo, por outro, não é apenas honesto, mas justo. Essa é a essência da mudança transitiva para novos conceitos de bondade, que se voltam internamente no reconhecimento do eu e na aceitação da responsabilidade da resposta. A justificativa externa, a preocupação de "boas razões", permanece crítica para Janet: *"Eu ainda penso que o aborto é errado, e permanecerá assim a menos que a situação possa justificar o que você está fazendo"*. No entanto, a busca por justificativas produz uma mudança em seu pensamento; *"não drasticamente, mas um pouco"*. Ela percebe que ao continuar a gravidez, ela puniria não apenas a si mesma, mas também ao seu marido, com quem ela começou a se sentir *"desligada e irritada"*. Isso a levou a considerar as possíveis consequências do autossacrifício tanto do eu quanto dos outros. No fim, Janet diz, *"Deus pode punir, mas Ele também pode perdoar"*. O que permanece em questão para ela é se sua reivindicação por perdão é compromissada pela decisão que não apenas encontra as necessidades dos outros, mas também é "o certo e o melhor para mim".

A preocupação com o egoísmo e essa equação com imoralidade repetem-se em uma entrevista com Sandra, uma enfermeira católica de 29 anos de idade, que pontua sua chegada para um aborto com uma declaração: *"eu sempre pensei que o aborto era uma palavra bonita para assassinato"*. Inicialmente ela explica esse assassinato como algo de um nível menor, pois *"eu estou fazendo isso porque tenho que fazer. Não estou fazendo a última coisa a se fazer, mas porque eu quero"*. Assim, ela julga isso *"não como algo ruim. Você pode racionalizar que isso não é exatamente o mesmo"*. Uma vez que *"manter a criança por muitas e muitas razões não era prático e estava fora de questão"*, ela considera suas opções como sendo ou o aborto, ou a adoção. Como ela previamente tinha dado uma criança para adoção, ela percebe que *"psicologicamente não há opção para que eu entregue outra criança para adoção. Levou cerca de quatro anos e meio para colocar a minha cabeça no lugar. Sem chances de eu passar por isso de novo".* Assim, a decisão reduz, ante aos seus olhos, para uma escolha entre assassinar o feto ou ferir a si mesma. A escolha é ainda mais complicada pelo fato de que continuar a gravidez pode ferir não apenas a si mesma, mas também seus pais, com quem ela vive. Diante desta múltipla contradição moral, a honestidade psicológica exigida no aconselhamento finalmente permite a ela alcançar uma decisão:

> Por mim mesma, eu não estava fazendo isso tanto por minha própria causa; eu fazia pelos meus pais, porque o doutor disse para que eu fizesse, mas eu nunca tinha resolvido em minha mente que estava fazendo isso por mim. Na realidade, eu tive que sentar e admitir: "não, eu realmente não quero seguir a via materna agora. Eu honestamente não sinto que eu quero ser uma mãe". E que não é uma coisa tão ruim dizer isso após tudo que ocorreu. Mas que não é como eu me sentia até conversar [com a conselheira]. Era apenas uma forma horrível de sentir, de modo que não estava sentindo isso, e eu acabei por bloqueá-la.

Contanto que suas considerações permanecessem "morais", o aborto poderia ser justificado apenas como um ato de sacrifício, uma submissão à necessidade onde a ausência da escolha evita a responsabilidade. De tal modo, ela pode evitar a autocondenação, uma vez que *"quando você adentra a questão moral, então está alcançando o respeito próprio; e se eu faço algo que sinto ser moralmente incorreto, então tendo a perder um pouco do meu próprio respeito enquanto uma pessoa".* Sua evasão de responsabilidade, crítica para a manutenção da inocência que ela considera necessária ao respeito próprio, contradiz a realidade de sua participação na decisão do aborto. A desonestidade em seu apelo de vitimização cria um conflito que gera a necessidade por uma compreensão mais inclusiva. Neste momento, ela deve resolver a contradição emergente em seu pensamento entre seus dois usos dos termos *certo* e *errado*: *"eu estava dizendo que o aborto era moralmente errado, mas a situação é correta, e eu vou fazê-lo. Mas a coisa funciona de modo que eles eventualmente terão que seguir lado a lado, e terei que colocá-los assim de alguma forma".* Perguntada sobre como isso poderia ser feito, ela responde:

> Eu deveria mudar o moralmente errado para o moralmente certo. (*Como?*) Eu não faço ideia. Eu não penso como você pode pegar algo que considera moralmente errado porque a situação faz dela algo correto, colocando ambos juntos. Eles não estão juntos, eles são opostos. Eles não caminham lado a lado. Algo é errado, mas tudo foi súbito, porque você está fazendo isso; portanto, isso é certo.

A discrepância recobra um conflito similar que ela encarou sobre a questão da eutanásia, que ela também considera moralmente errada até que ela fosse responsável pelo cuidado de um *"casal de pacientes que apresentava exames de eletroencefalografia planos e percebia o que isso causava às suas famílias".* Essa experiência a fez perceber que

> Você realmente não conhece seus lados iluminados e sombrios até o ponto em que é confrontado por eles. Se você parar e pensar sobre meus sentimentos acerca da eutanásia até eu chegar a ele, e então meus sentimentos sobre o aborto até eu chegar até ele, penso que ambos são assassinato. Certo e errado, não algo no meio – mas há um cinza.

Ao descobrir o tom cinza e questionar os julgamentos morais que anteriormente ela considerava absolutos, ela confronta a crise moral da segunda transição. Agora as convenções que no passado guiavam seu julgamento moral tornaram-se sujeitas a uma nova crítica, de modo que ela questiona não apenas a justificativa para ferir os outros em nome da moralidade, mas também a "retidão" para ferir a si mesma. No entanto, para sustentar tal criticismo diante das convenções que equacionam bondade com autossacrifício, Sandra deve verificar sua capacidade de julgamento independente e a legitimidade de seu próprio ponto de vista.

Novamente, a transição articula-se sobre a autoconceituação. Quando a incerteza sobre seu próprio valor previne uma mulher de exigir a igualdade, a autoafirmação torna-se a vítima da antiga crítica do egoísmo. Assim, a moralidade que coaduna a autodestruição em nome do cuidado responsável não é repudiada como inadequada; mas, em vez disso, é abandonada diante de sua ameaça ao ato de sobreviver. A obrigação moral, em vez de expandir-se para incluir o eu, é rejeitada completamente quando a falha na resposta conduz a não propensa mulher a não mais proteger os outros diante daquilo que agora é visto como sendo às suas próprias expensas. Na ausência da moralidade, a sobrevivência, conquanto "egoísta" ou "imoral", volta a ser a preocupação primordial.

Ellen, uma musicista em seus 20 anos tardios, ilustra esse impasse transicional. Ao conduzir uma vida independente que estava centrada em seu próprio trabalho, ela considerava a si mesma *"razoavelmente obstinada, no controle, racional e objetiva"*, até que ela estivesse envolvida em um *affair* romântico e tenha descoberto *"uma nova dimensão inteira"* em si diante da sua capacidade de amar. Admitindo retrospectivamente sua *"tremenda ingenuidade e idealismo"*, ela tinha alimentado *"ideias vagas que algum dia poderia ter uma criança e concretizar um relacionamento, tendo sempre associado o ato de ter uma criança com todos os aspectos criativos de minha vida"*. Abjurando, com seu amor, o uso de contraceptivos porque *"como o relacionamento era um tipo de relacionamento ideal em nossas mentes, nós gostávamos da ideia de não usar objetos*

161

estranhos ou qualquer coisa artificial", ela viu a si mesma como tendo um controle renunciado, tornando-se, em vez disso, em alguém "*simplesmente vaga e permitindo eventos que apenas me conduzissem*". Quando ela começou a confrontar "*as realidades da situação*" – a possibilidade da gravidez e o fato que seu amor era casado – ela descobriu que estava grávida. "Presa" entre seu desejo de terminar o relacionamento, que "*parecia mais e mais malogrado*", e seu desejo de ter um bebê, que "*poderia ser uma conexão que duraria um longo período*", ela está paralisada por sua inabilidade para resolver o dilema que sua ambivalência criou.

A gravidez impõe um conflito entre sua crença "moral" que "uma vez que certa vida tenha começado, ela não deve ser interrompida artificialmente" e sua "incrível" descoberta que, ao ter um bebê, ela precisaria de muito mais apoio do que ela tinha pensado. Apesar de sua convicção moral de que ela "deveria" ter a criança, ela duvida de sua capacidade para lidar psicologicamente com o contexto de "*ter uma criança sozinha e assumir a responsabilidade por ela*". Desse modo, um conflito desponta entre o que ela considera ser sua obrigação moral para proteger a vida e sua habilidade de fazer isso diante das circunstâncias de sua gravidez. Vendo isso como "*minha decisão e minha responsabilidade para tomar a decisão de ter ou não a criança*", ela luta para encontrar uma base viável na qual possa resolver o dilema.

Capaz de argumentar quer a favor, quer contra o aborto "*com lógica filosófica*", Ellen pensa, por um lado, que em um mundo superpopuloso, alguém só pode ter uma criança em condições ideais de cuidado; mas, por outro, que sua vida só poderia ser encerrada quando fosse impossível sustentá-la. Perguntada se há uma diferença entre o que ela quer fazer o que ela pensa que deve fazer, ela descreve o impasse que ela recorrentemente encarava:

> Sim, e sempre foi assim. Eu sempre tenho sido confrontada com aquela situação precisa em muitas de minhas escolhas, e eu tenho tentado descobrir quais são as coisas que me fazem acreditar que essas são as coisas que eu devo fazer enquanto opostar daquilo que eu sinto que quero fazer. (*Nesta situação?*) Os limites não são tão claros. Em ambos eu quero a criança e sinto que devo tê-la, e também penso que devo fazer o aborto e desejo isso – e poderia dizer que este é meu sentimento mais forte. Eu não tenho confiança suficiente em meu trabalho ainda, e é exatamente onde tudo se articula. O aborto poderia resolver o problema, e eu sei que não posso lidar com a gravidez.

Caracterizando o aborto como uma solução *"emocional e pragmática"*, atribuindo-o a sua falta de confiança em seu trabalho, ela contrasta essa solução com a resolução de seu amor, considerada como *"mais refletida, lógica e correta"*, que pensa que ela deve ter a criança sem tanto sua presença quanto seu apoio financeiro. Confrontada com essa imagem refletida de si mesmo como uma pessoa dada e boa, como autoprovedora em sua própria criatividade e, assim, capaz de encontrar as necessidades de um bebê enquanto não impõe exigências a outrem, Ellen não questiona a imagem de si, mas sua própria adequação para ocupá-la. Concluindo que ela não é capaz de fazer isso, ela é reduzida, ante seus próprios olhos, a aquilo que ela vê como um egoísmo e uma luta altamente comprometida *"por minha sobrevivência"*. Mas ela diz:

> De uma forma ou de outra eu irei sofrer. Talvez sofra mental e emocionalmente por fazer um aborto, ou sofreria o que penso que é possivelmente algo pior. Então eu suponho que esse é o mal menor. Creio que seja uma questão de escolher ao qual eu posso sobreviver. Isso é real. Penso que é egoísmo, creio, porque tem a ver com isso. Eu percebi que acho tem a ver com a ideia de se devo sobreviver

ou não. (*Por que isso seria egoísmo?*) Bem, você sabe, isso é [egoísmo]. Porque eu estou preocupada com à sobrevivência em primeiro lugar, como algo oposto à sobrevivência do relacionamento ou a sobrevivência da criança, outro ser humano. Penso que eu estou determinando prioridades, e penso que eu determino minhas necessidades para sobreviver primeiro. Acredito que vejo isso em termos negativos frequentemente. Mas eu penso em outras coisas positivas, que estou deixando alguma vida para trás, talvez. Eu não sei.

Diante da falha do cuidado, no desapontamento do abandono onde a conexão foi buscada, Ellen considera a sobrevivência articulada ao seu próprio trabalho, que é *"onde ela deriva o significado do que eu sou. Este é o fator conhecido"*. Conquanto a incerteza sobre o seu trabalho torne a sobrevivência precária, a escolha pelo aborto é também precária naquilo que está *"altamente introvertido"*. Como ter um aborto *"poderia ser um passo para trás"*, enquanto *"extrapolar o amor para amar outra pessoa e ter uma criança poderia ser um passo adiante"*. O sentimento de redução que a separação de conexões significa é aparente em sua antecipação do custo que o aborto irá implicar:

> Provavelmente o que eu irei fazer é cortar fora meus sentimentos; mas quanto ao retorno deles ou o que quer que aconteça com eles após isso, eu não sei. Apenas que eu não sinto nada, e que devo provavelmente apenas ser muito fria e passar por isso muito friamente. Quanto mais você faz isso consigo mesma, mais difícil será para voltar a amar novamente, ou confiar novamente, ou sentir novamente. Cada vez eu me afasto mais disso e se torna mais fácil, não mais difícil, de evitar meu compromisso com um relacionamento. E eu estou realmente preocupada em cortar fora todo aquele aspecto sentimental.

Presa entre egoísmo e responsabilidade, incapaz de encontrar nas circunstâncias dessa escolha uma forma de cuidar e que ao mesmo tempo não destrua, Ellen confronta um dilema que reduz para um conflito entre a moralidade e a sobrevivência. Vida adulta e feminilidade afastam-se na falha dessa tentativa de integração, assim como a escolha pelo trabalho torna-se uma decisão de renúncia não apenas desse relacionamento particular e da criança, mas também ao obliterar a vulnerabilidade que o amor e o cuidado engendram.

Mas o problema nesta compreensão dá espaço para o vislumbre de uma terceira perspectiva, uma vez que o foco muda para a consideração daquilo que constitui o cuidado. Sarah, uma mulher de 25 anos que também encara o desapontamento, encontra uma forma de reconciliar os conceitos inicialmente disparados de egoísmo e responsabilidade através de uma compreensão transformada de relacionamentos. Examinando os pressupostos subjacentes às convenções de autoabnegação feminina e autossacrifício moral, ela rejeita essas convenções como imorais em seu poder de ferir. Ao elevar a não violência, isto é, a injunção contra o ato de ferir, para propor um princípio que governe todo julgamento moral e ação, ela é capaz de afirmar uma igualdade moral entre o eu e o outro, e de incluir ambos no compasso do cuidado. O cuidado torna-se, assim, uma injunção universal, uma ética autoescolhida que a liberta de sua interpretação convencional, conduz à reformulação de um dilema, de modo que permita a presunção de responsabilidade pela escolha.

Na vida de Sarah, a gravidez atual porta para a superfície o assunto não concluído de uma gravidez anterior e de um relacionamento no qual ambas as gravidezes ocorreram. Sarah descobriu a primeira gravidez após seu amor deixá-la, e ela terminou por abortar, situação na qual ela experimentou uma purgante expressão de raiva por ter sido rejeitada. Lembrando do aborto apenas como um alívio, ela descreveu, no entanto, aquele tempo em sua vida como um no qual ela *atingiu o fundo do poço*. Esperando *tomar o controle de minha vida*, ela retomou o relacionamento em vez disso, assim que o homem reapareceu. Dois anos depois, deixando-a novamente *sem ar*, ela novamente ficou grávida. Apesar de inicialmente "estática" com a notícia, sua exaltação dissipou-se quando seu amor contou a ela que ele a deixaria se ela optasse por ter a criança. Sob essas circunstâncias, ela ponderou sobre um segundo aborto, mas era incapaz de manter os repetidos apontamentos que ela fez por conta de sua relutância para aceitar as responsabilidades daquela escolha. Enquanto o primeiro aborto parecia um "erro honesto", um segundo far-lhe-ia se sentir *como em um açougue*. Uma vez que ela precisava de apoio financeiro para sustentar a criança, sua estratégia inicial foi levar o assunto para *pessoas com boas condições*, na esperança que elas pudessem se recusar a fornecer os fundos necessários e, deste modo, resolvessem seu dilema:

> De tal forma, você sabe, a responsabilidade seria removida dos meus ombros e eu poderia dizer "não é minha culpa. O Estado me negou o dinheiro e eu tinha que fazer isso". Mas acabou que era possível fazer isso, e eu fiz, você sabe, e voltei para onde eu estava. E eu tive um agendamento para um aborto, e permaneci ligando e cancelando, e então refazendo o agendamento e cancelando-o, e eu não conseguir tomar uma decisão.

Confrontando uma escolha entre dois males – um de ferir a si mesma e outro de encerrar a vida incipiente da criança – Sarah reconstruiu o dilema, de modo a render uma nova prioridade que propicie uma decisão. Ao fazê-lo, ela vê o conflito erguendo-se de uma faltosa construção da realidade. Ela recapitula a sequência do desenvolvimento como ela primordialmente considera, mas então a rejeita como inadequada, uma resolução baseada em seus sentimentos de solidão ou de seu desejo para parecer boa diante dos olhos alheios. No final, ela submete essas considerações às preocupações sobre a responsabilidade consigo, assim como ao pai e à criança:

> Bem, os prós de ter um bebê são a admiração de você ser uma mulher solteira, sozinha, mártir, lutadora, tendo o amor adorável desse bebê de propaganda. Apenas um tanto mais dessa vida doméstica do que eu tive após um longo período, e que é basicamente isso, essa linda terra da fantasia que não é muito realista. Os contras de ter um bebê: ele irá acelerar aquilo que parecia ser o fim inevitável do relacionamento com o homem com quem eu atualmente estou. Eu avançava para um estado de bem estar social. Meus pais irão me odiar pelo resto da vida. Eu perderia o bom trabalho que tenho. Eu poderia perder muita independência. Solidão. Eu seria colocada em uma posição de pedir ajuda para muitas pessoas durante muito tempo. Contra o aborto, eu teria que lidar com a culpa. E a favor dele, que seria capaz de lidar com minha relação deteriorada [com o pai] com muito mais capacidade e muito mais responsabilidade para com ele e para comigo. Eu não precisaria passar pela descoberta que, durante os próximos 25 anos de minha vida, eu puniria a mim mesma por ter sido tola o suficiente para ficar grávida de novo e forçar a mim mesma a ter a criança apenas porque eu fiz isso. Por outro lado, lidar com a culpa de um segundo aborto não parecia totalmente igual – bem, para ser exata, o menor de dois males, mas também aquele que cobraria pessoalmente de mim durante um longo período porque, ao olhar a razão para a qual eu estou grávida de novo e, posteriormente, tendo decidido por um segundo aborto, eu tenho que encarar algumas coisas sobre mim mesma.

Conquanto Sarah não se *"sinta bem"* sobre realizar um segundo aborto, ela conclui:

> Eu não faria qualquer bem a mim mesma, para a criança ou para o mundo em ter essa criança. Eu não preciso pagar meus débitos imaginários ao mundo através dessa criança, e não penso que é correto trazê-la ao mundo e usá-la para tal propósito.

Após ser requerida a descrever a si mesma, ela indica quão intimamente sua compreensão moral transformada está ligada ao cambiante autoconceito:

> Eu venho pensando muito sobre aquilo ultimamente, e tais pensamentos mostram-se diferentes daquilo que minha percepção subconsciente usual de mim mesma é. Usualmente pagando um tipo de débito, girando em torno de ser útil às pessoas que não são realmente dignas de minha atenção porque em algum momento de minha vida eu tive a impressão que minhas necessidades são realmente secundárias ante as necessidades de outras pessoas, e que se eu sinto, se eu faço qualquer exigência a outras pessoas para preencher minhas necessidades, eu deveria sentir culpa por isso e submergir a mim mesma em prol das demais pessoas, algo que posteriormente produz efeitos negativos sobre mim; e eu sinto uma grande carga de ressentimento pelas outras pessoas por quem eu faço as coisas, o que causa atrito e a eventual deterioração do relacionamento. E então eu começo tudo de novo. Como eu poderia descrever a mim mesma para mim mesma? Muito frustrada e chateada do que eu admito, muito mais agressiva do que eu admito.

Refletindo sobre as virtudes que compreendem as definições convencionais do eu feminino, uma definição que ela percebe como articuladas em sua voz de mais, *"eu estou começando a pen-*

sar que todas essas virtudes não estão realmente me levando a lugar algum. Eu tenho começado a perceber [isso]". Ligado a este reconhecimento está o reconhecimento de seu próprio poder e valor – ambos foram excluídos da imagem que ela projetou previamente:

> Eu subitamente comecei a perceber que as coisas que eu gosto de fazer, as coisas nas quais eu estou interessada, e as coisas que acredito e que constituem a pessoa que sou, não são tão ruins de modo que eu tenha que constantemente deixá-las de lado, acumulando poeira. Eu tenho muito mais valor do que minhas antigas ações permitiram que outras pessoas acreditassem.

A noção de Sarah de uma "pessoa boa", que previamente foi limitada pelo exemplo de sua mãe de trabalho duro, paciência e autossacrifício, mudou de modo a incluir o valor que ela mesma coloca sobre a assertividade e honestidade. Conquanto ela acredite que essa nova autoafirmação a levará a *"se sentir muito melhor sobre si mesma"*, ela reconhece que isso também irá expô-la à crítica:

> Algumas pessoas podem dizer: "rapaz, ela é agressiva, e eu não gosto disso", mas ao menos saberão que não gostam disso. Eles não dirão "eu gosto da maneira que ela manipula a si mesma para adequar-se ao meu redor". O que eu quero fazer é ser uma pessoa mais autodeterminada e mais singular.

Com seu antigo enquadramento, o aborto parecia uma forma de "cópia", preservando-a de ser uma pessoa responsável que *"paga por seus erros, e paga novamente, e novamente, e sempre está ali quando diz que está, e mesmo quando ela não diz, ela ali está".* Dentro desse novo enquadramento, sua concepção de si mesma e do que é "certo para mim" está mudando. Ela pode considerar esse eu emergente como "uma boa pessoa" porque seu conceito de bondade foi expandido para englobar o sentimento de "valorização de si", o sentimento que *"você não está vendendo a si mesma por pouco e não forçará a si mesma a fazer coisas que são realmente estúpidas e que você não quer fazer".* Essa reorientação centra-se em uma nova preocupação de responsabilidade:

> Eu tenho sido responsável comigo mesma e, você sabe, pela primeira vez eu estou começando a perceber aquilo que realmente importa para mim. Em vez de fazer o que eu quero para mim mesma e de me sentir culpada sobre quão egoísta eu sou, você percebe que é uma forma muito usual das pessoas viverem – fazendo o que querem porque percebe que seus desejos e necessidades são importantes; se não para outra pessoas, ao menos para você, e esta é uma razão suficiente para fazer algo que queira.

Uma vez que a obrigação se estende para incluir tanto o eu quanto os demais, a disparidade entre egoísmo e responsabilidade dissolve-se. Apesar do conflito entre o eu e o outro permanecer, o problema moral é reconstruído à luz da percepção que a ocorrência do dilema em si oculta uma resolução não violenta. A decisão do aborto chega a ser vista como uma escolha "séria" que afeta tanto o eu quanto os outros: *"esta é a vida que eu adotei, uma decisão consciente para terminar, e que é uma coisa muito pesada, muito pesada mesmo".* Enquanto aceita a necessidade do aborto como uma resolução altamente comprometida, Sarah volta sua atenção para a própria gravidez que, para ela, denota uma falha de responsabilidade, uma falha no cuidar e proteger tanto o outro como a si mesma.

Como na primeira transição, conquanto em termos distintos, o conflito precipitado pela gravidez alcança problemas que são críticos para o desenvolvimento psicológico. Esses problemas pertencem ao valor de si em relação aos outros, a reivindicação do poder de escolha e a aceitação da responsabilidade pela escolha. Ao provocar um confronto com a escolha, a crise do aborto pode se tornar um *"tempo muito auspicioso. Você pode usar a gravidez como um tipo de aprendizado, um ponto de aquecimento, que o torna muito útil de certa maneira".* O mesmo sentido de uma possibilidade de crescimento na crise é expresso por outra mulher, que chegou a esse encontro com a escolha de uma nova compreensão dos relacionamentos e para falar de seu sentido de *"um novo começo"*, uma chance *"de tomar o controle de minha vida".*

Para Sarah, que estava enfrentando um segundo aborto, o primeiro passo para assumir o controle é terminar o relacionamento no qual ela considerava a si mesma como uma *"não entidade"*; mas precisava fazê-lo de um modo responsável. Reconhecendo a dor como um simultâneo inevitável da rejeição, ela se esforça para minimizar aquela dor ao lidar com as necessidades de seu amor *"tão bem quanto possível sem comprometer a mim mesma. Este é um ponto importante para mim porque, até este ponto, a principal coisa em minha vida sempre tem sido o comprometimento, e eu não estou mais propensa a fazer isso".* Doutra feita, ela busca agir de *"uma forma decente e humana, uma que talvez deixe uma pessoa levemente abalada, mas não destruída".* Assim, a *"não entidade"* confronta seu poder para destruir, que tinha anteriormente impedido a afirmação, e considera a possibilidade para um novo tipo de ação que deixa tanto o eu quanto o outro intactos.

A preocupação moral permanece como uma preocupação com a dor, uma vez que Sarah considera o dilema de Heinz nos termos das questões: *"quem irá se ferir mais, o farmacêutico que perde dinheiro ou a pessoa que perde sua vida?"* O direito à propriedade e o direito à vida são pesados de maneira não abstrata, em termos de prioridade lógica, mas no particular, de maneira que as atuais consequências que aquela violação desses direitos terá nas vidas das pessoas envolvidas. O pensamento de Sarah permanece contextual e misturado com os sentimentos do cuidado,

171

mas o imperativo moral de evitar ferir começa a ser informado por uma compreensão mais complexa das dinâmicas psicológicas dos relacionamentos.

Assim, a dinâmica da intimidação da desigualdade finalmente permite que as mulheres expressem julgamentos que tinham previamente sido retidos. Deste modo, aquelas mulheres não enunciaram uma nova moralidade, mas uma moralidade desligada dos constrangimentos que formalmente confundiam suas percepções e impediam suas articulações. A propensão para expressar e assumir a responsabilidade pelo julgamento enraíza-se no reconhecimento dos custos psicológicos da ação indireta, do eu e dos outros; e, por fim, dos relacionamentos. A responsabilidade pelo cuidado, desse modo, inclui tanto o eu quanto o outro, e a injunção de não ferir, liberta dos constrangimentos convencionais, sustenta o ideal do cuidado enquanto foca na realidade da escolha.

A realidade do ferir centra-se no julgamento de Ruth, uma mulher casada de 29 anos e mãe de uma criança em fase pré-escolar, conforme ela luta com o dilema imposto pela segunda gravidez, cujo momento entra em conflito com sua compleição de uma idade avançada.

Dizendo que ela "*não pode deliberadamente fazer algo que seja ruim ou que possa ferir outra pessoa porque não poderia viver com isso*", Ruth, no entanto, confronta a situação na qual o ato de ferir torna-se inevitável. Buscando a solução que melhor proteja tanto a si quanto aos outros, ela define a moralidade de uma forma que combine o reconhecimento da interconexão entre o eu e os outros com uma preocupação do eu como o árbitro do julgamento moral e da escolha:

> Moralidade é fazer o que é apropriado e o que é justo dentro de suas circunstâncias, mas idealmente é não afetar –

> eu iria dizer "idealmente não deveria afetar negativamente outra pessoa", mas isso é ridículo porque decisões estão sempre agindo de modo a afetar outras pessoas. Mas o que eu estou tentando dizer é que é a pessoa que está no centro da tomada de decisão sobre o que é certo e o que é errado.

A pessoa que está no centro dessa decisão particular sobre o aborto começa pela negação, mas avança para o reconhecimento, a natureza conflitiva tanto de suas próprias necessidades e de suas várias responsabilidades. Vendo a gravidez como uma manifestação de conflito interior entre seu desejo, por um lado, *"de ser uma chefe de departamento universitário"*; e, do outro, *"produzir cerâmica e flores, ter filhos e ficar em casa"*, Ruth luta com a contradição entre feminilidade e vida adulta. Considerando o aborto como a *"melhor escolha"*, visto que *"no final, pensando nesse período no próximo ano ou esse período daqui duas semanas, isso será menos que uma tensão pessoal sobre nós individualmente e sobre nós como família se eu não ficar grávida durante esse período"*, ela conclui:

> A decisão tem que ser, em primeiro lugar, algo com o qual a mulher possa viver, uma decisão com a qual uma mulher possa viver, seja qual for, ou ao menos tentar viver com ela, e deve ser baseada sobre onde ela está e sobre onde estão as pessoas que são importantes para ela.

No início da entrevista, Ruth apresenta o dilema do aborto em sua construção convencional feminina, como um conflito entre seu próprio desejo de ter um bebê e o desejo dos outros para que ela complete sua educação. Com base nessa construção, ela considera "egoísta" o anseio de continuar a gravidez, pois é algo que "eu quero fazer". No entanto, assim que ela começa a examinar seu pensamento, ela o abandona, tomando como uma falsa conceitualização do problema, reconhecendo a verdade de seu próprio conflito interno e elaborando a tensão que ela sente entre sua feminilidade e a vida adulta de sua própria vida de trabalho. Ela descreve a si mesma como *"seguindo em duas direções"* e valoriza aquela parte de si que é *"inacreditavelmente apaixonada e sensitiva"*, sua capacidade para reconhecer e encontrar as necessidades dos outros. Vendo sua "compaixão" como "algo que eu não quero perder", ela considera isso como algo em perigo graças ao seu desejo de um avanço profissional. Portanto, o autoengano de sua apresentação inicial, sua tentativa de sustentar a ficção de sua inocência, deriva de seu medo do que dizer, isto é, do que significaria dizer naquele tempo que ela não quer ter outro bebê:

> Seria um reconhecimento de que eu sou uma pessoa ambiciosa e que eu quero ter poder e responsabilidade ante os demais; e que eu quero viver uma vida que vá além das 9h às 17h todo dia, avançando para os períodos noturnos e finais de semana, porque isso é o que poder e responsabilidade significam. Isso significa que minha família necessariamente viria em segundo plano. Haveria um incrível conflito sobre o que é prioritário, e eu não quero isso para mim mesma.

Perguntada sobre seu conceito de *"uma pessoa ambiciosa"*, ela diz:

> Ser ambiciosa significa ter fome de poder e ser insensível. (*Por que insensível?*) Porque as pessoas são pisadas no processo. Uma pessoa disposta a pisar em outras, quer seja alguém da família, outros colegas ou um cliente. (*Inevitavelmente?*) Nem sempre, mas tenho visto isso tão frequentemente em meus limitados anos de trabalho que isso me assusta. É assustador porque eu não quero mudar a tal ponto.

Porque Ruth vê a aquisição do poder adulto como vinculado à perda de sensibilidade feminina e compaixão, ela constrói o conflito entre feminilidade e vida adulta como um problema oral. Deste modo, o dilema do aborto direciona sua atenção para o que isso significa nessa sociedade, isto é, ser uma mulher e ser uma adulta; e o reconhecimento da disparidade entre poder e cuidado inicia a busca por uma resolução que pode abranger tanto a feminilidade quanto a vida adulta, nos relacionamentos e no trabalho.

Admitir a verdade da perspectiva feminina para a concepção de desenvolvimento moral é reconhecer para ambos os sexos a importância através da vida da conexão entre o eu e o outro, a universalidade da necessidade de compaixão e cuidado. O conceito de eu separado e dos princípios morais descompromissados com as limitações da realidade é um ideal adolescente, a filosofia forjada de maneira elaborada por um Stephen Daedalus, cuja luta nós temos ciência que está em perigo. Erikson (1964), ao contrastar a moralidade ideológica do adolescente com a ética adulta do tomar cuidado, tenta agarrar-se a esse problema de integração. Mas quando ele mapeia um caminho de desenvolvimento no qual o precursor único para a intimidade do amor adulto, a generatividade do trabalho adulto e os relacionamentos é a confiança estabelecida na infância, e no qual a experiência interventora é marcada como passos em direção da autonomia e independência, então a separação em si torna-se um modelo e uma medida de crescimento. Embora Erikson observe que a identidade tenha muito a ver tanto com a intimidade quanto com a separação para a mulher, essa observação não está integrada ao seu mapeamento de desenvolvimento.

A moralidade da responsabilidade que as mulheres descrevem permanece separada do caminho marcado para a maturidade, tal qual seu conceito do eu. O progresso para a maturidade moral é descrito de modo a conduzir o questionamento adolescente da moralidade convencional à descoberta de direitos individuais. A generalização desta descoberta para uma concepção de justiça principal é ilustrada pela definição da moralidade dada por Ned, um veterano no estudo dos estudantes universitários:

> A moralidade é uma prescrição, uma coisa a se seguir, e a ideia de ter uma concepção de moralidade é tentar descobrir o que é que as pessoas podem fazer de maneira a tornar a vida com outras pessoas habitável, alcançar um tipo de balanço, de equilíbrio, uma harmonia na qual todos se sentem como pertencendo a um lugar e um compartilhamento comum das coisas. Fazer isso é um tipo de contribuição para um estado das coisas que vai além do indivíduo, na ausência daquilo que o indivíduo não tem qualquer chance de preencher por si só. Justiça, moralidade, é algo essencial – a meu ver – por criar um tipo de meio, uma interação entre pessoas, que é um pré-requisito para o preenchimento da maioria das metas individuais. Se você não quer que outras pessoas interfiram em seu anseio por qualquer coisa que queira, é preciso jogar o jogo.

Por outro lado, Diane, uma mulher em seus vinte e tantos anos, define a moralidade não a partir dos direitos, mas da responsabilidade, quando explica o que torna um problema moral:

> Um sentido de tentar descobrir um caminho correto para viver, e sempre ter em mente que o mundo é cheio de problemas reais e reconhecíveis, e que se dirige para um tipo de aniquilação; e que o direito de trazer crianças para este mundo quando atualmente sofremos um problema de superpopulação; e se é correto gastar dinheiro em um par de sapatos quando nós temos um par, enquanto outras pessoas estão descalças? Faz parte de uma visão autocrítica, faz parte de dizer "como eu estou gastando meu tempo e em que sentido tenho agido?" Eu penso que tenho um desejo real, um anseio maternal para cuidar de alguém – cuidar de minha mãe, cuidar de crianças, cuidar dos filhos de outras pessoas, cuidar do mundo. Quando estou

lidando com problemas morais, eu meio que digo para mim mesma constantemente: "você está tomando cuidado com todas as coisas que são importantes, e de que maneira você está desgastando você mesma e desgastando tais problemas?"

Enquanto a natureza pós-convencional da perspectiva da Diana parece clara, seu julgamento dos problemas morais não encontra um ponto de contato com os critérios guiados principalmente pela orientação de justiça. No entanto, esse julgamento reflete uma concepção moral distinta, na qual o julgamento moral é orientado em direção dos problemas da responsabilidade e cuidado. A forma na qual a orientação da responsabilidade guia a decisão moral em um nível pós-convencional é ilustrada por Sharon (uma mulher em seus 30 anos), quando questionada sobre a forma correta de tomar decisões morais:

A única forma que conheço é tentar estar tão alerta quanto possível, tentar saber o alcance do que você sente, tentar considerar tudo que está envolvido, ter tanta consciência possível sobre o que está acontecendo, tão consciente quanto possível sobre por onde você anda. (*São esses princípios que te guiam?*) O princípio poderia ter algo a ver com a responsabilidade, responsabilidade e cuidado sobre si mesma e sobre os outros. No entanto, não é como se você escolhesse ser responsável; por outro lado, que você escolhesse ser irresponsável. Ambos os caminhos podem ser responsáveis. Esta é a razão para não haver apenas um princípio, de modo que, uma vez assumido, você deve se manter. O princípio colocado em prática aqui ainda deixa você com o conflito.

O imperativo moral que emerge repetidamente nas entrevistas com mulheres é uma injunção de cuidado, uma responsabilidade para discernir e aliviar o "problema real e reconhecível" deste mundo. Para os homens, o imperativo moral parece uma injunção a respeito dos direitos dos outros e, assim, de maneira a proteger da interferência os direitos à vida e da autorrealização. A insistência das mulheres quanto ao cuidado é autocrítica, em primeiro lugar, em vez de autoprotetora, enquanto os homens inicialmente concebem a obrigação quanto aos outros negativamente, nos termos da não interferência. Portanto, o desenvolvimento para ambos os sexos parece implicar uma integração dos direitos e responsabilidades através da descoberta da complementaridade dessas visões disparatadas. Para as mulheres, a integração dos direitos e responsabilidades toma lugar através de uma compreensão da lógica psicológica dos relacionamentos. Essa compreensão tempera o potencial autodestrutivo de uma moralidade autocrítica, ao afirmar a necessidade que todas as pessoas têm do cuidado. Para os homens, o reconhecimento através da experiência da necessidade por uma responsabilidade mais ativa ao cuidar corrige a indiferença potencial de uma moralidade de não interferência, e volta a atenção da lógica para as consequências da escolha (GILLIGAN & MURPHY, 1979; GILLIGAN, 1981). No desenvolvimento da compreensão ética pós-convencional, a mulher consegue enxergar a violência inerente na desigualdade, enquanto o homem observa as limitações da concepção de justiça cegada pelas diferenças na vida humana.

Dilemas hipotéticos, na abstração de sua apresentação, despojam os atores morais da história e psicologia de suas vidas individuais e separam o problema moral das contingências sociais e de sua possível ocorrência. Ao fazê-lo, estes dilemas são úteis para a destilação e refinamento dos princípios objetivos da justiça, e para medir a lógica formal da igualdade e reciprocidade. No entanto, a reconstrução do dilema em sua particularidade contextual permite a compreensão da causa e consequência que, por sua vez, engajam a compaixão e tolerância repetidamente percebida de modo a distinguir os julgamentos morais das mulheres. Apenas é possível considerar a injustiça social que seus problemas morais podem refletir quando é dada substância às vidas esqueléticas das pessoas hipotéticas, e torna possível imaginar o sofrimento individual que suas ocorrências podem significar ou que suas soluções podem engendrar.

A tendência das mulheres para reconstruir dilemas hipotéticos em termos do real, para requerer ou fornecer informações faltantes sobre a natureza das pessoas e lugares onde vivem, muda seus julgamentos, distanciando-os dos ordenamentos hierárquicos de princípios e procedimentos formais de tomada de decisão. Esta insistência sobre o particular significa uma orientação ao dilema e aos problemas morais em geral, que difere de quaisquer descrições dos estágios de desenvolvimento. Consequentemente, apesar de muitas mulheres no estudo do aborto claramente articularem uma posição metaética e pós-convencional, nenhuma delas é considerada em seus julgamentos morais normativos conforme os dilemas hipotéticos de Kohlberg. Em vez disso, os julgamentos das mulheres apontam em direção da identificação da violência inerente no dilema em si, que aparentam comprometer a justiça de qualquer uma das resoluções possíveis. Essa construção de dilema conduz as mulheres a reformular o julgamento moral da consideração do bem para uma escolha entre males.

Ruth, a mulher que falou sobre seus desejos conflitantes de tornar-se uma presidente estudantil ou ter outra criança, vê o dilema de Heinz como uma escolha entre egoísmo e sacrifício. Para que Heinz roube a droga, diante das circunstâncias de sua vida, que ela infere a partir de sua inabilidade para pagar dois mil dólares, ele tem *"que fazer algo que não é o melhor para si, posto que irá afastar-se dele, e que é um sacrifício supremo, um sacrifício que uma pessoa que realmente ama estaria propensa a tomar"*. No entanto, não roubar a droga *"poderia ser egoísmo da parte dele. Ele poderia se sentir culpado sobre não dar a ela uma chance de viver mais"*. A decisão de Heinz por roubar é considerada não em termos da prioridade lógica da vida sobre a propriedade, que justifica sua correção; mas, em vez disso, nos termos das consequências reais que roubar pode ter para um homem de meios limitados e de pouco poder social.

Considerando à luz de seus desdobramentos prováveis – sua esposa morta, ou Heinz na cadeia, brutalizado pela violência daquela experiência, além de sua vida comprometida pelo registro de um crime – o dilema em si mesmo muda. Sua resolução tem menos a ver com os pesos relativos da vida e propriedade em uma moral abstrata do que com a colisão entre duas vidas, inicialmente conjuntas, mas agora em vias opostas, onde a continuação de uma vida pode ocorrer apenas a expensas da outra. Essa construção torna clara a razão pela qual o julgamento gira em torno do problema do sacrifício e porque a culpa torna-se inevitavelmente concomitante em qualquer que seja a solução.

Demonstrando a reticência percebida nos julgamentos morais femininos, Ruth explica sua relutância para julgar nos termos de sua crença:

> Creio que a existência de todos é tão diferente que eu meio que digo a mim mesma: "isso pode ser algo que eu não faria"; mas eu não posso dizer que é certo ou errado para aquela pessoa. Eu posso apenas lidar com o que é apropriado para que eu faça quando me deparo com problemas específicos.

Perguntada se ela aplicaria aos outros sua própria injunção sobre o ato de ferir, ela responde:

Não posso dizer que é errado. Não posso dizer que é certo ou que é errado porque não sei o que a pessoa fez, que outra pessoa fez algo para feri-lo. Assim, não é certo que a pessoa seja ferida, mas é certo que a pessoa que acabou de perder o trabalho extravase sua raiva. Tal ação não coloca o pão sobre a sua mesa, mas é liberto. Não estou fugindo [da questão]. Eu realmente estou tentando ver como posso responder essas perguntas a você.

Sua dificuldade em chegar a respostas definitivas para questões morais e seu senso de constrangimento com a construção do dilema de Heinz fundam suas raízes na divergência entre essas questões e seu próprio quadro de referências:

Eu nem mesmo acredito que uso as palavras *certo* e errado *mais*, e sei que não uso a palavra *moral* porque não estou certa do que ela significa. Nós estamos falando sobre uma sociedade injusta, estamos falando sobre um conjunto de coisas que não está certo, que é verdadeiramente errado – usar a palavra que não uso muito frequentemente – e eu não tenho controle para mudar isso. Se eu pudesse mudá-las, eu certamente o faria, mas posso apenas fazer minha pequena contribuição dia a dia; e se eu não ferir alguém intencionalmente, esta é a minha contribuição para uma sociedade melhor. Assim, esse pedaço de contribuição também não deve passar pelo julgamento de outras pessoas, particularmente quando eu não sei as circunstâncias das razões pelas quais elas estão fazendo certas coisas.

A relutância para julgar permanece como uma relutância para ferir, mas uma relutância que não deriva de um senso de vulnerabilidade pessoal; mas, em vez disso, do reconhecimento da limitação do julgamento em si mesmo. Assim, a deferência para uma perspectiva convencional feminina continua até um nível pós-convencional, não como um relativismo moral, mas, em vez disso, como parte de uma compreensão moral reconstruída. O julgamento moral é renunciado na preocupação da determinação psicológica e social do comportamento humano, ao mesmo tempo em que a preocupação moral é reafirmada no reconhecimento da dor humana e do sofrimento:

> Eu tenho algo quanto a ferir pessoas recorrentemente, e que fica um pouco complicado às vezes porque, por exemplo, você não quer ferir sua criança. Eu não quero ferir minha criança; mas se você não feri-la de vez em quando, então tal ação irá feri-la mais ainda, o que é um terrível dilema para mim.

Dilemas morais são terríveis naquilo que produzem dor. Ruth vê a decisão de Heinz como "*o resultado da angústia: quem eu estou ferindo? Por que eu tenho que feri-la?*" A moralidade do roubo de Heinz não está em questão, dadas às circunstâncias que o fizeram necessitar disso. O que está em jogo é sua propensão a substituir ele mesmo por sua esposa e tornar-se, em seu lugar, a vítima da exploração por uma sociedade que promove e legitima a irresponsabilidade do farmacêutico; ademais, cuja injustiça é assim manifesta na própria ocorrência do dilema.

O mesmo sentido, a saber, que as questões erradas estão sendo perguntadas, fica evidente na resposta de outra mulher, que justifica a ação de Heinz em uma base similar, dizendo "*eu não penso que a exploração deva realmente ser um direito*". Quando as mulheres começam a fazer declarações morais diretas, os problemas que elas repetidamente endereçam são aqueles sobre a exploração e o ferir. Ao fazê-lo, elas levantam a questão da não violência precisamente no mesmo contexto psicológico que levou Erikson (1969) a pausar sua consideração de verdade da vida de Gandhi. Na carta pivotal que ele endereça a Gandhi e quanto ao julgamento que seu livro versa, Erikson confronta a contradição entre a filosofia da não violência, que comunica a forma que Gandhi empregou para lidar com os britânicos, e a violência psicológica, que estragou seus relacionamentos com sua família e com suas crianças do *ashram*[5]. Foi essa contradição, Erikson confessa, *"que quase me levou ao ponto em que eu me senti incapaz de continuar a escrever este livro, porque eu parecia sentir a presença de um tipo de inverdade no próprio ato de professar a verdade; ou algo impuro quando todas as palavras expressavam uma pureza irreal; e, acima de tudo, de violência deslocada onde a não violência era o problema professado"* (p. 230-231).

Em um esforço para desvendar o relacionamento entre a verdade espiritual do Satyagraha e a verdade de seu próprio entendimento psicoanalítico, Erikson lembrou Gandhi: *"a verdade, uma vez você disse, 'exclui o uso da violência porque o homem não é capaz de conhecer a verdade absoluta e, deste modo, não é competente em punir'"* (p. 241). A afinidade entre a *Satyagraha* e a psicanálise pauta-se em seu compromisso compartilhado de ver as vidas como um *"experimento na verdade"*, em seu ser *"reunido em uma 'terapêutica' universal, de certo modo, comprometido com o princípio hipocrático que alguém pode testar a verdade (ou o poder curador inerente em uma situação de doença) apenas pela ação de evitar o perigo – ou melhor, pela ação que maximiza mutuamente e minimiza a violência causada pela coerção unilateral ou ameaça"* (p. 247). Portanto, Erikson leva Gandhi a incumbir por sua falha em reconhecer a relatividade da verdade. Esta falha está manifesta na coerção de sua proclamação para a posse exclusiva da verdade, sua *"propensão para aprender qualquer coisa de qualquer um, exceto aquilo que foi aprovado pela 'voz interior'"* (p. 236). Esta proclamação leva Gandhi, sob o disfarce do amor, a impor sua verdade

---

5. O termo é usado na cultura hindu para celebrar comunidades formadas de modo intencional que promovem o desenvolvimento espiritual de seu membros. Não raro, contam com uma liderança religiosa [N.T.].

sobre os outros sem a preocupação de/ou o cuidado pela extensão na qual ele realizou algo violento para a sua integridade.

O dilema moral, erguido inevitavelmente de um conflito de verdades, é por definição uma *"situação doente"*, na qual a formulação, seja qual for, não deixa espaço por um desfecho que não realiza a violência. A resolução de tais dilemas, porém, não repousa no autoengano da violência racionalizada: *"Eu era"*, disse Gandhi, *"um tipo cruel de marido. Eu me lembro de mim mesmo como o professor dela e, assim, assediando-a, cegado pelo meu amor por ela"* (p. 233). A resolução encontra suas fundações na substituição do antagonismo subjacente com a mutualidade do respeito e cuidado.

Gandhi, que é citado por Kohlberg como um exemplo para o sexto estágio do julgamento moral, e que Erikson inicialmente buscou como um modelo de uma sensibilidade ética adulta, é criticado por um julgamento que recusa a desviar o olhar de ou perdoar o ato de infligir algum mal. Ao negar a validade da relutância de sua esposa para abrir sua casa a estranhos e ao cegar a si mesmo ante a realidade distinta da sexualidade adolescente e tentação, Gandhi comprometeu a ética da não violência em sua vida cotidiana à qual, em princípio e publicamente, ele aderiu prontamente.

A cega propensão para sacrificar as pessoas à verdade, no entanto, tem sempre sido o perigo de uma ética abstrata da vida. Essa propensão liga Gandhi ao Abraão bíblico, que preparou o sacrifício da vida de seu filho de maneira a demonstrar a integridade e supremacia de sua fé. Ambos os homens, na limitação de suas paternidades, permaneceram como contrastes implícitos para a mulher que se aproxima de Salomão e verifica sua maternidade ao denegar a verdade de modo a salvar a vida de sua criança. É a ética da vida adulta que se tornou preconizada a expensas do cuidado que Erikson chegou a criticar em sua avaliação da vida de Gandhi.

Esta mesma crítica é dramatizada explicitamente como um contraste entre os sexos em *O mercador de Veneza*, no qual Shakespeare avança através de uma complicação extraordinária da identidade sexual, vestindo um ator masculino como uma personagem feminina que, por sua vez, posa como um juiz masculino, de modo a trazer à cidadela da justiça o apelo feminino da misericórdia. A limitação da conceituação de justiça contratual é ilustrada através do absurdo de sua execução literal, enquanto a necessidade de *"realizar exceções todo o tempo"* é demonstrada, em contrapartida, na matéria dos anéis. Pórcia, ao clamar por misericórdia, argumenta que a resolução na qual ninguém é ferido, e como os homens são perdoados por sua falha para manter seus anéis e sua palavra, Antônio renuncia, por sua vez, seu "direito" a arruinar Shylock.

O estudo do aborto sugere que as mulheres impõem uma construção distintiva sobre os problemas morais, vendo os dilemas morais em termos de responsabilidades em conflito. Esta construção foi traçada através de uma sequência de três perspectivas; cada uma delas representa um entendimento mais complexo do relacionamento entre o eu e o outro; além disso, cada situação envolvendo uma reinterpretação crítica do conflito entre egoísmo e responsabilidade. A sequência do julgamento moral feminino parte de uma preocupação inicial com a sobrevivência até alcançar um foco sobre a bondade; e, finalmente, para uma compreensão reflexiva sobre o cuidado como um guia mais adequado para a resolução de conflitos nos relacionamentos humanos. O estudo do aborto demonstra a centralidade dos conceitos de responsabilidade e cuidado na construção feminina do domínio da moral, a relação íntima no pensamento feminino entre as concepções do eu e da moralidade; e, por fim, a necessidade de uma teoria do desenvolvimento ampliada que incluir, além das regras fora de consideração, as diferenças na voz feminina. Tal inclusão parece essencial não apenas por explicar o desenvolvimento feminino, mas também para compreender em ambos os sexos as características e precursores de uma concepção moral adulta.

4

CRISE E TRANSIÇÃO

No filme *Morangos selvagens* (*Wild Strawberries*), Marianne, a afilhada grávida do velho Isak Borg, viaja com ele até Lund, onde ele está para receber a mais alta honra de sua profissão médica. Ela está voltando para terminar seu casamento, dado que seu marido Evald ofereceu a posição de que ela deve escolher entre ele ou a criança. Desejando reverter essa decisão, ela vai até seu pai em busca de ajuda, compelida pela "ideia um tanto quanto idiota" que o velho doutor curaria tal divisão. Em vez disso, ela encontra *"bem escondido por trás de sua máscara de carisma fora de moda e amizade"* a mesma parede de "opiniões inflexíveis" que circulam a oposição de seu filho, uma falta de consideração quanto aos outros e uma recusa para *"ouvir outra pessoa* [, exceto ele mesmo]". Uma vez que Evald afirmou ter tornado absolutamente claro seu desejo por não ter uma criança, explicando que ele não tem *"necessidade da responsabilidade que iria forçar-me a existir um dia a mais do que gostaria de fazer"*, e que seu pai não deseja tomar parte nos problemas no casamento de Marianne, dizendo que ele não "se importa com eles" e não tem "respeito pelo sofrimento da alma". Ainda no carro, Borg oferece a opinião que Evald e ele são "muito parecidos. Nós temos os nossos princípios [...] e eu sei que Evald me entende e me respeita"; ele se assusta quando Marianne responde; e diz, por sua vez, que "isso pode ser verdade, mas ele também te odeia".

Com este contraponto entre o velho homem assustado e derrotado, e os esforços da jovem mulher para manter sua conexão, a ação do filme começa. A relação estabelecida entre os "*sonhos maus e assustadores*" de Borg e a percepção de Marianne que "*seria terrível ter que depender de você de qualquer maneira*" une o desespero de sua idade avançada à falha do porvir dos relacionamentos familiares. Erikson (1976), tomando o filme de Bergam como seu texto para explicar o ciclo da vida, cita Marianne como o catalizador que precipita a crise que conduz à mudança. Ele compara Marianne com Cordélia ao trazer à superfície o desespero do velho homem, confrontando-o com a fonte de seu desconforto ao revelar a verdade perturbadora, porém libertadora, dos relacionamentos. E Erikson mostra como este confronto esporeia a sequência de memórias e sonhos através dos quais Borg retraça seus passos através dos estágios da vida, chegando até a intimidade, o ponto onde ele falhou. Ele sonha com um exame, no qual ele esquece que "a primeira função do doutor é pedir perdão"; e ele não pode dizer se uma mulher está viva ou morta. O examinador o considera "culpado da culpa". A sentença: "solidão, é claro". Assim, conectando o presente ao passado, Borg reconhece sua própria derrota ("*que estou morto, conquanto vivo*"); mas, ao fazê-lo, ele liberta o futuro, oferecendo sua ajuda a Marianne.

Erikson, definindo o papel de Marianne em quebrar o ciclo de repetição que tinha terminado através de gerações de uma solidão gelada "mais assustadora que a própria morte", identifica a "determinação dominante do cuidado" nesta "garota independente e quita com seus olhos despidos e observadores". Ao traçar ainda o desenvolvimento da virtude do cuidado, que ele vê como uma força da vida adulta, ele se volta repetidamente à vida dos homens. Uma vez que a teoria do ciclo da vida, tal como no filme, a história de Marianne permanece sem ser contada, e não fica claro como ela chegou a ver o que ela vê ou saber o que ela sabe.

No estudo da decisão do aborto, as mulheres descrevem dilemas similares ao encarado por Marianne, e uma análise de suas descrições revela uma sequência na compreensão da responsabilidade e relacionamentos. Esta sequência, derivada da comparação de diferentes perspectivas quanto à escolha do aborto, foi logicamente construída pela consideração dos conflitos entre tais perspectivas manifestas no pensamento feminino. Mas enquanto as distinções podem ser retiradas através de uma análise comparativa e uma progressão mapeada pelo percorrer da lógica do pensamento, e apenas através do tempo é possível traçar o desenvolvimento. Portanto, ao olhar diretamente a vida das mulheres com o passar do tempo, é possível testar, de um modo preliminar, se as mudanças preditas pela teoria adequam-se à realidade daquilo que de fato toma lugar. Ao comparar as entrevistas conduzidas no período da decisão do aborto com aquelas que ocorreram no fim do ano seguinte, eu uso a magnificação da crise para revelar o processo de transição e para delinear o padrão de mudança. Ao fazê-lo, eu pauto a questão a partir do trabalho de Piaget (1968), sobretudo na identificação do conflito como o prenúncio do crescimento; e também do trabalho de Erikson (1964) que, ao mapear o desenvolvimento através da crise, demonstra como a vulnerabilidade ampliada sinaliza a emergência de uma força potencial, criando uma oportunidade perigosa de crescimento, isto é, *"um ponto de virada para melhor ou pior"* (p. 139).

Foram contatadas 23 mulheres para o estudo a seguir, e 21 aceitaram participar dele. A entrevista assumiu um formato similar daquela conduzida no período da escolha. Conquanto a discussão da decisão do aborto tenha sido retrospectiva, as questões perguntadas foram essencialmente as mesmas, sobre a escolha e sobre a visão da mulher quanto à sua vida e sobre si mesma. Sobre uma escala de referência de vida construída para medir a ocorrência e direção da mudança sobre o ano e pautada nas descrições femininas dos relacionamentos, trabalho e seus sentimentos sobre as suas vidas, 8 mulheres apontaram que suas vidas melhoraram, 9 permaneceram nas mesmas condições e 4 mudaram para pior (BELENKY, 1978; GILLIGAN & BELENKY, 1980).

As mulheres abordadas nesta análise são aquelas a quem a gravidez precipitou uma crise e conduziu-as ao encontro da derrota. A tristeza deste encontro e a perda experimentada no processo de mudança acentua a importância da crise em si e revela o predicado dos relacionamentos humanos. Uma vez que a gravidez significa uma conexão de grande magnitude em termos de responsabilidade, então o aborto impõe um dilema no qual não há forma de agir sem consequências para outrem e para si mesma. Ao delinear a realidade da interdependência e irrevocabilidade da escolha, o dilema do aborto amplia os problemas da responsabilidade e cuidado que derivam do fato do relacionamento. Freud, ao traçar o desenvolvimento através da exposição à crise, compara a psique sob estresse a um cristal que é atirado no chão e quebra *"não em pedaços casuais, [mas] que se quebra conforme as linhas de seus sulcos, em fragmentos cujos limites, conquanto sejam invisíveis, foram determinados pela estrutura do cristal"* (1933, p. 59). Ao estender essa metáfora a uma consideração dos relacionamentos sob estresse, eu recobro a atenção para a forma que as fraturas dos relacionamentos revela as linhas de suas articulações, expondo a estrutura psíquica da conexão nos conceitos de moralidade e do eu.

Com o passar do tempo, os estudos das vidas femininas retratam o papel da crise na transição e delineiam as possibilidades de crescimento e desespero que se encontram no reconhecimento da derrota. Os estudos de Betty e Sarah elucidam as transições no desenvolvimento de uma ética do cuidado. As mudanças na preocupação da sobrevivência para a bondade e da bondade para a verdade são elaboradas com o passar do tempo nessas duas vidas femininas. Ambos os estudos ilustram o potencial de crise para quebrar um ciclo de repetição e sugere que a crise em si pode ser um sinal de retorno para uma oportunidade perdida de crescimento. Esses retratos de transição são seguidos pelas descrições de desespero, ilustrações do niilismo moral nas mulheres que podem não encontrar respostas para a seguinte pergunta: "por que cuidar?"

Betty tinha 16 anos quando ela foi até uma clínica de aborto para um segundo aborto dentro do período de seis meses. O conselheiro, preocupado com a repetição, negou seu pedido de ter um aborto naquele dia e indicou Betty para o estudo, de modo a fornecer uma oportunidade para que ela refletisse sobre sua decisão e ponderasse sobre o que estava fazendo. Conquanto a história de Betty, uma adolescente adotada que tinha um histórico de abortos repetidos, de conduta desordeira e frequentadora de um reformatório, seja sóbria na demonstração de uma vida vivida no extremo, ela ilumina o potencial de mudança em uma vida aparentemente dispersa. Ela também descreve a mudança na preocupação da sobrevivência para a bondade, que marca a transição do "egoísmo" para a responsabilidade.

Na primeira entrevista, Betty inicia ao dizer que a segunda gravidez, assim como a primeira, não foi uma falha dela. Sentindo-se tanto desamparada quanto impotente para obter os anticonceptivos por ela mesma, uma vez que não tinha qualquer dinheiro e acreditava que precisava da permissão de seus pais, ela também se sentia impotente para lidar com o assédio contínuo do namorado. No fim das contas, ela desistiu após a promessa de que ele sabia o que estava fazendo e que não a deixaria grávida; ela foi influenciada por sua crença que, se ela recusa-se, ele romperia com ela. Uma vez que ela tenha pedido sem sucesso por anticoncepcionais para ele e para a sua mãe, Betty explica que engravidou porque ninguém estava propenso a ajudá-la. Desejando agora ter usado um contraceptivo, mas vendo os outros como responsáveis pelo fato de não ter usado, ela afirmou que quando descobriu pela primeira vez sobre a gravidez, ela não sabia o que fazer:

> Eu queria me matar porque eu não poderia lidar com isso. Eu sabia que queria um aborto. Eu sabia que não queria a criança, porque eu apenas sabia que não poderia passar por isso novamente.

Sua referência é a dor física que ela experimentou em tempos pregressos.

Sua relutância para romper com seu namorado deriva do fato dele tratá-la de maneira distinta das outras pessoas que ela conhece: "*Ele faz tudo por mim. (Que tipo de coisas?) Ele me liga, vai me buscar, me leva a qualquer lugar que eu quiser, compra cigarros para mim, compra cerveja quando eu quero*". Dada às expectativas de que, se ela fosse para a cama com ele, ele continuaria atender seus pedidos, o desapontamento dele foi grande quando ela descobriu que "*após ter ido para a cama com ele, ele apenas queria que eu fizesse tudo que desejasse. Eu era mais uma esposa do que uma namorada, e eu não gosto disso*". Descrevendo o relacionamento como uma troca, ela conclui que ele era uma pessoa "de via única", ou seja, que buscava apenas atender as suas necessidades, pouco preocupado "*com o fato de que eu desejava mais liberdade*". Chateada também com o conselheiro que interferiu em seu desejo de ter um aborto, ela sente, no entanto, que o conselheiro *"apenas desejava estar certo que minha mente estava estável quando eu saísse daqui. Creio que seja bom, porque ao menos ele se importa".*

Talvez em parte por conta de sua demonstração de cuidado, Betty começa a refletir sobre o caminho que ela tomou para cuidar de si. Dizendo que talvez a gravidez tenha sido culpa sua, ela atribuiu à sua falha ao ouvir ela mesma. Ela ouvia os outros porque acreditava que "tiraria algo da situação, ou que faria as coisas funcionarem melhor e que eles parariam de incomodá-la". Mas, uma vez que as razões têm sido desmentidas frente à experiência, ela começou a refletir sobre as suposições que previamente guiaram seu comportamento e seu pensamento. Sua ponderação sobre o aborto apenas em termos de dor física, seu desejo de continuar a gravidez secretamente para evitar uma "má reputação", sua preocupação sobre manter sua liberdade em vez de ter que fazer as coisas pelos outros: tudo indica sua preocupação com suas próprias necessidades e seu conflito para garantir sua própria sobrevivência em um mundo percebido como explorador e ameaçador, um mundo no qual ela experimenta a si mesma como indiferente e sozinha. Esta construção da realidade social é aparentemente vívida em sua justificativa para o roubo do remédio de Heinz:

> O farmacêutico está rasgando ele em pedaços e sua esposa está morrendo, de modo que o farmacêutico merece ser roubado. (*Esta é a coisa certa a se fazer?*) Provavelmente. Eu creio que a sobrevivência é uma das primeiras coisas na vida pela qual as pessoas lutam. Acho que é a coisa mais importante, mais importante do que roubar. Roubar pode ser errado, mas se você tiver que roubar para sobreviver, ou até mesmo matar, isso é o que você tem que fazer (*Por qual motivo?*). A preservação de si, creio, é a coisa mais importante. Ela vem antes de qualquer coisa na vida. Mui-

tas pessoas dizem que o sexo é a coisa mais importante para muita gente, mas eu acredito que a preservação de si é a coisa mais importante para as pessoas.

A preocupação maior de Betty com a sobrevivência em sua descrição dos relacionamentos humanos reflete sua experiência de ser uma criança adotada e, assim, alguém cuja sobrevivência parece particularmente em perigo. Os sentimentos de Betty sobre sua própria sobrevivência precária vêm à luz conforme ela muda o foco da decisão do aborto das suas próprias necessidades para aquelas da criança. Esta mudança é sinalizada pelo surgimento de uma linguagem moral quando ela diz que *"o aborto é a coisa certa a se fazer em uma situação como a minha, se alguém está no período escolar ou se precisa voltar para a escola, como eu"*. A consideração sobre suas próprias necessidades de uma perspectiva um tanto quanto diferente da obrigação percebida frente aos seus pais de retornar à escola a conduz assim a uma extensão de sua preocupação moral de si para a criança: *"seria injusto que eu tivesse um bebê; mais injusto para ele do que para mim"*.

No tempo de sua gravidez anterior, que ocorreu quando ela foi estuprada enquanto ela pedia carona, ela *"apenas não poderia ficar com o bebê"*. Mas, desta vez, ela tinha *"pensado muito sobre isso"*. Seu uso do conceito de justiça indica uma natureza moral de sua preocupação, que emerge de seu reconhecimento da conexão entre o bebê e ela mesma:

> Pensar sobre o bebê me faz sentir estranha porque sou adotada; e eu estava pensando que, como minha mãe não me quis, doutra maneira ela não deveria ter me colocado para adoção. Mas eu estava pensando se eu poderia ser um aborto ou talvez a intenção de um, ou algo parecido, e isso me faz ter sentimentos estranhos.

Conectando o presente com o passado ao atar seus sentimentos sobre o bebê com seus próprios sentimentos de ter sido uma criança indesejada em certo sentido, Betty começa a pensar sobre os sentimentos de sua mãe biológica sobre ela, esperando que talvez ela fosse desejada, mas que sua mãe *"realmente amava o cara, mas não podia tomar conta de mim"*.

Mas na mudança de sua perspectiva através de gerações, Betty também pensa no futuro e vê a si mesma como capaz de se tornar uma mãe que poderia tomar conta de uma criança. Através da noção de justiça, ela articula seu desejo de dar à sua criança o que ela queria ter: *"eu não penso que seria justo dar vida a uma criança se ela não puder ter sua própria mãe"*. Ao pensar sobre o bebê, ela também começa a pensar sobre si mesma de uma maneira diferente, a perceber que, através da conexão da gravidez, cuidar do bebê significa cuidar dela mesma:

> Esta gravidez ajudou-me de muitas maneiras porque eu tenho parado de ficar drogada e parei de beber – e esta é a primeira vez que parei em três anos. E agora que eu fiz isso, eu sei que consigo, e irei parar completamente. (*Como a gravidez ajudou você a fazer isso?*) Porque quando eu fiquei grávida pela primeira vez, eu não estava certa sobre o que eu estava fazendo, e quando eu percebi, eu pensei comigo: "essa vez a culpa é minha, e eu tenho que manter esse bebê". Mas então eu parei de beber e ficar drogada porque não queria ferir o bebê. Deste modo, após algumas semanas, eu pensei sobre isso de novo e disse: "não, eu não posso tê-lo, pois tenho que voltar para a escola".

Assim como Betty começou a tomar cuidado de si frente ao desejo de não ferir o bebê, seu senso de ter que voltar para a escola deriva em parte do *"pensamento sobre ter um bebê, não ter educação e não ter habilidades"*. Reconhecendo que ela é incapaz de cuidar da criança sem qualquer meio de apoio, e acreditando que o bebê já pode ser ferido pelas drogas que ela usava antes da gravidez ser confirmada, Betty vê a necessidade de tomar cuidado de si antes de ser capaz de cuidar da criança: "Creio que começarei a tomar conta melhor de mim mesma. Mais cedo ou mais tarde você precisa fazer a sua cabeça para começar a tomar conta de si mesma, sendo sua própria pessoa em vez de ter outro alguém para dizer o que você tem que fazer".

Na entrevista seguinte, um ano depois, a linguagem da preocupação egocêntrica desapareceu, e a linguagem do relacionamento e cuidado que era evidente inicialmente na conversa de Betty sobre si mesma e a criança agora se estende para descrever a sua vida. A mudança de preocupação com a sobrevivência para uma preocupação com a justiça, que marca a transição do egoísmo para a responsabilidade em seu pensamento, é paralela às mudanças que ocorreram na vida de Betty após o ano de intervenção.

Recobrando o tempo após o aborto, ela descreve um período de depressão e reconta seus sentimentos de tristeza e perda como quando ela conta sobre desistir de um filhote, permanecer em casa o dia todo assistindo televisão, lutando contra a sua mãe e ganhando peso: "*eu era a pessoa mais pesada do que eu jamais fui, e eu estava tão deprimida. Eu simplesmente fiquei em casa durante todo o inverno. Eu nunca saía de casa, estava tão envergonhada*". Mas então ocorreu uma mudança em junho:

> Eu disse que tinha que perder [peso], e essa mudança foi muito grande para mim, porque eu fui gorda por tantos anos. E, sendo magra, eu nunca soube como era ser capaz de vestir roupas que caíam bem. Eu apenas me sentia dinamite, porque muitas pessoas e muitos caras estavam tentando sair comigo. Este foi o primeiro verão que eu fui capaz de vestir uma roupa de banho.

Essa mudança dramática começou bem na fase em que o bebê nasceria, se a gravidez tivesse continuado. Nas vidas das outras mulheres isso também provou ser uma data significante, marcando o desfecho da crise e sinalizando a mudança para melhor ou pior. Entre as mulheres para quem a decisão do aborto significou o início de um avanço no desenvolvimento – uma nova pretensão de responsabilidade, um confronto com a verdade – tal ação tendia a ser o período em que a depressão acabava, assim como a duração da gravidez marcou um período natural de luto, cujo término conduz às atividades que resultam em melhoras substantivas na vida da mulher. Para as mulheres cuja escolha significou, em outros termos, uma derrota, esta foi uma fase em que as coisas desmoronaram.

Para Betty, a melhora ficou nítida. Após anos de problemas em casa, na escola e na comunidade, ela estava envolvida naquela época da segunda entrevista em uma escola alternativa, engajada em seu trabalho e participando ativamente na vida comunitária escolar. Ela teve um pronto relacionamento com um namorado, que soava substancialmente diferente dos relacionamentos que ela descreveu previamente, no qual as atividades de cuidado mútuo e afeição substituíram tratos coercitivos e exploradores. Betty também estava se preparando, com o encorajamento da escola, para entrar em uma universidade comunitária no outono seguinte.

A mudança na compreensão moral de Betty é evidente diante de sua resposta ao dilema de Heinz. Ela agora diz que Heinz deve roubar o remédio *"porque sua esposa está morrendo, está próxima da morte, e ele a ama"*. Conquanto ela explique que irá "responder o mesmo que antes", fazendo referência à própria escolha, a estrutura de sua justificativa mudou fundamentalmente. Onde ela previamente indicou a primazia da sobrevivência, ela agora enfatiza a importância do relacionamento. Onde ela falou de direito, agora ela fala de culpa. Heinz deveria roubar *"porque ele ama a sua esposa, e se ela morrer, ele irá se sentir como se pudesse ter feito algo, quando não o fez"*. Assim, a segurança, que ela anteriormente viu como uma autoproteção em um mundo explorador no qual todos são roubados, agora depende dos relacionamentos com os outros, das expressões de amor e cuidado.

A transformação dos julgamentos morais de Betty corresponde à mudança em sua visão de si. Na primeira entrevista ela descreveu a si mesma como "uma pessoa difícil de lidar", cheia de vontades, impulsiva e "facilmente conduzida"; na segunda, ela disse que *"penso que sou uma pessoa que gosta de desafios. Eu gosto de aprender. Gosto de coisas que são interessantes. Gosto de falar com as pessoas. Eu sou sensível"*. Perguntada se ela crê que houve uma mudança na forma como ela vê a si mesma, ela disse: *"Definitivamente. Agora eu realmente me preocupo comigo, e naquela época eu não me preocupava realmente. Eu estava tão desgostosa com tudo. Agora eu estou começando a ter uma atitude melhor, e eu sinto como se eu pudesse mudar muitas coisas; eu anteriormente pensava que nunca seria capaz"*. Não mais se sentindo tão impotente, de *explorada, só e em perigo, Betty se sente mais no controle. As coisas tinham 'mudado dramaticamente' após um ano, de modo que a convenceu que ela poderia "fazer isso em vida"*.

Assim como o mundo da moralidade foi substituído por um mundo no qual todos são roubados, o mundo da mutualidade tinha sucedido relacionamentos que eram unidirecionais – de uma maneira desapontadora. Conquanto Betty se lembre do tempo de sua gravidez como uma fase difícil, ela pensa que talvez seja *"melhor aprender o caminho árduo, porque assim o aprendizado fica. Você realmente aprende. Ele gruda em você. Ele apenas fica contigo"*.

Deste modo, na vida de Betty, a segunda gravidez trouxe à superfície conflitos de seu passado e expôs contradições no presente. A intervenção do conselheiro do aborto, que se preocupou o suficiente para interferir no padrão emergente de abortos e para fornecer a Betty uma oportunidade para pensar e refletir, iniciada a crise clínica e precipitada a transição do desenvolvimento. O processo de crescimento, que consome a maior parte dos anos que separam a primeira e a segunda entrevistas, foi marcado por um período de luto, desorganização e desespero.

No fim do ano, na segunda entrevista, Betty demonstra uma nova compreensão dos eventos de seu passado e uma nova forma de pensar sobre o futuro. Conflitos passados têm sido revisitados de maneira que lhe permitam endereçar os problemas atuais de seu desenvolvimento na adolescência e a articular um sentido claro de si como uma pessoa responsável em seu relacionamento com a família, com seu namorado e com sua comunidade escolar. Conquanto a segunda gravidez recapitule o passado e ilustre o fenômeno repetitivo em curso, ele também aponta para o futuro, confrontando Betty com os problemas da responsabilidade e cuidado que foram críticos em seu desenvolvimento.

Robert Coles (1964) observa que a crise pode levar ao crescimento quando ela representa uma oportunidade para confrontar impedimentos do desenvolvimento do porvir. Para ilustrar tal ponto, ele descreve John Washington, um adolescente negro vivendo na pobreza, cujos pais mostram sintomas de um "sério transtorno mental". Ainda se voluntariando a participar na desagregação das escolas de Atlanta, John começa a progredir rumo a um crescimento em condições de estresse extraordinário. Quando Coles pergunta o que permite a ele fazer isso, John disse: *"Aquela escola colou meus pedaços; ela me fez mais forte do que eu pensei ser, e agora eu acredito que não sou capaz de esquecer o que aconteceu. Serei provavelmente diferente durante o resto de minha vida"* (p. 122).

A noção que o desenvolvimento ocorre através de um encontro com o estresse, que o conflito fornece uma oportunidade para o crescimento, está no centro da análise de Cole. A partir de diferentes circunstâncias de estresse, Betty adota um ponto similar. Comparando seu presente com seu passado, ela diz:

> Eu estou realmente feliz com o rumo que a minha vida tem agora. Comparada com o ano passado, ela mudou muito – e para melhor. Eu me sinto melhor sobre o que está acontecendo. Eu levanto de manhã e vou para a escola. Eu apenas me sentava durante um ano e meio e não fazia nada. Eu não ia para lugar nenhum com a minha vida. Não sabia o que eu estava fazendo, e agora sinto que tenho uma direção, um caminho, e eu sei no que eu estou interessada.

Seguindo o desfecho da crise, Betty está ancorada firmemente na vida, vendo a si mesma como uma pessoa com direção e responsável no trato dos outros e dela mesma.

Josie, uma jovem de 17 anos cujo pensamento ilustrou a transição do egoísmo para a responsabilidade, reporta uma mudança similar em sua vida após a escolha do aborto. Na segunda entrevista, ela também tinha "mudado muito, pois estava usando muitas drogas e tudo mais; eu tinha muitos problemas com meus pais, com a corte etc. Era um tipo de estágio pelo qual eu passava, e olho para trás e não vejo como eu pude fazer isso. É como se eu tivesse crescido a partir dali. Eu ainda tenho problemas algumas vezes, mas não como eu costumava ter, e eu não uso mais drogas". Ela também voltou para a escola, colaborando com um professor sobre um livro acerca da adolescência. Mas sua descrição retrospectiva sobre sua decisão do aborto encobre os problemas da segunda perspectiva. Na primeira entrevista, ela reivindicou a decisão do aborto, descrevendo-a como a escolha "responsável", em oposição à "egoísta", como em um movimento em direção a isso faria dela "mais madura na tomada de decisões realistas e no cuidar de mim mesma". Na segunda entrevista, ela diz que foi "pressionada a isso" e que ela "não tinha uma escolha". Reportando um período de depressão após o aborto e que precede uma melhora dramática em sua vida, tal como Betty, ela ficou presa entre sua própria percepção que o aborto foi uma decisão responsável e a interpretação tradicional do aborto como uma escolha egoísta.

Ela disse que é contra o aborto, para então criticar esse princípio, taxando como "hipócrita", mas criticando igualmente as pessoas que "dizem que isso é assassinato, mas nunca estiveram na posição de estarem grávidas e não ter ninguém para ajudá-las, além de não ter nenhum dinheiro". Explicando que se ela tivesse tido a criança, ela teria "terminado num estado de bem-estar pelos próximos seis anos e minha criança não teria pai", e ela não sabe "se isso faz sentido". Similarmente, ela não sabe quem tomou essa decisão. "Penso que, um ano atrás, eu posso ter dito que foi minha decisão e tal, na medida em que penso que foi minha própria decisão, mas eu não sei". Vendo a si mesma como boa e responsável, Josie não deseja ser egoísta e má. Assim como Betty, que disse na segunda entrevista que "pensando sobre o aborto, eu não sabia o que pensar, esta é a verdade", Josie não sabia nem mesmo se o aborto era uma escolha egoísta ou responsável. Como o vislumbre da transição rende à dicotomia da segunda posição, Josie não decide se o aborto é "moralmente errado" ou se ele "faz sentido".

Sarah, uma mulher de 25 anos, viva e engajada no período da primeira entrevista, é inteligente, humorada e triste quando descreve sua experiência de autoderrota. Grávida novamente do mesmo homem e confrontando um segundo aborto, ela vê a desesperança do relacionamento. Uma vez que descobriu a primeira gravidez em uma época em que ele a tinha deixado, ela considerou o aborto *"quase uma experiência agradável, como se estivesse expelindo aquele homem da minha vida"*. No entanto, desta vez, *"a realidade é que este bebê meio que foi lançado sobre a minha cabeça"*. A crise que ela encara foi precipitada pela declaração de seu amor, a saber, que ele iria deixá-la, a menos que ela abortasse a criança.

Não vendo como sustentar uma criança por si mesma na ausência de um apoio emocional e financeiro, Sarah confronta a realidade de sua situação e começa a refletir sobre a sua vida. Ela é capturada na contradição entre sua visão de si como responsável e boa e sua crença que é "irresponsável" e "egoísta" ter um segundo aborto. No entanto, seu pensamento é complicado pelo fato de que o que parece ser "a coisa responsável a se fazer", nomeadamente pagar pelo erro de alguém ao ter a criança subitamente também parece "egoísmo" – trazer uma criança ao mundo *"para amenizar a minha culpa"*. Dadas as aparentes contradições, ela é incapaz de encontrar uma solução boa ou de autossacrifício, uma vez que, seja qual for a escolha, ela pode interpretar suas ações como servindo não apenas aos outros, mas também a si mesma.

Mas encarando a escolha precipitada pela exclusão da criança por seu amor, Sarah percebe a exclusão de si mesma. Percebendo que seu autossacrifício sustentava uma relação que não poderia sustentar uma criança, ela muda sua percepção da situação e vê a gravidez não apenas como uma derrota, mas também como um confronto com a verdade:

> É uma situação estressante que expõe todas as coisas na minha relação com [o pai] que eu apenas venho remoendo todo esse tempo, e que poderia tê-lo feito de maneira indefinida. E agora, uau, aqui está este panorama que você não pode esconder mais. E você pode dizer que se torna um período muito auspicioso. Eu lamento.

Posto que a gravidez revela a inviabilidade do relacionamento, Sarah a vê como auspiciosa, um augúrio da mudança; mas uma vez que também revela uma criança viável, trata-se de uma ocasião de arrependimento. Para Sarah, tomar a responsabilidade por encerrar a vida da criança significa assumir a responsabilidade também de si, trazendo a si mesma o compasso de suas preocupações e encarando a verdade sobre o seu relacionamento. Ao fazê-lo, ela recobra a questão de sua visão prévia de si mesma como uma boa vítima das circunstâncias, agindo responsavelmente enquanto sofre as consequências do comportamento irresponsável dos outros. Essa visão é contraposta pela percepção de que ela tem mais poder do que pensava e, de fato, *"sabia exatamente o que estava acontecendo"*.

Para Sarah, confrontar os limites de seu padrão de relacionamentos desapontadores significa não apenas lidar com os resíduos de seu passado, nomeadamente o divórcio de seus pais e sua imagem sobre a sua mãe como alguém infinitamente capaz do autossacrifício e da culpa indutora, mas também confronto no presente à questão do julgamento, posto que tais padrões vão guiá-la e fazê-la medir sua vida. Mantendo que ela está *"cansada de sempre se dobrar aos padrões dos outros"*, ela se pauta na tradição *quaker*[6] por ela assumida ao afirmar que *"ninguém pode forçar qualquer pessoa com base em você mesma porque seu primeiro dever é com sua voz interior, que fala sobre o que é certo"*. Ainda quando sua voz interior substitui outras como a árbitra da moralidade e verdade, isso a liberta da coerção dos outros, mas deixando-a com a responsabilidade do julgamento e escolha.

---

6. O termo *quaker* evoca originalmente diferentes grupos protestantes britânicos do século XVII que defendiam a vida simples pautada na Bíblia, a relação direta com Deus a partir do contato interior (o Espírito Santo), a igualdade entre os cristãos (homens e mulheres), a honestidade, a ação no mundo e o pacifismo [N.T.].

A última escolha é o aborto: "*como você pode ser responsável por tirar uma vida*", mas também como você pode trazer uma criança ao mundo de modo a "amenizar a sua culpa?" O "ponto de viragem" para Sarah parte da descoberta que, nesta situação, não há modo de agir que evite ferir os outros tanto quanto a si mesma e, desta maneira, nenhuma escolha é "correta". Percebendo que não há solução que leve ao conflito, nenhuma forma de agir que não exclua, ela encontra nos constrangimentos deste dilema os limites de sua forma de pensar prévia. Assim, Sarah reconsidera a oposição entre o egoísmo e a responsabilidade, percebendo que esta oposição falha em representar a verdade da conexão entre a criança e si mesma. Concluindo que não há fórmula para quem exclui e vendo a necessidade de incluir a si mesma, ela decide que, na situação atual, o aborto é a melhor opção, enquanto percebe que, se a situação fosse diferente, a escolha poderia adotar outro caminho.

Apesar de Sarah ser capaz de entrever a si mesma e sua vida nesta crise de formas diferentes, a compreensão dessa visão segue um curso difícil. Graças ao seu desejo de se casar e ter uma criança, ela está apegada a sua gravidez; como resultado, encerrá-la significa uma grande perda. O processo de luto é vividamente descrito por Sarah, que liga ao fim de seis meses para dizer que, uma vez que sairia da cidade, talvez eu gostasse de entrevistá-la. Ato contínuo, a segunda entrevista toma lugar para Sarah no fim do período através do qual a gravidez teria ocorrido, isto é, teria chegado a termos – durante o período reportado por outras mulheres como uma fase de desorganização e angústia.

Quando Sarah chegou para a segunda entrevista, ela estava quase irreconhecível, parecendo esquelética, assustada e subjugada, com pouco de sua vividez prévia aparente. Tem sido um período difícil, diz ela, e uma fase de perda considerável. Após o aborto, ela teve uma sequência de doenças, que ela atribui à cadeia de "agitação inteira" do fim do relacionamento com seu namorado, deixar seu emprego e fazer vários deslocamentos. Ainda através de sua angústia, ela continuou a focar no problema da verdade, desenrolando os eventos que levaram à crise e, no fim, ao confronto consigo mesma:

> Penso que foi uma decisão quase consciente de ficar grávida. Eu pensava muito em crianças, tendo sonhado com isso uma vez ou duas. Era algo que eu realmente desejava. Quando eu estava fazendo sexo, poderia despontar na minha cabeça "caramba, seria legal ficar grávida" – a coisa toda. De modo que foi definitivamente acidental de propósito. Não se tratava de algo assim tão afastado. Foi quase de propósito.

Percebendo que seu propósito era forçar o problema do compromisso no relacionamento sabendo qual desfecho ocorreria, ela também percebe que estava mascarando a verdade e "iludindo" a si mesma:

> A gravidez realmente forçou tudo isso a se abrir. Ainda que eu não tivesse ficado grávida, eu poderia ter adotado outra solução porque tudo que estava errado no relacionamento estava tão claro que eu não poderia me enganar mais. E eu tinha feito um bom trabalho por ele durante alguns anos. De modo que a gravidez serviu ao seu propósito. E ainda assim, por outro lado, eu realmente queria ficar grávida, não apenas para servir ao propósito de aprofundar o relacionamento ou desligar-me completamente dele, mas eu realmente queria ter uma criança, e ainda quero.

Como resultado, *"agora eu sinto apenas um grande sentimento de perda".*

Na primeira entrevista, ela descreveu a si mesma como "cansada" e "frustrada" por tentar indiretamente fazer as outras pessoas responderem às suas necessidades sendo "trabalhadora", "paciente" e virtuosa, de maneira que tudo isso apenas a conduziu à derrota: *"Isso tem que parar. Eu não posso continuar assim para sempre, e tenho repetido os mesmos erros várias vezes até agora, e penso que já é o suficiente".* Na segunda entrevista, a Sarah da autodescrição tinha finalmente sido partida em pedaços.

> (*Como você pode se descrever para si mesma?*) Eu não sei. Eu poderia dizer que estou ainda processando as últimas informações; apenas sinto que tudo foi destruído, e após o último golpe eu estou fazendo um esforço desesperado para voltar. Conquanto eu me sinta muito melhor agora do que eu estive durante muito tempo em termos físicos, uma vez que eu decidi [deixar a cidade]. Isso me ocorreu quando eu comecei a empacotar, e foi algo irônico. Você pensa que a coisa importante quando você está indo embora para algum lugar é que você está levando seu corpo para outro lugar e, naturalmente, seus pertences vão contigo; mas quase parece que minhas coisas são mais pesadas do que eu mesma porque elas são tudo o que restou de mim. Eu me sinto derrotada, perdida e realmente muito cansada. Parece haver mais substância nas posses materiais que eu estou colocando no caminhão do que estavam comigo. Eu penso que "há mais nas coisas que preenchem a sua vida do que em você".

Assim Sarah transmite seu sentido de ter desaparecido em certa medida, deixando fragmentos que não são coerentes, um corpo e um caminhão preenchido com posses, as reminiscências de seu antigo eu. Observando de volta para o seu aborto, ela descobre que isso ultrapassou demais sua compreensão, que ela não pode mais encontrar um caminho capaz de abranger os pensamentos e emoções que são por ele evocados:

> Posto que, sendo uma mulher e estando grávida, há algo que você não pode negar, que você não pode explicar. Há

todas as boas razões no mundo. Eu estou certa que fiz a melhor coisa. Seria um inferno para aquela pobre criança e para mim também. Mas não sei se você consegue entender o que eu entendi, pois nem eu consigo entender onde eu estou chegando. As razões apenas não preenchem o todo. É apenas que, de alguma maneira, o todo é maior do que a soma das partes quando tomadas separadamente. É apenas algo que acontece quando você coloca tudo junto, que você não percebe quando tudo está separado e tenta colocá-las em conjunto, e você não sabe o que é.

Ao tentar encontrar a completude de um evento que foi dissolvido em partes, Sarah ilumina o momento da transição entre a forma antiga e a nova. Não mais capaz de adequar sua experiência à sua compreensão, não "sabendo o que é" que produziu tal desolação, ela alcançou um ponto na crise no qual tudo que ela sente é a perda. Um sentimento de perda e luto permeia a segunda entrevista. Ele aparece em seu comentário que, conforme ela pensa em deixar a cidade, *"isso meio que me aperta, porque eu estou deixando um bebê aqui"*. Tal questão emerge em seu sentimento de que *"eu tinha deslocado algo, e agora eu percebo que 'você deixou seu bebê através da cidade'"*, e também em sua crença que *"se um dia eu tiver três crianças, eu sentirei que tenho três crianças e duas outras que não estão conosco agora. Eu tenho cinco, e aqui estão três delas"*.

Para Sarah, a importância de lembrar assenta suas raízes em não repetir o passado, uma vez que ela atribuiu o segundo aborto ao fato de que ela nunca lidou com o primeiro. Sentindo-se "muito triste" e "não mais no controle", ela *"deixou a bola rolando, e agora eu meio que cavalgo a situação. Todo este verão tem sido realmente maluco"*, um período de "grande perturbação pessoal", um tempo de desorganização, luto, crise e pesar – e ainda, aos seus olhos, um período de mudança.

207

Retornando para a cidade após um ano do aborto, Sarah volta para falar uma terceira vez, tratando da mudança e descrevendo-a como "*algo visual – como ao dar uma volta completa em um círculo, onde eu comecei toda essa jornada*". Esse ciclo começou em torno dos 12 anos, quando ela passou a ver a si mesma como uma pessoa separada de sua família:

> Minha infância foi simplesmente assim. Eu era apenas uma criança. E então eu me lembro de tomar decisões conscientes por volta dos 12 anos de idade. De modo súbito, eu me vi como uma pessoa separada da unidade de minha família, e de uma só vez eu me tornei muito consciente das coisas que eu gosto, coisas que penso que são certas, e que não vou me afastar do caminho que minha mãe pensa que eu estou, baseada em toda vida na qual o resultado são apenas expectativas que ela falou por mim. De modo que o que preciso fazer é manter a paz até que eu possa sair daqui, como se eu estivesse apenas apontando a linha, mal apontando a linha, e isso foi o que eu fiz.

O distúrbio em sua família, que ocorreu após o divórcio de seus pais, complicou o desenvolvimento de Sarah naquele tempo e deixou um legado de problemas que se mesclaram com os temas da adolescência, erguendo questões de identidade e moralidade, de modo que ela teve que determinar, assim, sua própria forma de resolver. Após ter "*tentado viver de muitas maneiras diferentes*", ela buscou descobrir o que tinha valor na vida:

> Eu queria apenas literalmente lançar fora todos os valores morais que me foram ensinados e decidir por mim mesma quais eram importantes para mim. E eu descobri que eu saberia quais eram importantes se sentisse falta deles, se eu escolhesse lançar fora um pela janela e dizer "para o inferno com aquilo"; e então, poucos meses depois, realmente sentisse a pinçada porque aquilo não estava em minha

vida. Assim, eu saberia que *aquilo* era importante. Apenas jogando tudo fora e então selecionando de forma criteriosa o que eu queria. E eu meio que me surpreendi porque eu retornei ao início, não ao caminho de vida que minha mãe queria que eu tivesse vivido, mas muito mais do que eu pensei [*a priori*]. Então é muito interessante quando eu olho para trás e penso "Humn, eu nunca pensei que retornaria para aquele caminho".

Reiterando com mais confiança e claridade sua descoberta de uma voz interna, ela disse que suas decisões previamente foram baseadas *"em outro lugar, que eu não sei bem qual, mas que vinham de outro lugar".* Doutra feita, agora ela se sente *"realmente conectada com meu interior, o que é muito bom. Eu me sinto forte de uma maneira que eu não tenho conhecido de ter sentido, estar realmente no controle de minha vida, não apenas derrapando de maneira randômica".* Como Sarah descreve seu sentimento de estar no controle, ela pronuncia a mudança *daquilo* para o *eu*, marcando o fim de um período de apenas derrapagem. Sarah tinha criticado a oposição de egoísmo e responsabilidade na época da primeira entrevista. Percebendo a verdadeira participação própria nos eventos que a levaram à derrota e à falta de direção de sua busca por resposta, ela viu a decisão do aborto como uma escolha para incluir a si mesma; não para mandar em si mesma de maneira desponderada, mas para considerar suas próprias necessidades ao decidir o que era o melhor a se fazer – assim como as necessidades de outrem.

Mas a integração desse vislumbre na vida de Sarah, a completude da transição precipitada pela crise, implica um longo e doloroso processo que durou mais de um ano. Apesar dessa experiência, ela se tornou mais reflexiva: *"eu vejo o caminho que estou e vejo a maneira que tomei decisões, as coisas que faço".* E ela agora está comprometida a construir sua vida em uma "*forte fundação*" de "*sabedorias antigas surpreendentes*" quanto ao seu trabalho e aos seus relacionamentos. Dizendo que "você mesma criou a crise, de modo que você tem que lidar com ela", Sarah muda a imagem de seu desenvolvimento de um círculo para uma espiral, uma vez que o círculo completo implica "*ter crescido em direção ao mesmo lugar*", enquanto, em uma espiral, "em vez de voltar para o mesmo lugar, você está na mesma posição, mas, ao mesmo tempo, noutro lugar; você progrediu, e eu sinto que foi isso que ocorreu".

As mudanças na vida de Sarah e em seu sentido de si são aparelhadas às mudanças em seu julgamento moral, que muda de uma maneira negativa para uma positiva, de "*decidir quem irá perder menos e quem será menos ferido*" para uma "comparação", que conduz ao cuidar e respeitar as suas próprias necessidades e as alheias. Anteriormente, ela equacionou a moralidade como sendo um "apego às leis", enquanto, ao mesmo tempo, rejeitar as leis era algo "estúpido". Agora, ela articula uma base para julgar a lei nos termos de se isso está ou não ferindo a sociedade e se ela "impõe uma barreira" quanto à compaixão e respeito. Como seus julgamentos mudam do modo convencional – onde "certo" é definido pelos outros e a responsabilidade se mantém com eles – para o modo reflexivo, que vinculam a tomada de responsabilidade a si mesma, sua ação muda de uma instância de desapego e rebelião para o compromisso no trabalho e relacionamentos.

Sarah, assim como Betty, ilumina o potencial na crise da transição do desenvolvimento e demonstra como o reconhecimento da derrota pode sinalizar a descoberta de um novo caminho. Mas o ponto de viragem da crise também contém o potencial para o niilismo e desespero. O imaginário do desenvolvimento de Sarah, a saber, de um progresso através de uma espiral ascendente de mudança, de modo que, no final, ela começa a ver as mesmas coisas sob uma luz diferente, contratando com o imaginário de derrota de Anne, seu senso de "andar em círculos" e da perda "de confiança que tinha em mim mesma". Este imaginário aparece na segunda entrevista com Anne, a mulher que ilustrou o impasse da primeira transição, e transmite seu sentido de si como *"retornando a algo que eu era antes em vez de pensar algo novo"*. Durante o ano de intervenção, ela tem visto sua vida desmoronar. Testemunhando relacionamentos e saindo da escola, Anne sente que perdeu sua habilidade "de fazer algo".

Este sentimento de desespero é ecoado por Lisa, uma menina de 15 anos que, acreditando no amor de seu namorado, cedeu ao desejo de *"não assassinar sua criança"*. Mas após ter decidido por não abortar seu filho, ele a deixou e então *"arruinou a minha vida"*. Isolada em casa para cuidar da criança, dependente de apoio financeiro para manter-se, renegada por sua família e abandonada por seu namorado, ela ficou irreconhecível para si mesma:

> Eu não sou a mesma pessoa que eu era há um ano e meio. Eu era uma pessoa muito feliz naquela época. Eu apenas não sou mais eu mesma. Sinto que eu perdi todos os meus amigos agora porque sou alguém diferente. Não sou eu. Eu não gosto de mim mesma, e não sei se outras pessoas gostariam também. Eu não gosto da maneira que eu sou agora. Por isso estou tão infeliz. Antes de ter a criança, eu era livre. Eu tinha muitos amigos. Eu era uma pessoa divertida para se estar. Eu era feliz, eu aproveitava muitas coisas, e sou apenas diferente agora. Sou solitária. Sou quieta. Eu não sou mais como eu era. Eu mudei completamente.

Anteriormente, ela descreveu a si mesma como "amigável", mas agora ela diz que é "confusa" porque *"eu não sei o que fazer, pois meu namorado foi embora. Eu ainda o amo, não importando o que ele fez, e isso realmente me confunde porque eu não sei o motivo para ainda amá-lo".* Presa em um ciclo de desespero, não encontrando um caminho para retornar à escola e, sem a escola, não sendo capaz de encontrar uma forma de sustentar a si mesma e a criança, *"apenas confusa sobre tudo porque não consigo tirá-lo da minha cabeça",* ela é incapaz de ver como um ato de amor pode ter levado a tanta desolação e perda.

Ao que parece, Shopie Tolstoy (1865-1928), fazendo a conexão, chegou a uma conclusão lógica:

> Sempre me contaram que uma mulher deve amar seu marido, ser honrada e ser uma boa esposa e mulher. Eles escrevem tais coisas em livros do tipo ABC, e tudo isso não faz sentido. A coisa a se fazer é *não* amar, ser esperta e astuta, além de esconder todos os pontos negativos de alguém – como se alguém no mundo não dispusesse de falhar! E a coisa principal é *não* amar. Veja o que eu fiz por amá-lo tanto! É doloroso e humilhante; mas ele crê que é apenas bobo [...] eu nada sou, além [...] de uma criatura inútil com enjoo matutino, uma grande barriga, dois dentes estragados e um mau humor, e um senso desgastado de dignidade, e um amor que ninguém deseja e que quase me leva à loucura.

Niilismo moral é a conclusão que todas as mulheres buscavam ao fazer um aborto, ou seja, para cortar fora todos os seus sentimentos e não se preocupar. Traduzindo a linguagem da ideologia moral para os relacionamentos humanos vernaculares, essas mulheres perguntam a si mesmas "por que me preocupar?" em um mundo onde os fortes terminam os relacionamentos. Grávidas e esperando viver em um círculo expandido de conexão familiar, elas encontram em seus maridos e amores uma inflexível recusa e rejeição. Construindo seu cuidado como uma fraqueza e identificando a posição do homem como força, elas concluem que o forte não precisa ser moral e que apenas o fraco se preocupa com os relacionamentos. Nesta construção, para a mulher, o aborto se torna um teste de força.

A história assume um conjunto de formas nas vidas das mulheres que chegaram até este ponto. É um tema comum seu abandono pelos outros, e sua resposta comum é o abandono delas mesmas. A imagem de Raskolnikov é evocada por uma mulher que também é uma estudante, que ficou doente na fase em que a criança nasceria, e que vivia sozinha em um pequeno quarto. Rotulando o aborto como um ato de assassinato, mas um no qual ela não se arrependia, ela disse, na segunda entrevista, que *"há muitas formas de matar, e eu vi coisas que são menos misericordiosas do que morrer"*. Quando estava grávida, seu amor tinha dito que ela não poderia "depender dele". Ela mesma considerou o aborto como uma "escolha egoísta". Nunca ficou claro quem tinha tomado a decisão, uma vez que ela disse na primeira entrevista que ela poderia ter um aborto, e ela indicou que *"a única coisa que poderia mudar a minha mente é se algo acontecesse e nós pudéssemos ficar juntos"*.

Assim, ela considera o que aconteceu como "não sendo minha culpa". Descrevendo o aborto como tendo *"cortado fora algo que eu sentia que precisava, sentindo-se muito forte sobre"*, ela permanece em si mesma responsável pelas consequências, mas não pela escolha. Ou seja, ela se sente responsável *"por alguém que teve que ser sacrificado por eu ter tomado aquela decisão"*. Ainda assim, enquanto organizando que ela é *"aquela que vive com isso"* e percebendo que seu mundo *"se tornou muito menor"*, ela *"não está certa se alguém paga o preço"*. Ela prefere *"dizer eu disse o que eu disse, mas que há muitas formas de matar. Se eu não tiver, então nada significa tudo, tudo é insosso, nada é real, e você perde qualquer sentido de responsabilidade"*. Descrevendo a si mesma como agindo conforme a missão de outrem, não fica claro porque ela fez a escolha. Ela estava, como disse, *"no barco errado, e tudo mais teria sido absolutamente louco. Como você pode trazer uma criança neste mundo terrível?"* Focando em sua *"responsabilidade com os outros"*, ela esqueceu de responder a si mesma.

Em outra versão do niilismo, uma mulher casada, grávida de sua segunda criança, teve um aborto porque seu marido disse que a largaria se ela não o fizesse. Tomando-o como responsável, ela portou a decisão ao tornar-se "totalmente entorpecida" e, assim, realizando um segundo aborto. No entanto, na segunda vez, ela inicialmente tomou a decisão de ter aquela criança. Mas quando seu marido disse que de fato ficaria, ela percebeu que tinha traído a si mesma antes – e de maneira desnecessária. Este reconhecimento levou-a a ter um segundo aborto de maneira a encerrar seu casamento, de modo que tal ação permitiu que ela cuidasse de si e de sua criança de quatro anos.

Para aquelas mulheres, a moralidade centra-se no cuidado; mas, na ausência do cuidado com outros, elas são incapazes de cuidar de uma criança ou delas mesmas. O problema é de responsabilidade, e a vida é vista como dependente nos relacionamentos. Criticando aqueles que enfatizam os "direitos individuais" em benefício dos "problemas da responsabilidade", uma mulher define o dilema do aborto como sentimentos vinculantes e, assim, resiste à imposição de "uma hierarquia estabelecida das crenças":

> Algumas vezes, tais hierarquias são boas, desde que você olhe para elas por elas mesmas; mas então elas desmoronam quando você tenta impô-las às suas decisões. Elas não são organizadas de modo a lidar com decisões da vida real, e não deixam muito espaço para a responsabilidade.

A posição niilista significa um recuo do cuidado para uma preocupação com a sobrevivência, a última instância autoprotetiva. Mas, na tentativa de sobreviver sem o cuidado, essas mulheres retornaram, por fim, para a verdade sobre os relacionamentos. A estudante, ao falar de seus esforços *"para ser muito mais honesta consigo mesma sobre o que desejava, do que era capaz e de como se sentia"*, nota sua descoberta de seu cuidado por *"apego às outras pessoas"*. Reconhecendo a si mesma como *"uma pessoa muito mais emotiva do que eu reconheceria ou deixaria espaço para tanto antes"*, ela luta para ser mais "cuidadosa" com os outros e mais preocupada consigo mesma. Deste modo, em vez de excluir os outros e abandonar os sentimentos e o cuidado, ela se torna mais honesta sobre os relacionamentos e mais responsável consigo mesma.

As descobertas da pesquisa sobre a resposta das mulheres ao dilema do aborto sugerem uma sequência no desenvolvimento de uma ética do cuidado, de maneira que as mudanças na concepção de responsabilidade refletem mudanças na experiência e compreensão dos relacionamentos. Essas descobertas foram reunidas em um momento particular na história, a amostra foi pequena e as mulheres não foram selecionadas para representar uma população mais ampla. Esses limitadores ocultam a possibilidade de generalização e deixam para uma futura pesquisa a tarefa de separar as diferentes variáveis da cultura, tempo, ocasião e gênero. Estudos adicionais longitudinais dos julgamentos morais femininos são necessários de modo a refinar e validar a sequência descrita. Estudos do pensamento de pessoas sobre outros dilemas reais são necessários para clarificar os padrões especiais da escolha do aborto.

"A crise revela o caráter", diz uma das mulheres, como se buscasse pelo problema dentro de si. Tal crise também cria o caráter na essência de uma abordagem do desenvolvimento. As mudanças

descritas nos pensamentos das mulheres sobre a responsabilidade e relacionamentos sugerem que a capacidade para a responsabilidade e cuidado evoluiu através de uma sequência coerente de sentimentos e pensamentos. Como os eventos das vidas femininas e da história intersectam seus sentimentos e pensamentos, uma preocupação com a sobrevivência individual chega a ser brandida como "egoísta" e a ser contraposta à "responsabilidade" de uma vida vivida nos relacionamentos. E, por sua vez, a responsabilidade se torna confusa, em sua interpretação convencional, com a capacidade de resposta ante aos outros que impede um reconhecimento do eu. No entanto, as verdades do relacionamento retornam na redescoberta da conexão, na percepção que o eu e o outro são interdependentes e que a vida, seja qual for o valor em si, pode apenas se sustentado pelo cuidado nos relacionamentos.

5

DIREITOS FEMININOS
E O JULGAMENTO FEMININO

No verão de 1848, quando Elizabeth Cady Stanton e Lucretia Mott convocaram uma conferência em Seneca Falls, Nova Iorque, para considerar *"as condições sociais, civis e religiosas, além dos direitos das mulheres"*, elas apresentaram para adoção uma Declaração de Sentimentos, modelada conforme a Declaração da Independência. O problema era simples, e a analogia sinalizava seu ponto de maneira clara: as mulheres são creditadas como direitos naturais e inalienáveis pelos homens. A *Conferência de Seneca Falls* foi estimulada pela exclusão de Stanton e Mott, juntamente de outras delegadas femininas, da participação da Convenção Mundial Antiescravidão, sediada em Londres em 1840. Ultrajadas por sua relegação às sacadas para observar o desdobramento do evento no qual elas tomaram parte, essas mulheres reivindicaram para si em 1848 não apenas o que elas tinham tentado oito anos antes ao reivindicar para outrem, isto é, os direitos de cidadania em um estado que se professava democrático. Ancorando tal pleito na premissa de igualdade e apoiando-se nas noções de contrato social e direitos naturais, a Declaração de Seneca Falls não argumenta em prol de um apelo especial para as mulheres, pois apenas estabelece que *"essas verdades são autoevidentes: que todos, homens e mulheres, são criados igualmente; que são dotados pelo criador com certos direitos inalienáveis; e que, entre eles, estão a vida, a liberdade e o anseio por felicidade".*

Mas a reivindicação por direitos por parte de mulheres inicialmente trouxe a elas uma aparente oposição com virtude, uma oposição desafiada por Mary Wollstonecraft em 1792. Em *"Uma reivindicação dos direitos das mulheres",* ela argumenta que a liberdade, em vez de conduzir à licença, é *"a mãe da virtude",* uma vez que a escravidão causa não apenas abjeção e desespero, mas também dolo e engano. A *"arrogância"* de Wollstonecraft em ousar *"a exercer minha própria razão"* e desafiar *"as noções erradas que escravizam meu sexo"* foram subsequentemente combinadas pela coragem de Stanton em dizer a um repórter *"colocar em letras capitais: o autodesenvolvimento é uma tarefa maior do que o ato do autossacrifício. A coisa que mais retarda e milita contra o autodesenvolvimento feminino é o autossacrifício".* Contrapondo a acusação de egoísmo, o pecado cardeal na escada da virtude feminina que chega até um ideal de devoção perfeito e autoabnegação, em relação não apenas a Deus, mas aos homens, esses primeiros proponentes dos direitos das mulheres equalizaram o autossacrifício com a escravidão e afirmaram que o desenvolvimento das mulheres, tal qual o dos homens, serviria para promover o bem comum.

Como ao requerer os direitos das mulheres elas reivindicavam uma responsabilidade para elas mesmas, então, ao exercer tal razão, elas começavam a adereçar problemas de responsabilidade nos relacionamentos sociais. Este exercício de razão e as tentativas das mulheres de exercerem o controle sobre condições que afetavam suas vidas levaram, na segunda metade do século XIX, a vários movimentos de reforma social, abrangendo de movimentos de pureza social pela temperança e saúde pública até os movimentos radicais do amor livre e controle de natalidade. Todos estes movimentos juntaram-se no apoio ao sufrágio, como mulheres, exigindo sua inteligência e, em vários níveis, sua sexualidade como parte da natureza humana, buscando incluir suas vozes através do voto no modelar da história e na mudança de práticas prevalentes que estavam danificando as gerações presentes e futuras. Enquanto o desapontamento do sufrágio é lembrado na falha de muitas mulheres a votar e a tendência de outras de votar apenas conforme as opiniões de seus maridos, o século XX tem de fato testemunhado a legitimação de muitos dos direitos que as primeiras feministas buscaram.

Dadas tais mudanças nos direitos das mulheres, uma questão se ergue ao efeito, uma questão apontada para o presente tanto do conflito feminino para os direitos femininos e para as celebrações centenárias de muitas mulheres universitárias a quem o chamado feminista para a educação feminina deu espaço. Ao atar o autodesenvolvimento feminino ao exercício de sua própria razão, as primeiras feministas viram a educação como crítica para as mulheres se elas quisessem viver sob seu próprio controle. Mas como o debate sobre a atual *Emenda dos Direitos Iguais* repete muitos daqueles que ocorreram no passado, é possível dizer que o problema do autodesenvolvimento feminino continua a levantar o espectro do egoísmo, além do medo de que a liberdade feminina levará ao abandono da responsabilidade nos relacionamentos. Deste modo, o diálogo entre direitos e responsabilidade, considerando seu debate público e sua representação psíquica, foca no conflito erguido pela inclusão da mulher no pensamento sobre a responsabilidade e relacionamentos. Enquanto este diálogo elucida alguns aspectos problemáticos das oposições das mulheres aos direitos femininos, ele também ilumina como o conceito de direito engaja-se ao pensamento feminino sobre conflito moral e escolha.

O século marcado por esse movimento pelos direitos das mulheres é mensurado grosseiramente pela publicação de dois romances – ambos escritos por mulheres e apresentando o mesmo dilema moral, uma heroína apaixonada pelo seu primo, o homem de Lucy. Em seus triângulos paralelos, estes romances fornecem um enquadramento histórico no qual é preciso considerar os efeitos dos direitos das mulheres sobre os julgamentos morais femininos para oferecer, deste modo, uma maneira de versar a questão centenária sobre o que mudou e o que permaneceu da mesma maneira.

No romance de George Eliot intitulado *Um moinho à beira do Rio* (*The Mill on the Floss*, 1860), Maggier Tulliver "*agarra-se ao certo*". Presa entre seu amor por seu primo, Lucy, e seu "*forte sentimento*" por Stephen, a noiva de Lucy, Maggie está inabalável em seu julgamento que "*eu não devo e não posso buscar minha própria felicidade sacrificando os outros*". Quando Stephen diz que seu amor, natural e não descoberto, faz disso algo "*certo e que nós devemos nos casar*", Maggie responde que "*enquanto o amor é natural, também a piedade, a fidelidade e a memória são naturais*". Mesmo após "*ser muito tarde para não ter causado a miséria*", Maggie recusa a "*fazer o bem para mim mesma, mas de modo a torcer tal bem da miséria [alheia]*", escolhendo, em vez disso, a renunciar Stephen e voltar sozinha para a Rua Oggs.

Enquanto o pastor, Mr. Kenn, considera "*o princípio sobre o qual ela agiu como um guia mais seguro do que qualquer balanço das consequências*", o julgamento do narrador é menos claro. George Eliot, tendo colocado sua heroína em um dilema que não admite nenhuma solução viável, encerra o romance ao afogar Maggie, mas não sem antes alertar o leitor que "*a mudança na relação entre paixão e dever não é clara a homem algum que é capaz de apreender isso*". Uma vez que "*a misteriosa complexidade de nossa vida*" não pode ser "*estabelecida por fórmulas*", o julgamento moral não pode ser atrelado a "*regras gerais*", mas deve, em vez disso, ser informado "*por uma vida vívida e intensa o suficiente para criar um amplo sentimento de camaradagem com tudo o que é humano*".

Ainda considerando que nesta novela os "olhos da vida intensa" que foram o olhar de Maggie no fim a partir de uma "face cansada e batida", não é surpreendente que Margaret Drabble, posicionada na tradição da ficção do século XIX, mas engajada nos problemas do feminismo do século XX, devesse escolher o retorno para a história de Eliot e explorar a possibilidade de uma resolução alternativa. Em *A cachoeira* (*The Waterfall*, 1969), ela recriou o dilema de Maggie em *O moinho à beira do rio*; mas, como o título implica, com a diferença de que o impedimento social foi removido. Assim, a heroína de Drabble, Jane Grey, agarra-se não ao direito, mas ao marido de Lucy, renunciando as renúncias e, em vez disso, "*afogando-se no primeiro capítulo*". Imersa em um mar de autodescoberta, "*não se preocupando em quem deveria se afogar a tanto tempo e que eu deveria alcançar a terra*", Jane é pega pelo problema do julgamento conforme ela tenta apreender o milagre de sua sobrevivência e encontrar uma maneira de contar aquela história. Seu amor por James, o marido de Lucy, é narrado por duas vozes diferentes, um na primeira e outro na terceira pessoa, que batalham constantemente sobre os problemas do julgamento e verdade, engajando-se e desengajando-se nas questões morais da responsabilidade e escolha.

Apesar do balanço entre a paixão e a verdade ter mudado entre 1860 e 1969, o problema moral permanece o mesmo em ambos os romances. Após o século interventor, o veredito do egoísmo atravessa ambas as heroínas. A mesma acusação que compele a renúncia de Maggie orquestra o apelo elaborado de Jane de desespero e desculpa: *"eu meramente estava tentando me defender contra a acusação de egoísmo; julgue-me de modo leniente, disse eu, não sou como os outros, eu sou triste, eu sou louca, e preciso ter o que eu quero".* Mas o problema com a atividade e desejo é que a acusação de egoísmo implica não apenas em levar Jane para estratégias familiares de evasão e disfarce, mas também a empurra a confrontar a premissa subjacente sobre a qual tal acusação está pautada. Separando o julgamento moral do passado que tinha feito parecer, *"em certo sentido, melhor renunciar a mim mesma do que a eles",* Jane busca reconstituí-lo de modo que pudesse *"admitir e envolver a mim mesma".* Portanto, ela luta para criar "um novo degrau, uma nova virtude", uma que possa incluir a atividade, a sexualidade e a sobrevivência sem abandonar as velhas virtudes da responsabilidade e cuidado: *"se eu preciso compreender o que estou fazendo, se não posso agir sem minha própria aprovação – e devo agir, eu tenho mudado, eu não mais sou capaz da inação – então inventarei uma moralidade que me perdoe. Apesar de fazê-lo, corro o risco de condenar tudo que eu tenho sido".*

Estes romances demonstram assim o poder contínuo para as mulheres do julgamento do egoísmo e da moralidade da autoabnegação que ele implica. Este é o julgamento que regularmente aparece no fulcro dos romances das adolescentes, o ponto de viragem do *Bildungsroman*[7] que separa a invulnerabilidade da infância inocente da responsabilidade da participação e escolha adultas. A noção

---

7. Termo em língua alemã aplicado aos romances que expõem pormenorizadamente o processo de desenvolvimento estético, físico, político, psicológico ou social de um personagem – usualmente, da infância até a adolescência, ou ainda até um estágio mais avançado da maturidade [N.T.].

de que a virtude das mulheres finca suas raízes no autossacrifício tem complicado o curso do desenvolvimento feminino ao fender o problema moral da bondade frente às questões adultas da responsabilidade e escolha. Ademais, a ética do autossacrifício está em conflito direto com o conceito de direitos que tem apoiado, no último século, as reivindicações femininas de uma justa parcela da justiça social.

Mas um problema adicional se levanta da tensão entre a moralidade dos direitos, que dissolve os "laços naturais" em apoio às reivindicações individuais, e de uma moralidade da responsabilidade que une tais pleitos em um tecido de relacionamento, que borram a distinção entre o eu e o outro através da representação de sua interdependência. Este problema era a preocupação de Wollstonecraft e Stanton, de Eliot e Drabble. Esta preocupação emergiu também em entrevistas com mulheres universitárias na década de 1970. Todas essas mulheres falaram sobre o mesmo conflito, e revelaram o enorme poder do julgamento de egoísmo no pensamento feminino. Mas a aparência deste julgamento nos conflitos morais descritos por mulheres contemporâneas coloca em foco o papel que o conceito de direito desempenha no desenvolvimento moral feminino. Tais conflitos demonstram a continuação através do tempo de uma ética da responsabilidade como o centro da preocupação moral feminina, ancorando o eu em um mundo de relacionamentos e dando espaço a atividades de cuidado; mas também indicam como esta ética é transformada pelo reconhecimento da justiça da abordagem dos direitos.

A entrevista do ano dos(as) veteranos(as) com Nan, uma das mulheres no estudo dos(as) estudantes universitários(as), ilustra algo da dimensão da preocupação moral feminina em 1973, o ano em que a Suprema Corte decidiu que o aborto é legal e que as mulheres têm o direito de escolher se desejam ou não prosseguir com uma gravidez. Dois anos antes, Nan escolheu assumir um curso de escolha moral e política porque ela estava "olhando diferentes formas de pensar as coisas" e estava interessada "em argumentos que protegem a liberdade individual". Reivindicando "sofrer de baixa autoestima", ela reportou, em seu ano de veterana, um senso de progresso moral e crescimento, que ela atribui a ter tido "que revisar muito do que eu pensava sobre mim mesma" como o resultado de ter engravidado e decidido por um aborto. Atribuindo a gravidez a um "lapso de autocontrole, de tomada de decisão e muita estupidez", ela considerou o aborto como uma solução desesperada e salvífica ("eu me sentido como se estivesse salvando minha própria vida, de modo que eu tinha que fazer isso"), mas uma decisão que ela via como, "ao menos diante dos olhos da sociedade, se não os meus, como um pecado moral".

Diante de "seu sentimento pessoal de ser muito má", ela descobre que "as pessoas poderiam me ajudar; seja como for, fizeram grandes coisas quanto ao meu sentimento frente a eles e a mim mesma". No mês que ela passou aguardando e pensando sobre o aborto, ela pensou "muito sobre a tomada de decisões, e pela primeira vez eu desejei tomar controle e responsabilidade por minhas próprias decisões na vida". Como resultado, sua autoimagem mudou:

> Porque agora que você está tomando controle de sua própria vida, você não se sente como se fosse um peão na mão das outras pessoas. Você tem que aceitar o fato que fez algo errado, e isso também te dá um pouco mais de integridade, pois você não está lutando contra essas coisas em si o tempo todo. Muitos dos conflitos são resolvidos, e você tem uma sensação de um novo começo, baseado em um tipo de convicção que você pode agir em uma situação.

Deste modo, ela "saiu basicamente apoiando a mim mesma, não como um ser bom ou mau, mas simplesmente um ser humano que tem muito a aprender, seja qual for o caminho". Vendo ela mesma no presente como capaz de fazer escolhas, ela se sente responsável por ela mesma de uma maneira diferente. Porém, enquanto a experiência da escolha levou Nan a um senso maior de integridade pessoal, seu julgamento sobre essas escolhas permanece notavelmente o mesmo. Conquanto ela tenha alcançado uma compreensão mais inclusiva e tolerante de si e uma nova concepção de relacionamentos que, a seu ver, irão permitir-lhe ser "mais óbvia comigo e mais independente" – o problema moral permanece como um assunto de responsabilidade.

Neste sentido, ela considera a gravidez como "tendo chegado para me ajudar", iluminando sua falha prévia em assumir a responsabilidade:

> Foi tão sério que eu trouxe à luz coisas em mim, como sentimentos sobre mim, meus sentimentos sobre o mundo. O que eu fiz foi tão errado que veio à luz a mim que eu não estava assumindo a responsabilidade onde eu poderia, e eu poderia ter feito tal qual eu era sem assumir a responsabilidade. De modo que a seriedade da situação levanta a questão diante de mim. Você as vê claramente, e então as respostas estão ali por você.

Vendo sua própria irresponsabilidade como tendo levado à situação na qual ela não poderia prever uma forma de agir que não ferisse, ela começa "a se livrar de velhas ideias" sobre a moralidade que agora parecem um impedimento ante sua meta de viver de uma maneira que não "cause o sofrimento humano". Ao fazê-lo, ela levanta a questão da oposição entre egoísmo e moralidade, discernindo que "a palavra *egoísta* é problemática". Reconhecendo que "a liberdade individual" não é "totalmente incompatível com a moralidade", ela expande sua concepção de moralidade, definindo-a como "o sentido de preocupação com outro ser humano e um sentido de preocupação consigo mesmo". Enquanto a questão moral permanece, "quanto sofrimento você irá causar?" e "por que você tem o direito de causar o sofrimento humano?", essas questões são aplicadas não apenas aos outros, mas também a si mesma. A responsabilidade, separada do autossacrifício, atam-se, em vez disso, à compreensão das causas do sofrimento e à habilidade de antecipar aquelas ações que provavelmente propiciarão a dor.

O direito a incluir alguém no compasso da moralidade e responsabilidade foi uma questão crítica para as mulheres universitárias na década de 1970. Esta questão, que se levanta em diferentes contextos, impõe um problema de inclusão que pode ser resolvido através da lógica da justiça, a justiça de equacionar o outro e do eu. Mas ele também impõe o problema dos relacionamentos, cuja solução requer uma compreensão de responsabilidade e cuidado. Hilary, uma mulher de 27 anos, ao explicar como seu pensamento sobre a moralidade mudou, descreve sua compreensão da moralidade na época em que entrou no Ensino Superior:

> Em época, eu dispunha de uma forma de pensar muito mais simples. Eu atravessei um período no qual pensei que agora me atingem como tão simplistas: pensava que se eu não ferisse ninguém, tudo ficaria bem. E pouco depois eu percebi, ou eventualmente percebi, que as coisas não são tão simples, que você está fadado a ferir as pessoas, que elas estão fadadas a ferir você, e que a vida é cheia de tensão e conflito. As pessoas são fadadas a ferir os sentimentos umas das outras de maneira intencional, não intencional, mas basicamente em todas as formas possíveis. De modo que eu abandonei tal ideia.

Este abandono ocorreu em seus primeiros anos universitários:

> Eu me envolvi em um *affair* com um rapaz que queria se assentar e casar, e eu não poderia imaginar um destino pior; mas eu estava realmente afeiçoada a ele. E nós rompemos, e ele ficou tão chateado com isso que deixou a faculdade por um ano, e eu percebi que o tinha ferido de modo sério e que eu não pretendia fazê-lo; e assim eu tinha violado meu primeiro princípio de comportamento moral: mas eu tinha que tomar a decisão certa.

Explicando que ela "não poderia possivelmente se casar com ele", Hilary sentiu que havia, naquele sentido, uma "resposta fácil" ao dilema que ela encarava. Ainda assim, noutro sentido, dadas às injunções morais dela contra o ato de ferir, a situação apresentou um problema insolúvel, não permitindo um curso de ação que não causasse o ato de ferir. Esta percepção conduziu-a a questionar sua injunção moral absoluta anterior e "perceber que este princípio [de não ferir] não era tudo o que havia". A limitação que ela via pertencia diretamente ao problema da integridade pessoal; "que aquele princípio não estava nem mesmo a empreender de modo que 'seu próprio eu fosse verdadeiro'". Indicando que ela tinha começado a pensar mais sobre manter sua integridade pessoal, ela disse que esta experiência fez com que ela concluísse que "você não pode se preocupar em não ferir outras pessoas; apenas faça o que é certo para você".

Ainda quanto a tal visão de sua contínua equação de moralidade com o cuidado dos outros, além de sua contínua crença que "atos que são autossacrificantes e que são realizados por outras pessoas, ou ainda pelo bem da humanidade, são boas ações", seu abandono do princípio de não ferir era equivalente ao abandono da preocupação moral. Reconhecendo a correção de sua decisão, mas também percebendo suas consequências dolorosas, ela não pode ver uma forma de manter sua integridade enquanto aderisse a uma ética do cuidado nos relacionamentos. Buscando evitar o conflito e comprometida na escolha por "apenas fazer o que é certo para você", ela é deixada, de fato, com um sentimento de compromisso consigo mesma.

Este sentimento é aparente conforme ela reconta o dilema que ela deparou em seu trabalho como advogada, quando a outra parte em um julgamento superestimou um documento que fornecia um apoio crítico para a "reivindicação meritória" de seu cliente. Deliberando se deveria ou não informar seu oponente sobre o documento que iria ajudá-los no caso de seu cliente, Hilary percebeu que o sistema adversário de justiça impedia não apenas "impor a busca pela verdade", mas também a expressão de preocupação quanto à pessoa no outro lado do tribunal. Escolhendo por fim aderir ao sistema, em parte por conta da vulnerabilidade de sua própria posição profissional, ela se viu como tendo falhado em viver com seu padrão de integridade pessoal, assim como com seu ideal moral de autossacrifício. Assim, sua descrição de si mesma contrata tanto com sua descrição de seu marido, como "uma pessoa de integridade absoluta, que nunca faria algo que ele não considerasse correto", e com sua visão sobre a sua mãe, "como uma pessoa muito cuidadosa" que é "altruísta" no trato de outrem.

Em prol de si mesma, Hilary disse algo apologético: que ela se tornou mais tolerante e mais compreensiva desde a faculdade, e menos pronta a condenar as pessoas que anteriormente ela teria condenado, mais capaz de ver a integridade de diferentes perspectivas. Conquanto ela fosse capaz de acessar a linguagem dos direitos como advogada e reconhecer claramente a importância da autodeterminação e respeito, o conceito de direitos permanece na tensão com uma ética do cuidado. No entanto, a contínua oposição de egoísmo e responsabilidade não lhe oferece um caminho para reconciliar a injunção para ser verdadeira consigo mesma e com o ideal de responsabilidade nos relacionamentos.

O choque entre a moralidade dos direitos e uma ética da responsabilidade explodiu em uma crise moral descrita por Jenny, outra estudante no estudo dos(as) estudantes universitários(as). Ela também articulou a moralidade do altruísmo e do comportamento do autossacrifício, exemplificado por sua mãe, que representa seu ideal.

> Se eu pudesse crescer para ser como qualquer pessoa no mundo, seria a minha mãe, pois eu nunca conheci uma pessoa tão altruísta. Ela poderia fazer qualquer coisa por qualquer pessoa, ao ponto de ferir muito a si mesma por ter dado tanto para as outras pessoas – sem pedir nada em troca. Assim, idealmente, esse alguém que você gostaria de ser, uma pessoa altruísta e dada.

Por outro lado, Jenny descreve a si mesma como "muito mais egoísta de muitas maneiras". Mas vendo a limitação do autossacrifício em seu potencial de ferir os outros que estão perto de si, ela busca resolver a tensão entre egoísmo e cuidado, revisando sua definição de "melhor pessoa que você pode ser", ao acrescentar seu componente básico, "fazendo o bem maior por outras pessoas", além da qualificação "enquanto preenche suas próprias potencialidades".

Dois anos antes, no curso da escolha moral e política, Jenny tinha avançado para examinar a moralidade nos termos das seguintes questões: "quanto você deve a si mesma?" e "quanto você deve aos outros?" Definindo a moralidade como um problema de obrigação, ela tentou desafiar as premissas subjacentes do autossacrifício através da equação do eu e dos outros – também ao alinhar sua concepção de responsabilidade com uma compreensão dos direitos. Mas uma crise que ocorreu em sua família naquele tempo levantou a questão da lógica do empreendimento ao demonstrar a inadequação da terminologia do direito para lidar com problemas de responsabilidade nos relacionamentos. A crise foi causada pelo suicídio de um parente em uma fase em que os recursos da família já estavam restringidos pela doença de seu avô, que necessitava de contínuo cuidado. Conquanto a moralidade do suicídio tenha sido discutida no transcorrer da perspectiva dos direitos individuais, este suicídio pareceu a Jenny, doutra feita, como um ato de irresponsabilidade consumada, incrementando o peso do cuidado dos outros e agregando um sofrimento e dor adicionais.

Tentando fazer com que seus sentimentos de raiva se conectassem com sua lógica da razão, ela alcançou um impasse na descoberta de que a antiga forma de pensar não funcionava mais:

> Durante todo o semestre, nós temos discutido sobre o que é certo e errado, o que é bom, o quanto você deve a si mesmo e quanto você deve a outras pessoas, e então ele [meu parente] se matou, logo ali, e isso é uma crise moral, certo? E eu não sabia como lidar com isso porque terminei odiando-o por ter feito isso, e eu sabia que não poderia fazer isso. Digo, que se trata de algo errado, mas como ele pode fazer isso com sua família? E eu realmente tinha de reavaliar seriamente todo aquele curso porque ele simplesmente não funcionava mais. E todas aquelas pequenas coisas que nós estávamos discutindo são tranquilas quando você fala sobre elas. Eu lembro, nós tivemos pequenas histórias como, por exemplo, se você estivesse em uma missão e liderando uma patrulha; e alguém tinha que avançar e atirar uma granada ou algo assim. Bem, isso é tranquilo, mas quando é algo assim próximo de você, isso simplesmente não funciona mais. E eu tive que reavaliar seriamente tudo que disse naquele curso e os porquês: se, ao final, eu acreditava que poderia terminar com esse ódio tão intenso?

Dadas as incríveis dimensões deste problema, a lógica subjacente da equação de quanto você deve a si mesmo *versus* quanto você deve aos outros começa a desfiar e então rompe em pedaços.

> De forma súbita, todas as definições e todas as terminologias simplesmente esmigalham-se. É o tipo de coisa que você não coloca qualquer tipo de valor ao dizer "sim, isso é moral" ou "não, isso não é". É uma daquelas coisas que é apenas irracional e indefinível.

Jenny percebeu que, qualquer que fosse seu julgamento, sua ação era irreversível em si mesma, e manifestava consequências que afetavam as vidas dos outros também. Uma vez que direitos e responsabilidades eram tão inextricavelmente confundidos nesta situação, assim como o egoísmo e autossacrifício, ela poderia não encontrar uma forma de pensar sobre isso; exceto ao dizer que, enquanto por um lado parecesse uma crise moral, no outro parecia algo "apenas irracional e indefinível".

Cinco anos depois, quando entrevistada novamente, Jenny disse que esses eventos mudaram sua vida ao focar sobre "toda a questão da responsabilidade". Quando a oposição entre egoísmo e moralidade prevaleceu, ela não foi responsiva nem a si, nem aos outros; não desejando "assumir a responsabilidade por seu avô", ela também não quis assumir a responsabilidade de si. Neste sentido, sendo simultaneamente egoísta e altruísta, ela viu a limitação da oposição em si. Percebendo que "era muito fácil seguir na vida da maneira como ela fez, isto é, deixando que outra pessoa assumisse a responsabilidade pela direção da minha vida", ela desafiou a si mesma a assumir o controle e "mudar a direção de minha vida".

A construção subjacente da moralidade como um problema de responsabilidade e o conflito das mulheres para assumirem a responsabilidade por suas próprias vidas são evidentes nos dilemas descritos pelos estudantes universitárias que tomaram parte do estudo de direitos e responsabilidades. Uma comparação dos dilemas descritos por três mulheres mostra, através de um amplo leque de formulações, como a oposição entre egoísmo e responsabilidade complica o problema da escolha para as mulheres, deixando-as suspensas entre o ideal do altruísmo e a verdade de sua própria agência e necessidades. O problema de desenvolvimento criado pela oposição entre a moralidade e verdade é aparente na tentativa das três mulheres de encontrarem uma forma de permanecerem responsivas ante aos outros. Buscando uma maneira de resolver a tensão que elas sentem entre as responsabilidades para com os outros e o autodesenvolvimento, todas elas descreveram dilemas que estão no centro do conflito entre a integridade pessoal e a lealdade nos relacionamentos familiares. Todas as três mulheres manifestaram dificuldades diante da escolha e uniram sua dificuldade ao seu desejo de não provocar dor. Suas várias resoluções para este problema revelam sucessivamente a natureza da autocegueira da oposição entre egoísmo e responsabilidade, o desafio do conceito de direitos para a virtude do altruísmo, e a maneira na qual a compreensão dos direitos transforma o entendimento do cuidado e relacionamentos.

Alison, uma estudante no segundo ano da faculdade, define a moralidade como a consciência do poder:

> Um tipo de consciência, uma sensitividade diante da humanidade, que você pode afetar a vida de outra pessoa, pode afetar a sua própria vida, e que você tem uma responsabilidade para não colocar em perigo a vida das pessoas ou de ferir outras pessoas. Então a moralidade é complexa; eu estou sendo muito simplista. A moralidade envolve perceber que há uma interação entre o eu e o outro, e que você irá assumir a responsabilidade por ambos. Eu

permaneço usando a palavra *responsabilidade*; é apenas um tipo de consciência sobre a sua consciência ante àquilo que está acontecendo.

Atando a moralidade com a preocupação do poder, mas equacionando a responsabilidade para não ferir os outros, Alison considera a responsabilidade como um meio para "que você se preocupe com aquela outra pessoa, que você seja sensível diante das necessidades daquela outra pessoa e que você as considere como parte de suas próprias necessidades porque você depende de outras pessoas". A equação da moralidade com o cuidado com os outros levou-a a nomear o "egoísmo" como o oposto da responsabilidade, uma oposição manifesta em seu julgamento de que a experiência da gratidão pessoal compromete a moralidade dos atos que, doutra maneira, poderiam ser considerados responsáveis e bons: "tutorar era quase uma coisa egoísta porque me fazia sentir bem fazendo algo pelos outros; e eu gostava disso".

Deste modo, a moralidade é reduzida a uma oposição entre o eu e o outro, conquanto vista como ascendente da interação entre o eu e os outros, unida à dependência dos outros e equacionada com a responsabilidade de cuidar deles, no final das contas. O ideal moral não é a cooperação nem a interdependência; mas, em vez disso, o preenchimento de uma obrigação, o ato de retribuir um débito, dando aos outros sem tomar nada para si mesma. No entanto, a qualidade cegante desta construção é evidente conforme Alison, que começa sua descrição de si mesma dizendo "eu não sou muito honesta comigo mesma". A fonte desta desonestidade repousa suas raízes na necessidade do autoengano criada por uma aparente contradição em sua visão de si:

> Sou uma pessoa que tem muitas ideias sobre a forma que eu gostaria que as coisas fossem e que quer, apenas através

do amor, fazer tudo da melhor maneira possível; mas eu também sou uma pessoa egoísta, e em boa parte do tempo eu não me comporto de uma maneira amorosa.

Em um esforço para lidar com o problema do egoísmo, Alison experimenta um contínuo conflito "para justificar as minhas ações", assim como "um período difícil para fazer escolher". Vendo que ela tem o poder para ferir, mas desejando não o fazer, ela tem dificuldades para contar aos seus pais que ela quer sair um ano da escola, uma vez que ela sabe que o fato dela permanecer em uma faculdade é algo importante para eles. Presa entre o desejo de não ferir os outros e o desejo de ser fiel a si mesma, ela tenta clarificar sua própria motivação em uma tentativa de agir de uma maneira que está além da reprovação. Ansiando "ser honesta consigo mesma sobre o motivo de ser infeliz aqui, o que está acontecendo, o que eu quero fazer", ela descobre que tem profundas dificuldades para explicar a si mesma, tal como a seus pais, "a razão de realmente querer ficar um ano fora da escola, ou seja, o motivo disso ser tão importante para mim". Vendo a faculdade como uma instituição "egoísta", onde a competição se sobrepõe a cooperação, de modo que "trabalhando para si mesmo, fazendo por si mesma, você não ajuda os outros", ela deseja ser "cuidadosa, sensível e prestativa", engajada, assim, em relacionamentos cooperativos em vez de competitivos. Mas ela não consegue identificar uma maneira de agregar uma integridade ideal, pessoal e moral com uma ética do cuidado e responsabilidade diante das complicações da situação, uma vez que, ao deixar a faculdade, ela feriria seus pais; enquanto, ao permanecer, ela feriria a si mesma. A tensão é evidente conforme ela descreve seu desejo de ser simultaneamente honesta e cuidadosa, "alguém que está comprometido com certas ideias, mas que é capaz de se relacionar com as outras pessoas e respeitar as ideias de outras pessoas; e, ainda sim, não se comprometer, não ser submissa e nem mesmo acomodada diante dos demais".

Emily, a segunda mulher, clarifica como este conflito engaja-se com a noção de direitos. Quando perguntada se ela já se deparou, na condição de segundanista, com uma decisão na qual o conflito moral não é claro, ela descreve seu conflito com seus pais sobre se ela deveria ir para uma faculdade de medicina no ano seguinte. Explicando a posição de seus pais, de que ela não deveria ir para um lugar muito distante, ela estabelece um contraste entre justificativas morais e egoístas:

> Eles têm justificativas de princípios e justificativas de me querer aqui; algumas são boas e outras nem tanto. Quanto às boas, eu posso colocá-las na classificação de morais, enquanto as ruins, na classificação de egoístas.

Lançando o problema à linguagem dos direitos, ela explica:

> Meus pais têm o direito de querer me ver de tempos em tempos e em certa medida. Creio que uma parte ruim é o abuso deste direito, que meio que levanta a questão do egoísmo e minha parte moral, na qual eu não vejo como ir para longe como uma forma de romper com minha família de forma alguma.

Equacionando direitos com desejos, e a moralidade com responsabilidade quanto aos relacionamentos, ela indica que não é seu "objetivo ou meta romper com sua família". Em vez disso, "pensei e ainda penso de modo que eu cresceria mais ao estar em um lugar diferente, com pessoas diferentes". Contrastando o "aspecto positivo da separação", sua tentativa de assumir a responsabilidade de seu próprio crescimento com "o ponto negativo de meu próprio lado", além do fato de que seus pais poderiam terminar feridos, ela identifica um problema de interpretação. A velha linguagem moral retorna, mas é imediatamente relativizada conforme ela descreve a sua própria posição:

> Minha motivação é em parte egoísta, ou não suficientemente egoísta. Nossa família não é apenas uma dádiva, mas uma dádiva de longo termo; e era um tipo de obrigação moral de minha parte, uma vez que todas as coisas sendo relativas, igualmente aceitar aquele aspecto de não sair [de casa], de permanecer aqui; eu estava deixando parte de meu egoísmo tomar o controle da situação.

Seu estado emergente de que o egoísmo e o altruísmo poderiam ser relativos em vez de julgamentos absolutos, uma questão de interpretação ou perspectiva em vez de verdade, estende-se a dois conceitos de moralidade: um centrado nos direitos, enquanto o outro está centrado na responsabilidade. A mudança entre estes dois conceitos é evidente conforme ela define o conflito moral que encarava:

> O conflito era ter ou não o direito de agir como uma parte independente, uma vez que eu não me via me mudando e não ferindo as demais partes, mas sendo um zero. Por sua vez, eles viam tudo isso como algo negativo, conquanto eu não percebesse desta maneira. O conflito não estava na minha interpretação, mas no fato de que nós tínhamos interpretações distintas daquela moralidade, e era muito próxima daquilo que pensava, a saber, que ambas as interpretações estavam relativas e igualmente empilhadas; e suspeito que optei pela deles ao permanecer, e acho que este era o conflito.

Antes, Emily tinha pensado que "sempre há uma posição moral; uma mais alta, de modo que ela pode ser um quarto de 1%. Eu acredito que é possível de combinar as coisas de maneira muito próxima". No entanto, nesta situação, ela descobriu que é "impossível tomar uma decisão moral". Tendo justificado seu direito de agir como uma parte independente em termos de sua crença que ao fazê-lo não iria ferir os outros, ela consentiu ao fim, porém, com a interpretação de seus pais de que a partida dela seria egoísta, uma vez que eles sairiam feridos. Ao explicar a "razão crítica" para a sua decisão de permanecer, ela descreve como construiu o dilema como um balanço do egoísmo e concluiu que o egoísmo dela era "o egoísmo maior":

> Eles estavam muito, mas muito feridos por toda essa situação, e eu não sentia esta perda de maneira tão grande. De modo que eu comecei a ver meu egoísmo como mais que seu egoísmo. Ambos os egoísmos começaram a ser iguais; mas, de alguma forma, eles pareciam estar sofrendo mais.

Assim, a construção dos direitos, projetados em si mesmo na linguagem da responsabilidade como um balanço do egoísmo, no final das contas, deu espaço para considerações de responsabilidade, a questão de quem sofreria mais. A tentativa de determinar o dilema como um conflito de direitos transformou-se em uma disputa de egoísmos, impedindo a possibilidade de uma decisão moral, uma vez que ambas as resoluções podem ser construídas como egoístas de uma perspectiva ou de outra. Consequentemente, a preocupação com os direitos foi substituída por uma preocupação com a responsabilidade, e ela resolveu o dilema ao "deixar algo do meu altruísmo tomar controle", uma vez que ela via seus pais como mais vulneráveis do que ela mesma.

Dispensando o ato de ferir a si mesma como um ato de omissão ("não ter uma nova experiência não é uma ferida no sentido absoluto"), ela contrasta tal ato com a ação de comissão, ou seja, a responsabilidade que ela sentiria ao causar em seus pais "uma perda um tanto quanto grande". Considerando a responsabilidade como "anexada à moralidade", ela vê as responsabilidades como determinadores de "uma cadeia de expectativas; e se você interrompe isso, interrompe todo um processo não apenas para si mesma, mas para todos ao seu redor". Como resultado, considerações sobre direitos, baseadas na suposição de independência, ameaçam interromper a cadeia de relacionamentos; e, assim, são contrabalançadas e contrapesadas pelas considerações de responsabilidade. Por fim, a escolha articula-se sobre a determinação de onde "repousa a maior responsabilidade", uma determinação pautada em uma avaliação de vulnerabilidade, uma estimativa relativa de quem sairá mais ferido.

Contudo, ao renunciar seu "direito de agir como uma parte independente" e, em vez disso, deixando que seu "altruísmo assuma o controle", ela tinha suspendido sua própria interpretação de uma moralidade da responsabilidade; e, ao suspender suas interpretações, ela suspendeu a si mesma. Este sentimento de suspensão está capturado na descrição de Emily de si como "uma pequena jujuba redonda, meio que errando por aí, pegando neve aqui e acolá, nunca realmente afundando com peso na neve". No final da entrevista, ela indica seu desejo de ancorar-se de modo mais seguro, tornando-se mais "pensativa" sobre seus relacionamentos, mais preocupada em saber como ela é ao "interagir com as pessoas" em vez de apenas "deixar-se ser guiada". Ao passo que previamente ela era "um tanto quanto defensiva e medrosa" para pensar o que ela estava fazendo nos relacionamentos, ela agora nota que, "pensando sobre isso, afastou aquele medo, pois quando você pensa sobre o que está fazendo, você sabe o que isso é. Se você não sabe, meio que apenas deixa-se levar; você não sabe o que virá em seguida".

A imagem de vagar ou deixar-se levar é recorrente através das entrevistas, de modo a denotar a experiência de mulheres presas na oposição entre egoísmo e responsabilidade. Descrevendo a vida vivida em resposta, guiada pela percepção da necessidade dos outros, elas não podem notar uma maneira de exercer controle sem arriscar uma declaração que pareça egoísta e até mesmo moralmente perigosa. Como na heroína de *A cachoeira* (*The Waterfall*), que começa o romance dizendo "se eu estivesse me afogando, não poderia alcançar a mão que me salvaria – tamanha era a minha indisposição para estabelecer-me contra o destino"; sem até mesmo pensar "que isso pode ser a verdade", tais mulheres são carregadas de maneira impensada pela imagem da passividade, em um apelo de esconder a responsabilidade ao afundar, tal como Jane, em uma "era do gelo da inatividade", de modo que "a providência possa lidar com ela sem sua própria assistência".

Mas a imagem de ser conduzida, enquanto parece oferecer segurança a partir do ônus da responsabilidade, porta consigo o perigo de repousar em um confronto mais doloroso com a escolha, como nas sóbrias alternativas da decisão do aborto, ou na percepção de Maggie Tulliver que ela tinha involuntariamente feito aquilo que ela mais temia. Assim, no reconhecimento da consequência, o problema da responsabilidade retorna, trazendo consigo as questões relacionadas da escolha e da verdade.

Maggie, cedendo aos seus sentimentos por Estevão ao momentaneamente interromper sua resistência a ele,

> Sentiu que ela estava sendo conduzida a um jardim cercado por rosas, sendo auxiliada com um firme, porém gentil cuidado até o barco; tendo o assento e a capa arranjada para os seus pés e a sombrinha aberta para ela (que ela tinha esquecido) – tudo isso pela forte presença que parecia carregá-la; porém, sem qualquer ato de sua própria vontade.

Mas quando ela percebeu o quão longe ela chegou, "um terrível alarme tomou conta dela", e seu "anseio após aquela crença de que a corrente estava fazendo todo o trabalho" rapidamente deu espaço, em primeiro lugar, a "sentimentos de raiva e resistência em relação a Estevão", a quem ela acusou de ter desejado privá-la da escolha e de ter tirado vantagem de sua negligência; em seguida, percebeu sua própria participação no processo. Não mais "paralisada", ela reconheceu que "os sentimentos de poucas semanas correram com ela até os pecados que sua natureza mais recusava": a quebra de fé e o egoísmo cruel. Assim, Maggie optou, "ansiando pela perfeita bondade", "em ser verdadeira às minhas calmas afeições e viver sem a alegria do amor".

No entanto, enquanto Maggie ansiava pela bondade, Jane, sua contraparte, desejava a verdade. Descobrindo em seu desejo por James "as profundezas do egoísmo", de modo que ela considerou a si mesma como afogando "em um esforço para recuperar renúncias perdidas, tal qual Maggie Tulliver", Jane optou, em vez disso, por questionar as renúncias para, no fim do processo, "identificar a mim mesma com o amor". Conquanto observando que "Maggie Tulliver nunca dormiu com seu homem, ela produziu todo dano que poderia fazer a Lucy, a si mesma, aos dois homens que a amaram; e, assim, tal como uma mulher de outra era que ela evitava", Jane confronta "um evento visto por ângulos onde costuma haver apenas um evento e uma forma de passar por isso". Consequentemente, ela "imagina, nesta época, o que deveria ser feito?"

A distinção moral entre egoísmo e comportamento egoísta, que se tornou cada vez mais clara para Maggie, torna-se, deste modo, cada vez mais borrada para Jane. Tendo "buscado a virtude" apenas para descobrir que ela "não poderia ascender através dos passos que os outros deram", ela então buscou inocência "na abnegação, na negação, na renúncia", pensando que

> Se eu puder negar a mim mesma o suficiente, empreenderia um tipo de inocência, apesar daquele pesadelo intermitente instigado por minha própria natureza. Penso que posso negar a mim mesma e limpar-me.

Ainda assim, ela descobre que não importa de que maneira ela conte a história – quer na primeira ou na terceira pessoa –, no final ela confronta a verdade de que, apesar de todas as renúncias, ela "afundou em um mar disposto".

É contra a força de tais renúncias, a visão de uma inocência atada à negação de si, que as mulheres começam a buscar a verdade de sua própria experiência e falar em tomar o controle.

> (*Pensando no ano passado, o que se destaca para você?*)
> Tomar o controle da minha vida.

Assim, Kate, a terceira mulher e recentemente graduada na faculdade, começa a contar sobre a sua luta para superar a oposição entre egoísmo e responsabilidade, de maneira a assumir o controle de sua vida. O conflito ergue-se em seu ano como veterana, quando ela se viu incapaz de decretar seu desejo de deixar um time da faculdade de maneira a fazer "outras coisas que eram mais importantes para mim". Ao contemplar o ato radical de dizer não para "a prioridade inquestionada passada" do esporte em sua vida, ela viu a si mesma "paralisada, em certa medida", além de incapaz de tomar uma decisão:

> Eu apenas estava passando por um período ruim. A decisão era muito difícil. Era como se eu não pudesse tomá-la; eu estava simplesmente travada. E eu tentaria pensar sobre isso, e era como ir em direção a um muro, e tentando descobrir qual o motivo para que isso fosse tão difícil e para que eu passasse uma fase tão difícil. Então finalmente tudo isso virou uma espécie de situação de crise, na qual

> o técnico me disse: "Veja, você tem que decidir por uma das duas coisas", e eu senti que não poderia decidir. As coisas tinham ficado realmente bagunçadas em termos sentimentais e tudo mais. Assim, pela primeira vez, de modo significante, eu admito que estava com grandes problemas.

Seus problemas derivavam do fato de que, ao dizer não, ela estava desafiando "todo um conjunto ético" que previamente não tinha sido questionado. Tendo crescido pensando em uma visão de mundo representada por seu pai "aja eticamente em tudo que fizer e no esporte" – como "a única coisa legítima", ela agora percebeu "quão básica uma coisa tinha se tornado em termos de ser uma atitude que regia a forma pela qual eu vivia". Assim, ao perceber que "havia outras coisas que eram importantes para mim", ela encarou "uma ameaça real ou um desafio real para uma das raízes das presunções que regeram a minha vida por um longo período", uma presunção que tinha sido a âncora de sua identidade e que servia de ligação entre ela e seu pai.

Descrevendo a si mesma como tendo "flutuado" através da escola com "um sentido não existente do que eu queria fazer; de maneira que, em certa medida, eu fui em direção de um caminho de menor resistência", Kate assumiu o controle "de que mais e mais eu estava fazendo cada vez menos do que eu pensava que deveria fazer ou supunha-se que eu deveria estar fazendo". Deste modo, ela tornou-se "mais enquadrada em quem eu sou". Reconhecendo a legitimidade de diferentes visões de mundo, ela depende mais em suas próprias interpretações. Assim, o processo de assumir o controle, de "assumir um sentido mais definido do que eu quero fazer, quais opiniões estão disponíveis e que caminhos fazem sentido" assumiu um novo significado:

> Isso significou um pouco como voltar para mim mesma, tornando-me mais confiante em meu próprio julgamen-

to, porque eu tinha algo para basear meus julgamentos; sentia-me mais forte com base em mim e contava mais comigo mesma para tomar decisões e avaliar situações; e não aceitava os julgamentos dos pais ou da faculdade; e encontrava-me em situações onde eu assumia uma posição e outra pessoa adotava outra, e ambas pareciam legítimas e nenhum de nós era $o(a)$ certo(a), e aprendendo como aceitar isso; e tentava descobrir como, mas ser capaz de aceitar que, ou começando a, ou começando a questionar toda a ideia de que uma pessoa está mais certa do que outra, ou que fazer isso é melhor do que fazer outra coisa.

Ao começar a questionar a ideia de que há uma única forma correta para viver e que as diferenças são sempre uma matéria de melhor e pior, ela começou a ver o conflito de uma maneira nova, como uma parte dos relacionamentos em vez de uma ameaça a eles. Contrastando seu pensamento recorrente sobre a moralidade com suas crenças prévias de que "não há respostas certas", ele fez referência a um curso sobre o desenvolvimento moral que ela cursou no segundo ano:

A ideia de que, no nível mais alto da razão moral, você reúne um grupo de pessoas sobre um problema e, idealmente, todas elas concordarão fazer sentido para mim. Foi incrível para mim, conquanto fosse muito confuso. Era tão claro. É tão claro que a ideia de que há respostas certas, de que todos alcançarão as respostas certas.

Uma vez que a noção de concordância tem como premissa o conceito de direitos, ela está unida com a compreensão de feminismo de Katie naquele período. O reconhecimento dos direitos das mulheres "legitimou muitos resmungos e insatisfações que eu tinha diante do que sentia como escolhas femininas". Similarmente, a equação da moralidade quanto aos direitos justificou a liberdade de escolha que ela buscava, estabeleceu limites na responsabilidade, ao limitar o dever da reciprocidade frente ao de não interferência. No entanto, agora, ela vê a limitação da abordagem "individualmente centrada" de maneira a balancear direitos e reivindicações diante da falha desta abordagem de considerar a realidade dos relacionamentos como "uma dimensão inteiramente nova da experiência humana". Vendo as vidas individuais como conectadas e inseridas em um contexto social de relacionamentos, ela expande sua perspectiva moral para englobar uma noção de "vida coletiva". A responsabilidade neste momento inclui tanto o eu quanto o outro, vistos como diferentes, mas conectados em vez de separados e opostos. Este conhecimento de interdependência em vez de uma preocupação com a reciprocidade informa sua crença de que "em alguma extensão, todos nós temos responsabilidades de olhar uns pelos outros".

Uma vez que os problemas morais se levantam em situações de conflito onde "seja como for, eu seguirei, e alguma coisa ou alguém não servirá", sua resolução é "não apenas uma decisão simples do tipo sim ou não; isso é pior". Em um mundo que se estende através de uma rede elaborada de relacionamentos, o fato de que alguém é ferido afeta todos os envolvidos, complicando a moralidade de qualquer decisão e removendo a possibilidade de uma solução clara ou simples. Deste modo, a moralidade, em vez de se opor à integridade ou ligar-se a um ideal de acordo, está alinhada com "o tipo de integridade" que parte de "tomar decisões após trabalhar através da ideia de que tudo que você pensa está envolvido e é importante na situação", além de assumir responsabilidades pela escolha. No final, a moralidade é uma matéria do cuidado:

> Está tomando o tempo e a energia considerar tudo. É imoral decidir cuidadosamente, ou rapidamente, ou com base em um ou dois fatores quando você sabe que há outras

coisas que são importantes e que serão afetadas. A maneira moral de tomar decisões é considerando tudo o que for possível, tanto quanto você pode ter ciência.

Descrevendo a si mesma como "uma pessoa forte", conquanto reconhecendo que ela nem sempre se sente forte, Kate vê a si mesma como "pensativa e cuidadosa", assim como "dolorosamente começando a aprender como me expressar e ser mais aberta" em vez de assumir, como antes, uma "atitude estoica". Enquanto sua participação em esportes a levou a "assumir a mim mesma seriamente em termos físicos", seu envolvimento no feminismo a levou a assumir ideias e sentimentos de maneira igualmente séria. Sendo mais responsável naquele momento consigo mesma e mais diretamente responsável com os outros, ela descreveu uma moralidade que inclui a lógica dos direitos em uma nova compreensão da responsabilidade. Vendo a vida não como "um caminho", mas como "uma rede, onde você pode escolher caminhos diferentes a qualquer momento, de modo que não há apenas um caminho", ela percebe que sempre terão conflitos e que "nenhum fator é absoluto". A única "constante real é o processo" de tomar decisões com cuidado, com base no que você sabe, e assumindo a responsabilidade da escolha enquanto observa a possível legitimidade de outras soluções.

Ao equacionar a responsabilidade com o cuidado em vez de com a conduta de não ferir, Kate reconhece o problema da limitação: "nós temos responsabilidades uns com os outros em termos de ajudar outras pessoas – eu não faço ideia o quanto". Conquanto a inclusão seja a meta de consciência moral, a exclusão pode ser uma necessidade da vida. As pessoas que ela admira são "pessoas que estão realmente conectadas com situações concretas em suas vidas", cujo conhecimento não chega através do desapego, mas de viver em conexão com eles mesmos e com os outros, sendo enquadrado nas condições da vida.

Em certo sentido, assim, nem tanto mudou. George Eliot, observando que "nós não temos uma chave-mestra que irá se adequar a todos os casos" da decisão moral, retorna aos casuístas, em cujo "espírito pervertido da discriminação do momento" ela vê "a sombra de uma verdade que frequentemente está fatalmente selada aos seus olhos e corações – a verdade que julgamentos morais permanecem falsos e vazios, a menos que eles sejam checados e iluminados por uma referência perpétua diante de circunstâncias especiais que marcam o sorteio individual". Desta maneira, o julgamento moral deve ser informado por um "vislumbre crescente e simpatia" temperados pelo conhecimento obtido através da experiência de que "regras gerais" não levarão as pessoas "à justiça por um método padronizado e pré-estabelecido, sem o trabalho de exercer a paciência, a discriminação, a imparcialidade, sem qualquer cuidado de garantir se eles tiveram o vislumbre que deriva da dificilmente obtida estimativa da tentação ou de uma vida vívida e intensa o suficiente para criar um sentimento amplo e camarada com tudo o que é humano".

E ainda assim, para Eliot, ao menos nesse romance, o problema moral permanece sendo o da renúncia, uma questão de "se chegará o momento no qual um homem está abaixo da possibilidade de renunciar algo que porta consigo como dispondo de qualquer eficácia, e deverá aceitar a oscilação de uma paixão contra aquilo que ele lutou contra, tomando como uma agressão". Assim, a oposição entre paixão e dever amarra a moralidade a um ideal de altruísmo, a "bondade perfeita", a qual Maggie Tulliver aspirava.

Tanto essa posição quanto esse ideal são chamados à prova pelo conceito de direitos, pela suposição que subjaz à ideia de justiça que o eu e o outro são iguais. Entre os estudantes universitários na década de 1970, é possível afirmar que o conceito de direitos adentrou seu pensamento para desafiar uma moralidade de autossacrifício e autoabnegação. Questionando o estoicismo da autonegação e substituindo a ilusão da inocência com uma preocupação da escolha, eles lutaram para agarrar a noção essencial de direitos, que os interesses do eu podem ser considerados legítimos. Neste sentido, o sentido de direitos modificou as concepções femininas do eu, permitindo-lhes que vissem elas mesmas como mais fortes, além de considerarem diretamente suas próprias necessidades. Quando a afirmação não mais parece perigosa, o conceito de relacionamentos muda de um vínculo de dependência contínua para uma dinâmica de interdependência. Deste modo, a noção de cuidado expande da injunção paralisante de não ferir os outros para a injunção de agir responsavelmente quanto a si e a outrem e, deste modo, sustentar a conexão. Uma consciência da dinâmica das relações humanas torna-se assim central para a compreensão moral, juntando o coração ao olhar em uma ética que une a atividade do pensamento à atividade do cuidado.

Deste modo, a mudança nos direitos das mulheres mudou os julgamentos femininos, temperando a misericórdia com justiça de modo a permitir que as mulheres considerassem moral cuidar não apenas dos outros, mas delas mesmas. O problema da inclusão levantado inicialmente pelas femininas no domínio público reverbera através da psicologia feminina assim que elas começam a perceber a exclusão delas mesmas por elas mesmas. Quando a preocupação como o cuidado estende-se de uma injunção de não ferir os outros para um ideal de responsabilidade nos relacionamentos sociais, as mulheres começam a ver sua compreensão dos relacionamentos como uma fonte de força moral. Mas o conceito de direitos também muda os julgamentos morais femininos ao acrescentar uma segunda perspectiva à consideração dos problemas morais, o que leva ao resultado de que o julgamento torna-se mais tolerante e menos absoluto.

Como o egoísmo e o autossacrifício tornam-se assuntos de interpretação e responsabilidades vividas na tensão com os direitos, a verdade moral é complicada por uma verdade psicológica, e a matéria do julgamento torna-se mais complexa. A heroína de Dabble, que buscou escrever "*um poema tão redondo e duro quanto uma pedra*", apenas descobriu que as palavras e pensamentos obstruem, concluiu que "um poema tão arredondado e suave nada diria" e buscou descrever, doutra feita as variadas facetas de um evento vistas de diferentes ângulos; mas não descobriu no final nenhuma verdade unificada. Em vez disso, através de uma mudança final de perspectiva, ela relegou suas suspeitas a "*aquela terceira pessoa removida*" e, não mais rechaçando as acusações de egoísmo, identificou a si mesma com a voz da primeira pessoa.

6

VISÕES DA MATURIDADE

Apego e separação ancoram o ciclo da vida humana, descrevendo a biologia da reprodução humana e a psicologia do desenvolvimento humano. Os conceitos de apego e separação, que descrevem a natureza e a sequência do desenvolvimento infantil, aparecem na adolescência como identidade e intimidade; e, na vida adulta, como amor e trabalho. Esta contraposição reiterativa na experiência humana, no entanto, quando moldada em um ordenamento do desenvolvimento, tende a desaparecer no curso de sua redução linear para a equação do desenvolvimento com a separação. Este desaparecimento pode ser traçado em parte para o foco sobre o desenvolvimento da criança e do adolescente, no qual o progresso pode prontamente ser mapeado ao mensurar a distância entre a mãe e a criança. A limitação desta rendição é mais aparente na ausência das mulheres das narrativas da vida adulta.

Escolhendo, tal como Virgílio, cantar uma "canção de armas e o homem", os psicólogos descreveram a vida adulta como sendo focada no desenvolvimento do eu e do trabalho. Enquanto a apologia da separação na adolescência é presumida como algo a ser seguido na vida adulta ante o retorno do apego e do cuidado, descrições recentes do desenvolvimento adulto fornecem escassas luzes para uma vida despendida nos relacionamentos íntimos e generativos em suas desatadas emergências dos estudos masculinos. Daniel Levinson (1978), apesar de sua evidente angústia diante da exclusão feminina de sua amostra necessariamente pequena, determinou, com base em um estudo exclusivamente masculino, *"criar uma concepção abrangente do desenvolvimento que pode abranger as diversas mudanças biológicas, psicológicas e sociais que ocorrem na vida adulta"* (p. 8).

A concepção de Levinson é informada pela ideia de "um sonho", que ordena as estações da vida de um homem da mesma maneira que a profecia de Júpiter de um destino glorioso dirige o curso da jornada de Eneias. O Sonho sobre o qual Levinson escreve é também uma visão de um glorioso empreendimento cuja realização ou modificação irá moldar o caráter e a vida do homem. No relacionamento saliente da análise de Levinson, o "mentor" facilita a realização do Sonho, enquanto a "mulher especial" é a ajudante que encoraja o herói a moldar e viver sua visão: *"para que o adulto noviço tente separar-se de sua família e entrar em uma vida adulta, ele deve formar relacionamentos significantes com outros adultos que irão facilitar seu trabalho sobre o Sonho. Duas das mais importantes figuras neste drama são o 'mentor' e a 'mulher especial'"*. (p. 93).

O relacionamento significante de um jovem adulto é assim construído como um meio para empreender um fim individual, e estas "figuras transitórias" devem ser lançadas fora ou reconstruídas como ato contínuo à realização do sucesso. No entanto, se neste processo elas se tornarem como Dido[8], um impedimento para a realização de um Sonho, então o relacionamento deve ser renunciado, "*de modo a permitir o processo de desenvolvimento*" para prosseguir. Este processo é definido por Levinson explicitamente como uma individuação: "*através do ciclo da vida, mas especialmente em períodos-chave de transição [...] o processo de desenvolvimento da* **individuação** *está em curso*". O processo faz referência às "*mudanças nos relacionamentos das pessoas para si mesmas e para o mundo externo*", os relacionamentos que constituem sua "*estrutura de vida*" (p. 195).

Se no curso de "tornar-se um homem por si mesmo" esta estrutura for descoberta como sendo imperfeita e ameaçar as grandes expectativas do Sonho, então, de modo a evitar "sérias falhas ou declínio", o homem deve "escapar" de maneira a salvaguardar seu Sonho. Este ato de fuga é consumado por um "evento marcador" de separação, tal como "*deixar a sua esposa, abandonar seu emprego ou mudar-se para outra região*" (p. 206). Desta maneira, o caminho para uma salvação de meia vida corre através do empreendimento ou da separação.

Na ordem da experiência humana, a escolha de Levinson é a mesma de Virgílio, isto é, um mapeamento do progresso da vida adulta como uma luta árdua em direção ao destino glorioso. Como o piedoso Eneias em seu caminho para encontrar Roma, os homens do estudo de Levinson estabilizam suas vidas graças à sua

---

8. Na tradição romana, Dido (em grego; em latim, Alyssa ou Elissa) foi a rainha de Cartago que recebeu hospitaleiramente Eneias e outros fugitivos da cidade de Tróia após um naufrágio. Ela se apaixonou por Eneias, que se mostra inicialmente feliz por dispor de uma esposa e de um reino, deixando de cumprir sua obrigação de fundar as bases de Roma e do futuro império. Contudo, através do deus Mercúrio, Júpiter interveio na situação, ordenando sua partida imediata. Dido lançou mão de vários recursos para mantê-lo ali; até que, por fim, ela desfere um golpe de punhal contra si mesma e se lança em uma pira funerária [N.T.].

devoção para realizar seus sonhos, mensurando seus progressos nos termos da distância das costas de seus sucessos prometidos. Assim, nas histórias que Levinson reconta, os relacionamentos, quaisquer que sejam suas intensidades particulares, desempenham um papel relativamente subordinado no drama individual do desenvolvimento adulto.

O foco no trabalho também é aparente na narrativa de George Vaillant (1977) da adaptação para a vida. As variáveis que correlacionam com o ajustamento adulto, tal qual a entrevista que produz os dados, comportam predominantemente acerca da ocupação e do chamado para uma expansão dos estágios de Erikson. Preenchendo naquilo que ele vê como "um período desconhecido do desenvolvimento", o que Erikson deixa "entre as décadas dos 20 aos 40 anos", Vaillant descreve os 30 anos como a era da *"consolidação da carreira"*, o período quando os homens de sua amostra buscam, *"como o soldado de Shakespeare, 'a reputação trivial'"* (p. 202). Com esta analogia do Romeu de Shakespeare, a continuidade da intimidade e da generatividade é interrompida para dar espaço a um estágio de individuação adicional e empreendimento, realizadas pelo trabalho e consumadas pelo sucesso portado pelo reconhecimento social.

A noção de Erikson (195) de generatividade, no entanto, é transformada no processo desta reformulação. Concebendo a generatividade como "a preocupação em estabelecer e guiar a próxima geração", Erikson toma a *"produtividade e criatividade"* da paternidade em sua realização literal ou simbólica como sendo uma metáfora da vida adulta centrada nos relacionamentos e devotada à atividade do cuidado (p. 267). Na narrativa de Erikson, a generatividade é um estágio central do desenvolvimento adulto, que engloba *"o relacionamento do homem com sua produção, assim como com sua progênie*" (p. 268). Nos dados de Vaillant, o relacionamento é relegado, deste modo, ao período médio da vida.

Afirmando que a generatividade "não é apenas um estágio para fazer pequenas coisas crescerem", Vaillant argumenta contra a metáfora de Erikson da paternidade, ao alertar que "o mundo é carregado de mães irresponsáveis que são maravilhosas para carregar e amar crianças até os dois anos de idade, mas então desanimam de levar o processo adiante". A generatividade, de maneira a excluir tais mulheres, é extirpada de seu perfume terreno e redefinida como "*a responsabilidade pelo crescimento, liderança e bem-estar de criaturas irmãs, não apenas fazendo crescer colheitas ou crianças*" (p. 202). Deste modo, a expansão do conceito de Erikson é estreitada para o desenvolvimento no meio da vida adulta; e, durante o processo, sua definição de cuidado é realizada de modo mais restrito.

Enquanto resultado, Vaillant enfatiza a relação do eu com a sociedade e minimiza o apego aos outros. Em uma entrevista sobre trabalho, saúde, estresse, morte e uma variedade de relacionamentos familiares, Vaillant diz aos homens em seu estudo que "a questão mais difícil" que ele irá perguntar é "você pode descrever a sua esposa?" Este alerta inicial presumivelmente despontou de sua experiência com esta amostra particular de homens, mas sinaliza os limites de suas adaptações, ou talvez de seus gastos psicológicos.

Portanto, os "modelos de um ciclo de vida saudável" são homens que parecem distanciar-se de seus relacionamentos, encontrando dificuldades para descrever as suas esposas, cuja importância em suas vidas, no entanto, eles reconhecem. O mesmo sentido de distância entre o eu e os outros é evidente na conclusão de Levinson, de modo que "em nossas entrevistas, a amizade é amplamente percebida por sua ausência. Como uma tentativa de generalização, nós diríamos que uma amizade íntima com um homem ou uma mulher é algo raramente experimentado por homens americanos". Capturado por esta impressão, Levinson pausa tal discussão quanto as três "tarefas" da vida adulta (Construir e Modificar a Estrutura de Vida, Trabalhar nos Componentes Individuais da Estrutura da Vida e Tornar-se Mais Individuado) para oferecer uma elaboração: "*um homem pode ter uma rede social ampliada na qual ele é amigável, dispondo de relacionamentos 'amigáveis' com muitos homens e talvez poucas mulheres. No entanto, em geral, a maioria dos homens não tem um amigo íntimo que ele possa recobrar da infância ou juventude. Muitos homens tiveram relacionamentos casuais com mulheres, e talvez poucos relacionamentos do tipo amor e sexo; mas a maioria dos homens não tiveram uma amizade íntima não sexual com uma mulher. Nós precisamos entender qual a razão para tal amizade ser tão rara, e quais consequências tal privação produz na vida adulta*" (p. 335).

Assim, há estudos, por um lado, que transmitem uma visão da vida adulta onde os relacionamentos são subordinados ao processo contínuo de individuação e empreendimento, cujo progresso, no entanto, é predicado por apegos anteriores e pensado de modo a aperfeiçoar a capacidade de intimidade. Por outro, há a observação daqueles homens cujas vidas têm servido como o modelo para a vida adulta, para a capacidade para os relacionamentos em algum sentido sendo diminuída; e, por sua vez, os homens são reduzidos à sua dimensão emocional. Os relacionamentos frequentemente são fundidos ao empreendimento da linguagem, caracterizados por seu sucesso ou falha, e empobrecidos em seu alcance afetivo:

> Aos 45, Lucky gozava de um dos melhores casamentos do estudo; provavelmente não tão perfeito quanto ele implicava quando escreveu "você pode não acreditar em mim quando eu digo que nunca tivemos um desentendimento, grande ou pequeno".

A biografia do Dr. Carson ilustra sua hesitante passagem da identidade para a intimidade, através da consolidação da carreira e, por fim, para a capacidade de *cuidar* em seu sentido pleno [...] ele tinha atravessado um divórcio, casado novamente, e mudado da pesquisa para a prática privada. Sua metamorfose pessoal dispunha de continuidade. O tímido pesquisador tornou-se um clínico charmoso [...] suave, sem problemas, gentil e no controle [...] a energia vibrante que tinha caracterizado sua adolescência retornara [...] agora, sua depressão foi claramente um *afeto*; e ele nada mais tinha além de estar fadigado. Em seu murmúrio seguinte, ele confessou que "eu tenho um alto apetite sexual e isso é um problema também". Ele então me forneceu uma excitante narrativa, de modo que me contou não apenas relacionamentos românticos recentes, mas também sua calorosa preocupação paterna por seus pacientes (VAILLANT, 1977, p. 129 e 203-206).

A noção que a separação leva ao apego e que a individuação propicia a mutualidade, enquanto reiterada tanto por Vaillant quanto por Levinson, é desmentida pelas vidas que eles colocam adiante como suporte. Similarmente, nos estudos de Erikson sobre Lutero e Gandhi, enquanto o relacionamento entre o eu e a sociedade é empreendido em uma magnífica articulação, ambos os homens são comprometidos em sua capacidade com a intimidade e viveram a uma grande distância pessoal dos outros. Assim, Lutero, em sua devoção à fé, assim como Gandhi, em sua devoção à verdade, ignoram as pessoas mais intimamente ao seu redor enquanto trabalham, por sua vez, para a glória de Deus. Estes homens assemelham-se com detalhes notáveis o pio Eneias no épico de Virgílio, que também superou os laços do apego que o impediam de progredir em sua jornada até Roma.

Em todas essas narrativas as mulheres são silenciosas, com a exceção da triste voz de Dido que, implorando e ameaçando Eneias em vão, por fim, silencia-se ante a espada dele. Deste modo, parece faltar uma linha do desenvolvimento das atuais descrições da vida adulta, uma falha para descrever o progresso do relacionamento em direção à maturidade da interdependência. Apesar da verdade da separação ser reconhecida na maior parte dos textos em desenvolvimento, a realidade da contínua conexão é perdida ou relegada ao pano de fundo, onde as figuras das mulheres aparecem. Desta maneira, a concepção emergente de desenvolvimento adulto projeta uma sombra familiar sobre as vidas femininas, apontando novamente para o caráter incompleto de suas separações, descrevendo-as como atoladas em relacionamentos. Para as mulheres, os marcadores do desenvolvimento da separação e apego, alocados sequenciamento na adolescência e vida adulta, parecem fundidos em certa medida. No entanto, enquanto esta fusão leva as mulheres ao risco em uma sociedade que recompensa a separação, ela também aponta para uma verdade mais geral atualmente obscurecida nos textos psicológicos.

No início da vida adulta, quando a identidade e a intimidade convergem em dilemas do compromisso conflitante, o relacionamento entre o eu e o outro é exposto. Que tal relacionamento difere nas experiências de homens e mulheres, trata-se de um tema estável na literatura sobre o desenvolvimento humano e uma descoberta em minha pesquisa. A partir das diferentes dinâmicas da separação e apego em suas formações de identidade de gênero através da divergência da identidade e intimidade que marcam suas experiências nos anos da adolescência, vozes de homens e mulheres tipicamente falam da importância das verdades diferentes; a primeira quanto ao papel da separação tal qual ela defina e empodera o eu; a última ante o contínuo processo de apego que cria e sustenta a comunidade humana.

Uma vez que este diálogo contém a dialética que cria a tensão do desenvolvimento humano, o silêncio das mulheres em tal empenho narrativo distorce a concepção de seus estágios e sequência. Assim, eu quero restaurar em parte o texto perdido do desenvolvimento feminino, uma vez que eles descrevem suas concepções do eu e moralidade nos primeiros anos da fase adulta. Ao focar primariamente nas diferenças entre as narrativas de homens e mulheres, meu objetivo é ampliar a compreensão do desenvolvimento ao incluir as perspectivas de ambos os sexos. Enquanto os julgamentos considerados provêm de uma amostra pequena e altamente educada, eles elucidam um contraste e tornam possível reconhecer não apenas o que está faltando no desenvolvimento feminino, mas também o que há ali.

Este problema de reconhecimento foi ilustrado em uma turma de literatura em uma faculdade feminina, de modo que as estudantes estivessem discutindo os dilemas morais descritos em romances de Mary McCarthy e James Joyce:

> Eu me sinto presa em um dilema que era então novo para mim, mas que desde então se tornou horrivelmente familiar: a armadilha da vida adulta, na qual você é mantido contorcendo-se, sem poder para agir, pois você pode ver ambos os lados. Naquela ocasião, como em geral ocorreu no futuro, eu me comprometi (Memórias de uma garota católica).

> Eu não servirei àquilo que eu não mais acredito, quer seja o chamado de meu lar, da minha terra natal ou da minha igreja: e tentarei expressar a mim mesmo em algum modo de vida ou arte tão livremente quanto possível e tão completamente quanto eu puder, usando, em minha defesa, as únicas armas que me permito usar – o silêncio, o exílio e a astúcia (*Um retrato do Artista como um Homem Jovem*).

Comparando a clareza do *non serviam* (não servirei) de Estêvão com o "curso em ziguezague" de Mary MacCarthy, as mulheres foram unânimes em suas decisões de que Estêvão era a melhor escolha. Estêvão era poderoso em sua certeza da crença e armado com estratégias para evitar o confronto; a forma de sua identidade era clara e atada à justificativa convincente. De qualquer maneira, ele tinha assumido uma posição.

Desejando que ele pudesse ser mais como Estêvão, em sua clareza de decisão e certeza de direito; mas, em vez disso, as mulheres viram elas mesmas como Mary McCarthy, isto é, desemparadas, desempoderadas e constantemente comprometidas. As imagens contrastantes do desemparo e poder em sua união explícita ao apego prendem-se ao dilema do desenvolvimento feminino, o conflito entre integridade e cuidado. Na construção mais simples de Estêvão, a separação parecia a condição de empoderamento da livre e autoexpressão, enquanto o apego parecia uma armadilha paralisante, e o cuidado, um prelúdio inevitável do compromisso. Para as estudantes, o retrato de Mary McCarthy confirma sua própria concordância a essa narrativa.

No entanto, nos romances, descrições contrastantes do caminho da vida adulta aparecem. Para Estêvão, deixar a infância significa renunciar os relacionamentos de modo a proteger sua liberdade da autoexpressão. Para Mary, "dar adeus à infância" significa renunciar a liberdade da autoexpressão de maneira a proteger os outros e preservar os relacionamentos: "*um sentimento de poder e magnanimidade do tipo césar me preencheram. Eu seguia razões equivocadas; não do tipo egoístas, mas nos interesses da comunidade, como uma pessoa responsável e crescida*" (p. 162). Estas construções divergentes da identidade, na autoexpressão ou no autossacrifício, criaram problemas diferentes para o desenvolvimento posterior – o primeiro enquanto um problema da conexão humana, enquanto o último como um problema de verdade. Estes problemas aparentemente disparatados, estão relacionados em termos estimados, uma vez que o encolhimento da verdade cria a distância no relacionamento, e a separação remove parte da verdade. No estudo dos estudantes universitários, que cobriu os anos da primeira vida adulta, o retorno dos homens do exílio e silencia aparelha-se ao retorno das mulheres do equívoco, até que a intimidade e verdade convirjam na descoberta da conexão entre integridade e cuidado. Então apenas uma diferença no tom revela que homens e mulheres sabem desde o início o que eles apenas descobrirão posteriormente mediante a experiência.

A escolha do momento da autodepreciação na preferência de Estêvão pelas mulheres da turma de Inglês é equiparada à leitura infantil da apologia nas mulheres que fizeram parte do estudo das estudantes universitárias. As participantes deste estudo foram desiguais no número de homens e mulheres, representando a distribuição de homens e mulheres em uma turma sobre a escolha moral e política. Aos 27 anos, cinco mulheres no estudo estavam todas ativamente perseguindo carreiras – duas em medicina, uma em direito, uma nos estudos iniciais e uma como líder sindical. Após cinco anos da obtenção da graduação, três se casaram e uma teve uma criança.

Aos 27 anos, quando perguntas sobre "como você descreveria você mesma para você mesma?", uma das mulheres recusou a oferecer uma resposta, mas as outras quatro deram suas respostas à questão do entrevistador:

> Soa um tanto quanto estranho, mas eu considero maternal, com todas as suas conotações. Eu me vejo em um papel de nutridora, talvez não agora, mas quando quer que seja, como uma médica, como uma mãe [...] é difícil para mim pensar sobre mim mesma sem cogitar sobre as outras pessoas ao meu redor as quais eu estou disposta (Claire).

Eu sou muito trabalhadora, bastante completa e muito responsável; e, em termos de fraquezas, eu hesito algumas vezes sobre tomar decisões e fico incerta de mim mesma e com medo de fazer coisas e assumir responsabilidade, e penso que talvez este seja um dos maiores conflitos que tenho [...] O outro aspecto muito importante de minha vida é meu marido: eu estou tentando tornar sua vida mais fácil e tentando ajudá-lo (Leslie).

Eu sou histérica. Sou intensa. Sou calorosa. Sou esperta quanto às pessoas [...] eu tenho muitos outros sentimentos calorosos do que sentimentos frios. Eu considero muito mais fácil ser gentil do que ser má com as pessoas. Se eu tenho que dizer uma palavra, e para mim ela diz muito, é *adotada* (Erica).

Eu meio que mudei muito. Durante a última entrevista [aos 22 anos] sentia que era o tipo de pessoa que estava interessada em crescer e tentar muito crescer na vida; mas me parece que, nos últimos anos, o ato de não tentar é algo que não implica crescer, e penso que é a coisa que me incomoda mais, a coisa que me mantém pensando, que eu não estou crescendo. Não é verdade, eu estou, mas o que parece ser parcialmente uma falha é a maneira com a qual Tom terminou comigo. A maneira como Tom parecia sentir para mim que eu não estava crescendo [...] A coisa que eu persigo atualmente é a forma como eu descrevo a mim mesma, visto que meu comportamento não se comporta de tal maneira. Assim como eu feri muito Tom, e isso me incomoda. Então eu estou pensando sobre mim como alguém que tenta não ferir as pessoas, mas acaba ferindo-as muito, de maneira que é algo que produz um peso em mim, isto é, que sou alguém que fere as pessoas de modo não intencional. Ou um sentimento, mais recentemente, que é simples se sentar e dizer quais são os seus princípios, quais são os seus valores, e o que eu penso de mim mesma; mas a maneira com a qual isso opera na atualidade é algo

> muito diferente. Você pode dizer que não tenta ferir as pessoas, mas você pode fazê-lo por causa das coisas sobre você mesma; ou você pode dizer que este é meu princípio; mas quando a situação se apresenta, você não se comporta da maneira que gostaria [...] assim, eu me considero contraditória e confusa (Nan).

A fusão da identidade e intimidade, notada repetidamente no desenvolvimento da mulher, está talvez articulada de modo mais claro nestas descrições do que em qualquer outro lugar. Em resposta à solicitação para descrever a si mesmas, todas as mulheres descreveram um relacionamento, descrevendo sua identidade *na* conexão da futura mãe, esposa do presente, criança adotada ou amor do passado. Similarmente, o padrão de julgamento moral que informa suas avaliações do eu é um padrão do relacionamento, uma ética do nutrimento, da responsabilidade e do cuidado. Mensurando a sua força na atividade do apego ("oferecer", "ajudar", "ser gentil", "não ferir"), estas mulheres muito bem-sucedidas e empreendedoras não mencionam suas distinções acadêmicas ou profissionais como coisas que colocam em perigo seus sentimentos sobre elas mesmas. Quanto ao fazer, elas consideram suas atividades profissionais como prejudiciais para o sentido que tomam de si mesmas, e o conflito que elas encontram entre o empreendimento e o cuidado as deixa divididas no julgamento ou se sentindo traídas. Nan explica:

> Quando eu tentei ingressar pela primeira vez na escola de medicina, meu sentimento é que eu era uma pessoa que estava preocupada com outra pessoa e sendo capaz de cuidar deles de uma forma ou de outra, e eu estava correndo em direção aos problemas nos últimos anos, até onde fosse capaz de dar a mim mesmo, meu tempo, e o que eu estou fazendo para as outras pessoas. E medicina, mesmo

quando parece que tal profissão é determinada a fazer exatamente algo, parece interferir mais ou menos no que você está fazendo. Para mim, senti como se eu não estivesse realmente crescendo, que eu estava apenas fazendo água, tentando lutar com o que eu estava fazendo, algo que me fazia sentir muita raiva de certas maneiras, porque não eram as maneiras com as quais eu desejava que as coisas funcionassem.

Assim, em todas as descrições femininas, a identidade é definida em um contexto de relacionamento e julgada por um padrão de responsabilidade e cuidado. Similarmente, a moralidade é vista por essas mulheres como algo que se ergue da experiência da conexão e é concebida como um problema de inclusão em vez de um balanço de reivindicações. A hipótese subjacente de que a moralidade baseia-se do apego é explicitamente estabelecida por Claire em resposta ao dilema de Heinz de se ele deve ou não roubar um medicamento com o preço superestimado de modo a salvar a sua esposa. Explicando a razão para que Heinz roube, ela elabora a visão de realidade social sobre a qual seu julgamento está baseado:

Por você mesma, é possível identificar pouco sentido nas coisas. É como o som de uma mão batendo palmas, o som de um homem ou de uma mulher, ou seja, há algo faltando. O coletivo que é importante para mim, e tal coletivo é baseado em certos princípios norteadores; um dos quais é que todos pertencem a ele e todos partem dele. Você tem que amar outro alguém porque enquanto você pode não gostar dele, você é inseparável dele. Em certa medida, é como amar a sua mão direita. Ela é parte de você; deste modo, aquela outra pessoa é parte daquela gigante coleção de pessoas com quem você está conectada.

Para esta inspiradora médica maternal, o som de uma mão batendo palmas não parece uma transcendência miraculosa; mas, em vez de um absurdo humano, trata-se da ilusão da pessoa permanecendo sozinha em uma realidade de interconexão.

Para os homens, o tom de identidade é diferente, mais claro, mais direto, mais distinto e mais delineado. Mesmo quando desprezam o conceito em si, eles irradiam a confiança de certa verdade. Conquanto o mundo do eu que os homens descrevem de tempos em tempos incluem "pessoas" e "apegos profundos", nenhuma pessoa particular ou relacionamento é mencionado, nem a atividade do relacionamento retratada no contexto de autodescrição. Para substituir os verbos do apego feminino, estão disponíveis os adjetivos da separação – "inteligente", "lógico", "imaginativo", "honesto", e algumas vezes até mesmo "arrogante" e "convencido". Assim, o "eu" masculino está definido na separação, apesar dos homens atestarem dispor de "contatos reais", "emoções profundas" ou qualquer outro desejo para eles.

Em metade da amostra randomicamente selecionada, os homens que estavam situados similarmente às mulheres nas posições marital e ocupacional ofertaram as seguintes respostas iniciais após uma requisição de autodescrição:

> Lógico, comprometido, aparentemente calmo. Se minhas declarações parecem calmas e abruptas, é por conta de meu pano de fundo e treinamento. Descrições arquiteturais devem ser muito concisas e curtas. Aceitação. Todos aqueles que estão em um nível emocional. Eu considero a mim mesmo como educado e razoavelmente inteligente.

> Eu descreveria a mim mesmo como uma pessoa entusiasmada, apaixonada e que é levemente arrogante. Preocupada, comprometida e muito cansada atualmente porque eu não dormi muito na noite passada.

Eu descreveria a mim mesmo como uma pessoa que é bem desenvolvida intelectual e emocionalmente. Conto com um círculo relativamente estreito de amigos, conhecidos e pessoas com quem tenho contatos reais, em oposição aos contatos profissionais ou contatos com a comunidade. E relativamente orgulhoso das habilidades intelectuais e de desenvolvimento, conteúdo com o desenvolvimento emocional, como deve ser, assim como não dispondo de uma meta muito ativamente perseguida. Desejoso de ampliar aquele último ponto, isto é, o aspecto emocional.

Inteligente, perceptivo – eu estou sendo brutalmente honesto agora – ainda assim em certa medida reservado, não realista sobre a quantidade de situações sociais que envolvem outras pessoas, particularmente autoridades. Aperfeiçoando de modo mais frouxo, menos tenso e desligado do que eu costumava ser. Em certa medida preguiçoso, conquanto seja difícil dizer o quanto disso está ligado a outros conflitos. Imaginativo; e, em certos casos, até demais. Um pouco diletante, interessado em muitas coisas sem necessariamente dirigir-me a elas em profundidade, apesar de começar a corrigir isso.

Eu tenderia descrever a mim mesmo primeiro ao recontar uma história pessoal, onde eu nasci, cresci e tal tipo de coisa, mas eu estou insatisfeito com isso, tendo feito assim milhares de vezes. Tal forma não parece capturar a essência do que sou, e provavelmente decidiria após outra fútil tentativa, porque não há tal coisa como uma essência do que sou, e estou muito entediado por toda essa coisa [...] Eu não penso que há tal coisa chamada de eu mesmo. Há eu mesmo sentado aqui, há eu mesmo amanhã, e assim sucessivamente.

Em evolução e honesto.

Eu suspeito que, na superfície, eu pareço um pouco fácil e descontraído, mas penso que eu sou provavelmente um pouco mais nervoso do que isso. Eu tendo a ficar nervoso muito rapidamente. Um tipo de sabichão, um pouco, digo, e talvez convencido. Não tanto quanto deveria. Uma pessoa um pouco difícil, penso, e um cara que não é balançado por emoções e sentimentos. Eu tenho emoções profundas, mas não sou uma pessoa que tem muitas outras. Eu tenho apego a poucas pessoas, mas são apegos muito profundos. Ou apego a muitas coisas, ao menos em um sentido demonstrável.

Penso que sou alguém criativo e também um pouco esquizofrênico [...] um tanto disso resulta de como eu cresci. Sinto uma espécie de saudade da vida pastoral e, ao mesmo tempo, um desejo por *flashes*, prestígio e reconhecimento que você alcança ao sair do conforto e lutar por isso.

Dois dos homens começam a tentar provisoriamente a falar sobre pessoas em geral, mas eles voltam no fim às grandes ideias ou à necessidade de um empreendimento distintivo:

Eu penso que sou basicamente uma boa pessoa. Penso que eu gosto muito das pessoas e que gosto de gostar delas. Eu gosto de fazer as coisas com prazer apenas para as pessoas, a partir da existência delas ou quase isso. Até mesmo para as pessoas que não conheço bem. Quando eu digo que sou uma pessoa decente, eu penso que é quase a coisa que me faz ser uma boa pessoa, que é uma qualidade decente, uma boa qualidade. E penso que eu sou muito brilhante. E penso que estou um pouco perdido, não agindo tanto quanto eu estou inspirado – talvez seja apenas uma questão de falta de inspiração, mas eu não sei – porém, não realizando as coisas, não empreendendo as coisas e não conhecendo para onde quero ir e o que estou fazendo. Eu penso que a maioria das pessoas, especialmente doutores, tem alguma ideia do que farão em quatro anos. Eu [um interno] realmente tenho um vazio [...] tenho grandes ideias [...] mas não posso me imaginar nelas.

Eu creio que as coisas que eu gosto de pensar são importantes para mim se estou ciente do que está acontecendo ao meu redor, as necessidades das outras pessoas ao meu redor, e o fato de que eu gosto de fazer as coisas para outras pessoas; eu me sinto bem sobre isso. Eu suponho que é legal em minha situação, mas não estou certo que isso é verdadeiro para todos. Penso que algumas pessoas fazem as coisas para outrem, mas que isso não as fazem se sentir bem. De vez em quando isso também é verdadeiro para mim também; por exemplo, ao trabalhar em torno da casa, e eu estou sempre fazendo as mesmas coisas velhas que todos os outros estão e eventualmente produzo algum ressentimento quanto a isso.

Nas descrições do eu destes homens, o envolvimento com os outros está ligado à qualificação da identidade em vez de sua realização. Em vez do apego, o empreendimento individual firma a imaginação masculina, e grandes ideias ou atividades distintivas definem o padrão da autoavaliação e sucesso.

Assim, o ordenamento sequencial da identidade e intimidade na tradução da adolescência para a vida adulta melhor se adequa ao desenvolvimento dos homens do que no desenvolvimento das mulheres. Poder e separação asseguram ao homem em uma identidade empreendida através do trabalho; porém, eles deixam-lhe distante dos outros, que buscam, em certo sentido, vê-los afastados de sua visão. Cranly, urgindo Estevão Dédalo a realizar sua tarefa de Páscoa em prol de sua mãe, lembra a ele:

Sua mãe deve ter passsado por uma boa medida de sofrimento [...] você não tentaria salvá-la do sofrimento mais ainda se (ou não tentaria)?

Se eu pudesse, disse Estevão, isso me custaria muito pouco.

Dada esta distância, a intimidade torna-se uma experiência crítica que traz o eu de volta para a conexão com os outros, tornando possível ver ambos os lados – descobrir os efeitos das ações sobre os outros assim como seu custo para si. A experiência do relacionamento dá um fim no isolamento, o que, por outro lado, arraiga a indiferença, ou seja, uma ausência de preocupação ativa com os outros, apesar de talvez preservar uma propensão a respeitar seus direitos. Por esta razão, a intimidade é a experiência transformadora para homens através da qual a identidade adolescente volta-se para a geração do amor adulto e trabalho. No processo, como Erikson (1964) observa, o conhecimento obtido através da intimidade muda a moralidade ideológica da adolescência para a ética adulta do tomar cuidado.

No entanto, uma vez que as mulheres definem a identidade através de relacionamentos de intimidade e cuidado, os problemas morais que eles encontram pertencem aos problemas de um tipo distinto. Quando os relacionamentos são garantidos pelo mascaramento de desejos, e que conflitos são evitados pelo equívoco, então a confusão se levanta sobre o lócus de responsabilidade e verdade. McCarthy, descrevendo suas "representações" de seus avós, explica:

> O que quer que eu diga a eles foi usualmente tão borrado e glosado, no esforço para encontrar a aprovação deles (para o qual, acima de todo o resto, eu gostava deles e tentava me acomodar às suas perspectivas) que, exceto quando respondia a uma questão direta, eu raramente sabia se o que eu dizia era verdadeiro ou falso. Eu realmente tentava, ou assim eu pensava, evitar a mentira, mas parecia para mim que eles forçavam-na sobre mim pela diferença de sua visão das coisas, de modo que eu estava sempre transpondo a realidade para eles, de modo que eles pudessem entender. Para manter as coisas certas com a minha consciência, eu encolhi, sempre que possível da mentira absoluta, assim como, a partir de um senso de precaução, eu encolhi de uma verdade simples.

A experiência crítica então não se torna a intimidade, mas a escolha, criando um encontro com o eu que clarifica o entendimento da responsabilidade e verdade.

Desta maneira, na transição da adolescência para a vida adulta, o dilema em si é o mesmo para ambos os sexos, um conflito entre a integridade e o cuidado. Mas ao se aproximar de diferentes perspectivas, este dilema gera o reconhecimento de verdades opostas. Estas perspectivas diferentes são refletidas em duas ideologias morais distintas, uma vez que a separação é justificada por uma ética dos direitos, enquanto o apego é apoiado por uma ética do cuidado.

A moralidade dos direitos é um predicado sobre a igualdade e centrado na compreensão da justiça, enquanto a ética da responsabilidade repousa sobre o conceito de equidade, o reconhecimento das diferenças na necessidade. Enquanto a ética dos direitos é a manifestação do respeito equivalente, equilibrando as reivindicações do outro e do eu, a ética da responsabilidade descansa sobre uma compreensão que faz crescer a compaixão e o cuidado. Dito isso, o contraponto da identidade e intimidade que assinalam o tempo entre a infância e a vida adulta é articulado através de duas moralidades cuja complementaridade é a descoberta da maturidade.

A descoberta desta complementaridade é traçada no estudo das questões sobre experiências pessoais do conflito moral e da escolha. Dois advogados escolhidos da amostra ilustram como a divergência no julgamento entre os sexos é resolvida através da descoberta da perspectiva do outro e do relacionamento entre integridade e cuidado.

O dilema da responsabilidade e da verdade que McCarthy descreve é reiterado por Hilary, uma advogada e a mulher que disse ter descoberto ser muito difícil se autodescrever no final do que "realmente tem sido uma semana muito dura". Ela também, tal qual McCarthy, considera atos autossacrificantes como "corajosos" e "dignos de elogios", explicando que "se todos na terra se comportassem de tal modo que demonstrassem o cuidado quanto aos outros e a coragem, o mundo seria um lugar muito melhor, você não teria crimes e possivelmente não teria a pobreza". No entanto, este ideal moral de autossacrifício e cuidado avança no problema não apenas em um relacionamento onde verdades conflitantes de cada sentimento das pessoas tornaram impossível evitar o ato de ferir, mas também em uma corte onde, apesar de sua preocupação com seu cliente do outro lado, ela decidiu não auxiliar seu oponente a vencer o caso.

Em ambas as instâncias, ela descobriu a injunção absoluta contra ferir os outros como sendo um guia inadequado para resolver os dilemas vigentes que ela encarou. Sua descoberta da disparidade entre a intenção, a consequência e os constrangimentos vigentes da escolha a levaram a perceber que não há, em certas situações, uma maneira de não ferir. Ao confrontar tais dilemas tanto em sua vida pessoal quanto em sua vida profissional, ela não abdicou da responsabilidade da escolha; mas, em vez disso, reivindicou o direito de incluir a si mesma entre as pessoas que ela considera moral não ferir. Sua moralidade mais inclusiva agora contém a injunção de ser verdadeira consigo mesma, deixando-a com dois princípios de julgamento cuja integração ela ainda não pode ver claramente. O que ela reconhece é que tanto a integridade quanto o cuidado devem ser incluídos em uma moralidade que pode englobar os dilemas do amor e do trabalho que se erguem na vida adulta.

O movimento em direção à tolerância, que acompanha o abandono dos absolutos, é considerado por William Perry (1968) para mapear o curso do desenvolvimento intelectual e ético durante os anos adultos. Perry descreve as mudanças no pensamento que marcam a transição da crença que o conhecimento é absoluto, e que as respostas são claramente corretas ou incorretas para uma compreensão da relatividade contextual tanto da verdade quanto da escolha. Esta transição e seu impacto no julgamento moral podem ser discernidos nas mudanças na compreensão moral que ocorrem tanto em homens quanto em mulheres durante os cinco anos posteriores à faculdade (GILLIGAN & MURPHY, 1979; MURPHY & GILLIGAN, 1980). Apesar de ambos os sexos se afastarem de absolutos nesta época, os próprios absolutos diferem-se entre si. No desenvolvimento feminino, o cuidado absoluto, definido inicialmente como não ferir os outros, torna-se complicado através de um reconhecido da necessidade da integridade pessoal. Este reconhecimento faz despontar um chamado pela igualdade incorporado pelo conceito de direitos, que muda a compreensão dos relacionamentos e transforma a definição de cuidado. Para os homens, os absolutos da verdade e justiça, definidos pelos conceitos de igualdade e reciprocidade, são chamados à questão pelas experiências que demonstram a existência de diferenças entre o outro e o eu. Assim, a preocupação com as múltiplas verdades conduz à relativização da igualdade em direção da equidade, e faz surgir uma ética da generosidade e cuidado. Para ambos os sexos, a existência de dois contextos para a decisão moral torna o julgamento, por definição, contextualmente relativo, e conduz a uma nova compreensão da responsabilidade e do cuidado.

A descoberta da realidade das diferenças e, assim, da natureza contextual da moralidade e verdade é descrita por Alex, um advogado no estudo dos estudantes de graduação, que começou a perceber na faculdade de Direito que "você realmente não sabe de nada" e "você nunca soube que há qualquer absoluto. Eu não acho que você já soube que há certo absoluto. O que você sabe é que precisa optar por um caminho ou por outro. Você tem que tomar uma decisão".

A preocupação de que ele não sabe de nada se mostra mais dolorosamente em um relacionamento cujo fim foi completamente surpreendente para ele. Em sua descoberta atrasada de que a experiência da mulher distinguia da sua própria, ele percebeu quão distante ele tinha sido em um relacionamento que ele considerava íntimo. Deste modo, a hierarquia lógica dos valores morais, cuja verdade absoluta ele proclamou anteriormente, veio a se tornar uma barreira para a intimidade em vez de uma fortaleza da integridade pessoal. Como sua concepção de moralidade começou a mudar, seu pensamento focou nos problemas do relacionamento, e sua preocupação com a injustiça foi complicada por uma nova compreensão do apego humano. Descrevendo "o princípio do apego" que começou a informar sua forma de olhar para os problemas morais, Alex vê a necessidade da moralidade se estender para além das considerações de justiça, projetando-se para preocupações com os relacionamentos:

> As pessoas têm necessidades emocionais reais de estarem apegadas a algo, e igualmente de não te oferecer o apego. A igualdade fratura a sociedade e coloca o peso de manter-se de pé sobre cada pessoa.

Conquanto "a igualdade seja algo crocante que você pode se agarrar", ela sozinha não pode resolver adequadamente os dilemas da escolha que se erguem na vida. Dada sua nova preocupação com a responsabilidade e as consequências vigentes da escolha, Alex diz: "você não quer apenas olhar para a igualdade. Você quer olhar para como as pessoas serão capazes de lidar com suas vidas". Reconhecendo a necessidade de dois contextos para o julgamento, ele descobre, no entanto, que sua integração "é difícil de trabalhar", posto que, certas vezes, "não importa que caminho você tome, alguém irá se ferir e alguém sairá ferido para sempre". Deste modo, ele diz, "você chega ao ponto onde há um conflito sem solução", e a escolha se torna uma matéria de "escolher a vítima" em vez de decretar o bem. Com o reconhecimento da responsabilidade que tais escolhas implicam, seu julgamento mostra-se mais atinente às consequências psicológicas e sociais da ação, à realidade da vida das pessoas em um mundo histórico.

Por conseguinte, começando de pontos muito diferentes, de diferentes ideologias da justiça e cuidado, os homens e mulheres no estudo vieram a alcançar, no curso de se tornarem adultos, a uma maior compreensão de ambos os pontos de vista; e assim, a uma convergência maior no julgamento. Reconhecendo os contextos duais da justiça e cuidado, eles perceberam que o julgamento depende da forma com a qual o problema é enquadrado.

Porém, conforme esta luz, a concepção de desenvolvimento e a visão da maturidade podem ser vistas como cambiantes quando a vida adulta é retratada por mulheres em vez de homens. Quando as mulheres constroem o domínio adulto, o mundo dos relacionamentos emerge e torna-se o foco da atenção e preocupação. McClelland (1975), percebendo essa mudança nas fantasias do poder, observa que "*as mulheres estão mais preocupadas do que os homens com ambos os lados de um relacionamento interdependente*" e são "*mais rápidas para reconhecer sua própria interdependência*" (p. 85-86). Este foco na interdependência é manifesto nas fantasias que equacionam o poder de dar e cuidar. McClelland relata que enquanto os homens representam a atividade poderosa como assertividade e agressão, as mulheres relatam, por sua vez, atos de nutrimento como atos de força. Considerando sua pesquisa sobre o poder para lidar "em particular com as características da maturidade", ele sugere que as mulheres e homens maduros podem se relacionar com o mundo em estilos diferentes.

A orientação distinta quanto à orientação ao poder é também o tema da análise de Jean Baker Miller. Focando nos relacionamentos de dominância e subordinação, ela descobre situações de mulheres nestes relacionamentos como forma de fornecer "*uma chave crucial para compreender a ordem psicológica*". *Tal ordem se levanta dos relacionamentos da diferença entre homem e mulher, entre família e criança, que criam "o meio – a família – na qual a mente humana tem sido formada tal qual nós a conhecemos*" (1976, p. 1). Porque esses relacionamentos da diferença contêm, na maioria dos casos, um fator de desigualdade, eles assumem uma dimensão moral de pertencimento ante as formas nas quais o poder é usado. Com esta base, Miller distingue os relacionamentos de desigualdade temporária e permanente; os primeiros representam o contexto humano do desenvolvimento, enquanto os últimos representam as condições de opressão. Em relacionamentos de desigualdade temporária, tal como pais e crianças ou professor e estudante, o poder é idealmente usado para adotar o desenvolvimento que remove a disparidade inicial. Em relacionamentos de desigualdade permanece, o poder cimenta a dominância e a subordinação, e a opressão é racionalizada pelas teorias que "explicam" a necessidade para a sua continuação.

Miller, focando desta forma na dimensão da desigualdade na vida humana, identifica a psicologia distinta feminina como expoentes da combinação. Dominantes nos relacionamentos temporários do nutrimento, que se dissolvem com a dissolução da desigualdade, as mulheres são subservientes nos relacionamentos do *status* social e poder permanentemente desiguais. Ademais, conquanto subordinadas em posição social ante os homens, as mulheres são ao mesmo tempo centralmente imiscuídas com eles nos relacionamentos íntimos e intensos da sexualidade adulta e da vida familiar. Portanto, a psicologia feminina reflete ambos os lados do relacionamento da interdependência, assim como o espectro de possibilidades morais aos quais tais relacionamentos oferecem espaço. Portanto, as mulheres estão idealmente situadas de modo a observar o potencial na conexão humana tanto no cuidado quanto na opressão.

Esta perspectiva distinta pautada na observação informa os trabalhos de Carol Stack (1975) e Lillian Rubin (1976) que, ao adentrar os mundos previamente conhecidos através dos olhos masculinos, retomaram o caminho para oferecer um relato distinto. Em um gueto negro urbano, onde outros viram desordem social e desarranjo familiar, Stack encontrou redes de troca doméstica que descrevem a organização da família negra na pobreza. Rubin, observando as famílias brancas da classe operária, dissipa o mito "do trabalhador rico e feliz" ao mapear os "mundos da dor" a partir dos custos para sustentar uma família em condições de desvantagem social e econômica. Ambas as mulheres descreveram uma vida adulta dos relacionamentos que sustentam as funções familiares da proteção e cuidado, mas também um sistema social de relacionamentos que sustentam a dependência econômica e a subordinação social. Assim, elas indicam como a classe, raça e etnicidade são usadas para justificar e racionalizar a desigualdade contínua de um sistema econômico que beneficia algumas das demais despesas.

Em suas distintas esferas de análise, estas mulheres encontram ordem onde outros viram o caos – na psicologia das mulheres, a família negra urbana, e a reprodução da classe social. Estas descobertas requereram novos modos de análise e uma abordagem mais etnógrafa de modo a derivar constructos que podem ordenar e dar significado à vida adulta que elas viram. Até que Stack redefinisse "família" como "a menor e mais durável rede de parentesco e não parentesco de relação diária, fornecendo as necessidades diárias das crianças e assegurando sua sobrevivência", ela não pode encontrar "família" no mundo dos *"flats"* (apartamentos). Apenas *"as definições culturalmente específicas de certos conceitos, tais como família, parentesco, família e amizade que emergiram durante este estudo tornaram boa parte da análise subsequente possível [...] uma imposição arbitrária de conceitos amplamente aceitos de família [...] travam o caminho para compreender como as pessoas nos flats descrevem e ordenam o mundo no qual elas vivem"* (p. 31).

Similarmente, Miller faz um chamado para "uma nova psicologia feminina", que reconhece o ponto de partida diferente para o desenvolvimento das mulheres, isto é, o fato de que "as mulheres permanecem com, constroem a partir, e desenvolvem-se em um contexto de apego e afiliação com os outros", que "o sentido feminino do eu torna-se muito mais organizado em torno do ser capaz de fazer, e então manter afiliações e relacionamentos", e que "eventualmente, para muitas mulheres, a ameaça de rompimento de uma afiliação é percebida não apenas como a perda de um relacionamento, mas como algo mais próximo de uma total perda de si". Conquanto tal estrutura psíquica seja agora familiar a partir das descrições de psicopatologias femininas, não tem sido reconhecido que *"este ponto de partida psíquico contém as possibilidades para uma abordagem inteiramente diferente (e mais avançada) para viver e funcionar [...] [no qual] a afiliação é avaliada como altamente, ou mais alta que o autoaprimoramento"* (p. 83). Então, Miller aponta para uma psicologia da vida adulta que reconhece que aquele desenvolvimento não desloca o valor do apego crescente e a contínua importância do cuidado nos relacionamentos.

As limitações dos padrões prévios de mensuração e a necessidade por um modelo mais contextual de interpretação são evidentes também na abordagem de Rubin. Ela dispersa a ilusão de que a vida familiar é a mesma em todos os lugares ou que as diferenças subculturais podem ser acessadas independentemente das realidades socioeconômicas de classe. Assim, famílias da classe operária "reproduzem elas mesmas não por conta de certa deficiência ou mediante sua cultura aberrante, mas porque não há alternativas para a maioria de suas crianças", apesar *do mito da mobilidade que nós celebramos com tanto carinho*" (p. 210-211). A desigualdade temporária da criança da classe operária então se volta para a permanente desigualdade do adulto da classe operária, preso em um nó vazado de mobilidade social que erode a qualidade da vida familiar.

Assim como nas histórias que delineiam as fantasias femininas do poder, a descrição das mulheres na vida adulta transmite um sentimento distinto de realidade social. Em seus retratos de relacionamentos, as mulheres substituem os vieses masculinos quanto à separação através da representação da interdependência do eu e do outro, ambos no amor e no trabalho. Ao trocar as lentes da observação do desenvolvimento do empreendimento individual para o relacionamento do cuidado, as mulheres descrevem o apego contínuo como o caminho que conduz à maturidade. Deste modo, os parâmetros de desenvolvimento mudam em direção à demarcação do progresso do relacionamento de afiliação.

As implicações desta mudança são evidentes em consideração da situação de mulheres de meia idade. Dada à tendência de mapear as águas não familiares do desenvolvimento adulto com os marcadores familiares da separação e crescimento adolescentes, os anos médios das vidas femininas prontamente aparecem como um tempo de retorno ao negócio inacabado da adolescência. Tal interpretação tem sido particularmente convincente desde os anos descritos no ciclo da vida, derivados primariamente dos estudos masculinos, e tem gerado uma perspectiva a partir da qual as mulheres, até onde diferem entre si, parecem deficientes em seus desenvolvimentos. O desvio do desenvolvimento feminino tem sido especialmente sinalizado nos anos da adolescência, quando as garotas parecem confundir identidade com intimidade, ou seja, ao definirem elas mesmas através dos relacionamentos com os outros. O legado deixado por este modo de definição de identidade é considerado como um eu que é vulnerável aos problemas da separação que surgem no meio da vida.

Porém, esta construção revela a limitação na narrativa que mensura o desenvolvimento feminino em contraposição a um modelo masculino, e ignora a possibilidade de uma verdade distinta. Diante desta luz, a observação de que o enquadramento feminino nas vidas dos relacionamentos, suas orientações à dependência, sua subordinação do empreendimento ao cuidado, e seus conflitos sobre o sucesso competitivo deixam-nas pessoalmente sob o risco da meia idade, parecendo assim mais um comentário sobre a sociedade do que um problema no desenvolvimento das mulheres.

A construção da meia idade nos termos adolescentes, em uma crise similar de identidade e separação, ignora a realidade sobre o que aconteceu nos anos entre as lágrimas das histórias de amor e trabalho. A generatividade que inicia na meia idade, conforme sugerem os dados de Vaillant quanto aos homens, parece para a perspectiva feminina um tanto quanto tardia para ambos os sexos, dado que o ato de carregar e sustentar crianças toma lugar primariamente nos anos precedentes. Similarmente, a imagem da mulher chegando à meia idade com comportamento infantil e dependente dos outros é desmentida pela atividade se seu cuidado em nutrir e sustentar os relacionamentos familiares. Portanto, o problema parece ser de construção, um problema de julgamento em vez de verdade.

Frente à evidência de que as mulheres percebem e constroem a realidade social de modo distinto dos homens, e que essas diferenças centram-se em torno das experiências de apego e separação, as transições da vida que invariavelmente engajam tais experiências podem ser esperadas enquanto envolvem as mulheres em uma via distinta. E posto que o sentimento das mulheres de integridade parece estar imiscuído com a ética do cuidado, de modo que ver elas mesmas como mulheres equivale a ver elas mesmas em um relacionamento de conexão, as maiores transições nas vidas femininas parecem envolver mudanças na compreensão das atividades do cuidado. Certamente a mudança da infância para a vida adulta testemunha uma redefinição maior do cuidado. Quando a distinção entre ajudar e agradar liberta a atividade do tomar cuidado do desejo de aprovação dos outros, a ética da responsabilidade pode se tornar uma âncora escolhida pela própria pessoa de integridade pessoal e força.

No entanto, seguindo a mesma seara, os eventos da meia idade – a menopausa e as mudanças na família e no trabalho – podem alterar as atividades do cuidado da mulher de maneira que afetem sua sensibilidade de si mesma. Se a meia idade porta consigo o fim dos relacionamentos, isto é, do sentimento de conexão sobre o qual ela confia, assim como das atividades do cuidado através das quais ela julga seu valor, então o luto, que acompanha todas as transições da vida, dá espaço para a melancolia da autodepreciação e desespero. O significado dos eventos da meia idade para a mulher reflete, neste ínterim, a interação entre as estruturas de seu pensamento e as realidades de sua vida.

Quando a distinção entre o conflito neurótico e real é realizada e a relutância do escolher é diferenciada da realidade de não ter escolha, então se torna possível ver mais claramente como a experiência feminina fornece uma chave para entender verdades centrais da vida adulta. Em vez de visualizar sua anatomia como destinada a deixá-la com um sentimento de inferioridade (FREUD, 1931), alguém poderia ver, em vez disso, como isso dá lugar a experiências que iluminam a realidade comum para ambos os sexos: o fato de que você nunca enxerga tudo em vida, que as coisas não vistas sofrem mudanças com o passar do tempo, que há mais do que um caminho para a gratificação, e que os limites entre o eu e o outro são menos claros do que eles parecem certas vezes.

Assim, as mulheres não apenas alcançam a meia idade com uma história psicológica diferente dos homens, além de encarar naquela fase uma realidade social distinta, dispondo de diferentes possibilidades para o amor e cuidado, mas elas também produzem um sentido distinto de experiência, sendo este pautado em seu conhecimento dos relacionamentos humanos. Uma vez que a realidade da conexão é experimentada pelas mulheres como algo dado em vez de algo livremente contraído, elas chegam a uma compreensão da vida que refletem os limites da autonomia e controle. Como resultado, o desenvolvimento das mulheres delineia o caminho não apenas para uma vida menos violenta, mas também para uma maturidade percebida através da interdependência e do ato de cuidar.

Em seus estudos do julgamento moral feminino, Piaget (1965[1932]) descreve uma progressão em três estágios por meio das quais o constrangimento modifica-se para a cooperação, e esta para a generosidade. Ao fazê-lo, ele aponta quanto tempo isso leva em crianças que são da mesma turma na escola, que brincam entre si todos os dias, que chegam a um acordo em sua compreensão das regras de seus jogos. No entanto, tal acordo sinaliza a compleição de uma orientação maior de ação e pensamento através das quais a moralidade do constrangimento modifica-se para a moralidade da cooperação. Mas ele também percebe como, entre crianças, o reconhecimento das diferenças entre os outros e elas mesmas conduz à relativização da igualdade na direção da equidade, significando uma fusão da justiça e amor.

Parece-me no momento haver apenas um acordo parcial entre homens e mulheres acerca da vida adulta que eles compartilham. Na ausência da compreensão mútua, os relacionamentos entre os sexos continuam em níveis variantes de constrangimento, manifestando o *"paradoxo do egocentrismo"* que Piaget descreve, um respeito místico por regras combinadas entre todos, mais ou menos conforme lhe convém e de sem dedicar atenção ao seu vizinho (p. 61). Para uma compreensão do ciclo de vida aderençado ao desenvolvimento dos relacionamentos na vida adulta caracterizado pela cooperação, generosidade e cuidado, tal compreensão deve incluir tanto as vidas masculinas quanto as femininas.

Entre os itens mais urgentes da agenda da pesquisa sobre o desenvolvimento adulto está a necessidade de delinear a experiência da vida adulta *nos próprios termos femininos*. Meu próprio trabalho nesta direção indica que a inclusão da experiência feminina indica para a compreensão do desenvolvimento uma nova perspectiva sobre os relacionamentos, que muda as construções básicas da interpretação. O conceito de identidade expande-se para incluir a experiência da interconexão. O domínio moral é similarmente ampliado para a inclusão da responsabilidade e cuidado nos relacionamentos. E a epistemologia subjacente e correspondente muda do ideal grego do conhecimento para uma correspondência entre mente e forma, para uma concepção bíblica do conhecer como um processo do relacionamento humano.

Dada a evidência das diferentes perspectivas na representação da vida adulta por mulheres e homens, há a necessidade de pesquisas que elucidem os efeitos daquelas diferenças no casamento, família e nos relacionamentos do trabalho. Minha pesquisa sugere que homens e mulheres podem falar línguas diferentes, mas que eles consideram como iguais, usando palavras similares para codificar experiências díspares do eu e dos relacionamentos sociais. Posto que essas linguagens compartilham um vocabulário moral que se sobrepõe, elas contêm uma propensão para a má tradução sistemática, criando uma má compreensão que impede a comunicação e limita o potencial para a cooperação e o cuidado nos relacionamentos. Porém, simultaneamente, tais linguagens articulam entre si de formas críticas. Assim como a linguagem das responsabilidades fornece um imaginário de relacionamentos similar a redes para substituir o ordenamento hierárquico que se dissolve com a chegada da igualdade, de modo similar, a linguagem dos direitos sublinha a importância de incluir na rede do cuidado não apenas o outro, mas também o eu.

Como temos ouvido durante séculos as vozes de homens e as teorias do desenvolvimento que suas experiências informam, de modo equivalente, chegamos a perceber mais recentemente não apenas o silêncio das mulheres, mas a dificuldade em ouvir o que elas diziam e quando elas diziam. Ainda quanto ao tema, na diferença da voz feminina repousa a verdade de uma ética do cuidado, o laço entre o relacionamento e a responsabilidade, e as origens da agressão na falha da conexão. A falha em ver a realidade distinta das vidas femininas e de ouvir as diferenças em suas vozes repousam suas raízes parcialmente na premissa de que há um único modo de experiência social e interpretação. Em vez disso, ao posicionar dois modelos, nós alcançamos uma rendição mais complexa da experiência humana, que vê a verdade da separação e do cuidado nas vidas femininas e masculinas, e reconhece como essas verdades são carregadas por diferentes modos de linguagem e pensamento.

Para compreender como a tensão entre responsabilidades e direitos sustenta a dialética do desenvolvimento humano, é preciso ver a integridade de dois modelos díspares de experiência que estão, no final, conectados entre si. Enquanto a ética da justiça parte da premissa da igualdade – de que todos devem ser tratados igualmente – uma ética do cuidado repousa na premissa da não violência – que ninguém deve ser ferido. Na interpretação da maturidade, ambas as perspectivas convergem na percepção de que como a desigualdade adversamente afeta ambas as partes em um relacionamento desigual de modo análogo, a violência é destrutiva para todos os envolvidos. Este diálogo entre justiça e cuidado não apenas fornece uma melhor compreensão dos relacionamentos entre os sexos, mas também faz despontar um retrato mais compreensivo do trabalho adulto e dos relacionamentos familiares.

Assim como Freud e Piaget chamam atenção para as diferenças nos sentimentos e pensamentos das crianças, permitindo-nos responder às crianças com grande cuidado e respeito, de modo similar, o reconhecimento das diferenças na experiência feminina e compreensão expande nossa visão da maturidade e aponta para a natureza contextual das verdades do desenvolvimento. Através desta expansão em perspectiva, nós podemos começar a perceber como um casamento entre o desenvolvimento adulto, tal qual é retratado hoje, e o desenvolvimento feminino começa a ser visto como algo que pode levar a uma compreensão diferenciada do desenvolvimento humano e uma visão mais generativa da vida humana.

REFERÊNCIAS

BELENKY, Mary F. *Conflict and Development*: A Longitudinal Study of the Impact of Abortion Decisions on Moral Judgments of Adolescent and Adult Women. Tese. Harvard: Harvard University, 1978.

BERGLING, Kurt. *Moral Development*: The Validity of Kohlberg's Theory. Stockholm Studies in Educational Psychology 23. Estocolmo: Almqvist and Wiksell International, 1981.

BERGMAN, Ingmar. Wild Strawberries. In: _____. *Four Screen Plays of Ingmar Bergman*. Trad. Lars Malmstrom e David Kushner. Nova York: Simon and Schuster, 1960.

BETTELHEIM, Bruno. *The Uses of Enchantment*. Nova York: Alfred A. Knopf, 1976.

_____. The Problem of Generations. In: ERIKSON, E. (Ed.). *The Challenge of Youth*. Nova York: Doubleday, 1965.

BIOS, Peter. The Second Individuation Process of Adolescence. In: FREUD, A. (Ed.). *The Psychoanalytic Study of the Child*. Vol. 22. Nova York: International Universities Press, 1967.

BROVERMAN, I. et. al. Sex-role Stereotypes: A Current Appraisal. *Journal of Social Issues* 28, p. 59-69, 1972.

CHEKHOV, Anton. The Cherry Orchard. In: _____. *Best Plays by Chekhov*. Trad. Stark Young. Nova York: The Modem Library, 1956.

CHODOROW, Nancy. Family Structure and Feminine Personality. In: ROSALDO, M.Z.; LAMPHERE, L. (Eds.). *Woman, Culture and Society.* Stanford: Stanford University Press, 1974.

_____. *The Reproduction of Mothering.* Berkeley: University of California Press, 1978.

COLES, Robert. *Children of Crisis.* Boston: Little Brown, 1964.

DIDION, Joan. The Women's Movement. *New York Times Book Review* 30, p. 1-14, jul. 1972.

DOUVAN, Elizabeth; Adelson, Joseph. *The Adolescent Experience.* Nova York: John Wiley and Sons, 1966.

DRABBLE, Margaret. *The Waterfall.* Hammondsworth: Penguin Books, 1969.

EDWARDS, Carolyn P. Societal Complexity and Moral Development: A Kenyan Study. *Ethos* 3, p. 505-527, 1975.

ELIOT, George. *The Millon the Floss (1860).* Nova York: New American Library, 1965.

ERIKSON, Erik H. Reflections on Dr. Borg's Life Cycle. *Daedalus* 105, p. 1-29, 1976 [Também em ERIKSON, E. *Adulthood.* Nova York: W. W. Norton, 1978].

_____. *Gandhi's Truth.* Nova York: W. W. Norton, 1969.

_____. *Identity:* Youth and Crisis. Nova York: W. W. Norton, 1968.

_____. *Insight and Responsibility.* Nova York: W. W. Norton, 1964.

_____. *Young Man Luther.* Nova York: W. W. Norton, 1958.

_____. *Childhood and Society.* Nova York: W. W. Norton, 1950.

FREUD, Sigmund. *The Standard Edition of the Complete Psychological Works of Sigmund Freud.* Trad./Ed. James Strachey. Londres: The Hogarth Press, 1961.

_____. *Three Essays on the Theory of Sexuality* (1905). Vol. VII.

_____. *Civilized Sexual Morality and Modern Nervous Illness* (1908). Vol. IX.

_____. *On Narcissism*: An Introduction (1914). Vol. XIV.

_____. *Some Psychical Consequences ofthe Anatomical Distinction Between the Sexes* (1925). Vol. XIX.

_____. *The Question of Lay Analysis* (1926). Vol. XX.

_____. *Civilization and Its Discontents* (1930/1929). Vol. XXI.

_____. *Female Sexuality* (1931). Vol. XXI.

_____. *New Introductory Lectures on Psycho-analysis.* (1933/ 1932). Vol. XXII.

GILLIGAN, Carol. Moral Development in the College Years. In: CHICKERING, A. (Ed.). *The Modern American College.* São Francisco: Jossey-Bass, 1981.

GILLIGAN, Carol; BELENKY, Mary F. A Naturalistic Study of Abortion Decisions. In: SELMAN, R.; YANDO, R. (Eds.). *Clinical-Developmental Psychology.* New Directions for Child Development, nr. 7. São Francisco: Jossey-Bass, 1980.

GILLIGAN, Carol; MURPHY, John Michael. Development from Adolescence to Adulthood: The Philosopher and the "Dilemma of the Fact". In: KUHN, D. (Ed.). *Intellectual Development Beyond Childhood.* New Directions for Child Development, nr. 5. São Francisco: Jossey-Bass, 1979.

HAAN, Norma. Hypothetical and Actual Moral Reasoning in a Situation of Civil Disobedience. *Journal of Personality and Social Psychology* 32, p. 255-270, 1975.

HOLSTEIN, Constance. Development of Moral Judgment: A Longitudinal Study of Males and Females. *Child Development* 47, p. 51-61, 1976.

HOMER, Matina S. *Sex Differences in Achievement Motivation and Performance in Competitive and Noncompetitive Situations.* Tese. Ann Arbor: University of Michigan, 1968 (University Microfilms #6912135).

_____. Toward an Understanding of Achievement-related Conflicts in Women. *Journal of Social Issues* 28, p. 157-175, 1972.

IBSEN, Hennk. A Doll's House (1879). In: _____. *Ibsen Plays.* Trad. Peter Watts. Hammondsworth: Penguin Books, 1965.

JOYCE, James. *A Portrait of the Artist as a Young Man (1916).* Nova York: The Viking Press, 1956.

KINGSTON, Maxine Hong. *The Woman Warrior.* Nova York: Alfred A. Knopf, 1977.

KOHLBERG, Lawrence. *The Development of Modes of Thinking and Choices in Years 10 to 16.* Tese. Chicago: University of Chicago, 1958.

_____. Stage and Sequence: The Cognitive-Development Approach to Socialization. In: GOSLIN, D.A. (Ed.). *Handbook of Socialization Theory and Research.* Chicago: Rand McNally, 1969.

_____. Continuities and Discontinuities in Childhood and Adult Moral Development Revisited. In: *Collected Papers on Moral Development and Moral Education.* Moral Education Research Foundation. Harvard: Harvard University, 1973.

_____. Moral Stagesand Moralization: The Cognitive-Developmental Approach. In: LICKONA, T. (Ed.). *Moral Development and Behavior*: Theory, Research and Social Issues. Nova York: Holt, Rinehart and Winston, 1976.

_____. *The Philosophy of Moral Development.* San Francisco: Harper and Row, 1981.

KOHLBERG. L.; GILLIGAN, C. The Adolescent as a Philosopher: The Discovery of the Self in a Post-conventional World. *Daedalus* 100, p. 1.051-1.086, 1971.

KOHLBERG. L.; KRAMER, R. Continuities and Discontinuities in Child and Adult Moral Development. *Human Development* 12, p. 93-120, 1969.

LANGDALE, Sharry; GILLIGAN, Carol. *Interim Report to the National Institute of Education*, 1980.

LEVER, Janet. Sex Differences in the Games Children Play. *Social Problems* 23, p. 478-487, 1976.

_____. Sex Differences in the Complexity of Children's Play and Games. *American Sociological Review* 43, p. 471-483, 1978.

LEVINSON, Daniel J. *The Seasons of a Man's Life*. Nova York: Alfred A. Knopf, 1978.

LOEVINGER, Jane; WESSLER, Ruth. *Measuring Ego Development.* São Francisco: Jossey-Bass, 1970.

LYONS, Nona. "Seeing the Consequences: The Dialectic of Choice and Reftectivity in Human Development". Qualifying Paper, Graduate School of Education, Harvard University, 1980.

MACCOBY, Eleanor; Jacklin, Carol. *The Psychology of Sex Differences*. Stanford: Stanford University Press, 1974.

MAY, Robert. *Sex and Fantasy.* Nova York: W. W. Norton, 1980.

McCARTHY, Mary. *Memories of a Catholic Girlhood*. Nova York: Harcourt Brace Jovanovich, 1946.

McCLELLAND, David C. *Power*: The Inner Experience. New York: Irvington, 1975.

McCLELLAND, D.C.; ATKINSON, J.W.; CLARK, R.A.; LOWELL, E.L. *The Achievement Motive.* Nova York: Irvington, 1953.

MEAD, George Herbert. *Mind, Self, and Society.* Chicago: Univeristy of Chicago Press, 1934.

MILLER, Jean Baker. *Toward a New Psychology of Women.* Boston: Beacon Press, 1976.

MURPHY, J.M.; Gilligan, C. Moral Development in Late Adolescence and Adulthood: A Critique and Reconstruction of Kohlberg's Theory. *Human Development* 23, p. 77-104, 1980.

PERRY, William. *Forms of Intellectual and Ethical Development In the College Years.* Nova York: Holt, Rinehart and Winston, 1968.

PIAGET, Jean. *The Moral Judgment of the Child (1932).* Nova York: The Free Press, 1965.

_____. *Six Psychological Studies.* Nova York: Viking Books, 1968.

_____. *Structuralism.* Nova York: Basic Books, 1970.

POLLAK, Susan; GILLIGAN, Carol. Images of Violence in Thematic Apperception Test Stories. *Journal of Personality and Social Psychology* 42 (1), p. 159-167, 1982.

RUBIN, Lillian. *Worlds of Pain.* Nova York: Basic Books, 1976.

SASSEN, Georgia. Success Anxiety in Women: A Constructivist Interpretation of Its Sources and Its Significance. *Harvard Educational Review* 50, p. 13-25, 1980.

SCHNEIR, Miriam (Ed.). *Feminism*: The Essential Historical Writings. Nova York: Vintage Books, 1972.

SIMPSON, Elizabeth L. Moral Development Research: A Case Study of Scientific Cultural Bias. *Human Development* 17, p. 81-106, 1974.

STACK, Carol B. *All Our Kin.* Nova York: Harper and Row, 1974.

STOLLER, Robert, J.A Contribution to the Study of Gender Identity. *International Journal of Psycho-Analysis* 45, p. 220-226, 1964.

STRUNK, William Jr.; WHITE, E. B. *The Elements of Style (1918)*. New York: Macmillan, 1958.

TERMAN, L.; Tyler, L. Psychological Sex Differences. In: CARMICHAEL, L. (Ed.). *Manual of Child Psychology.* 2. ed. Nova York: John Wiley and Sons, 1954.

TOLSTOY, Sophie A. *The Diary of Tolsloy's Wife, 1860-1891.* Trad. Alexander Werth. London: Victor Gollancz, 1928. [Também em MOFFAT, M.J.; PAINTER, C. (Eds.). *Revelations.* Nova York: Vintage Books, 1975.]

VAILLANT, George E. *Adaptation to Life.* Boston: Little Brown, 1977.

WHITING, Beatrice; POPE, Carolyn. A Cross-cultural Analysis of Sex Difference in the Behavior of Children Age Three to Eleven. *Journal of Social Psychology* 91, p. 171-188, 1973.

WOOLF, Virginia. *A Room of One's Own.* Nova York: Harcourt, Brace and World, 1929.

ÍNDICE DOS PARTICIPANTES DO ESTUDO

Alex (estudo – estudante universitária) 270-271

Alison (estudo – direitos e responsabilidades) 232-234

Amy (estudo – direitos e responsabilidades) 78, 81-88, 89-95, 105, 111-113, 117, 119

Anne (estudo – decisão do aborto) 150-151, 211

Betty (estudo – decisão do aborto) 146-147, 191-200

Cathy (estudo – decisão do aborto) 152

Claire (college student study) 113-128, 259, 262

Denise (estudo – decisão do aborto) 152-155

Diane (estudo – decisão do aborto) 176

Ellen (estudo – decisão do aborto) 161-165

Emily (estudo – direitos e responsabilidades) 235-238

Erica (estudo – estudante universitária) 260

Hilary (estudo – estudante universitária) 226-228, 268

Jake (estudo – direitos e responsabilidades) 78, 79-81, 83, 86-88, 89-90, 91-97, 104, 110-112

Janet (estudo – decisão do aborto) 155-158

Jettrey (estudo – direitos e responsabilidades) 88-89

Jenny (estudo – decisão do aborto) 229-231

Joan (estudo – decisão do aborto) 145

Josie (estudo – decisão do aborto) 147-149, 200-201

Judy (estudo – decisão do aborto) 151-152

Nan (estudo – estudante universitária) 223-225, 261-263

Ned (estudo – estudante universitário) 176

Ruth (estudo – decisão do aborto) 172-173, 179-182

Karen (estudo – direitos e responsabilidades) 88-89

Kate (estudo – direitos e responsabilidades) 241-245

Leslie (estudo – estudante universitária) 260

Lisa (estudo – decisão do aborto) 211-213

Sandra (estudo – decisão do aborto) 158

Sarah (estudo – decisão do aborto) 165-171, 191, 201-210

Sharon (estudo – direitos e responsabilidades) 177-178

Susan (estudo – decisão do aborto) 145

Martha (estudo – decisão do aborto) 146

ÍNDICE ANALÍTICO E ONOMÁSTICO

Abandono, Medo do 134,
213-214

Aborto 122-124, 131, 138,
143-146, 179, 185, 189,
212-215, 223-225, 239

Abraão 184

Adão e Eva 50

Adolescência: mulheres e 46,
57-59, 110, 113, 147,
199-200, 208: crescer na
57-61, 96, 134, 136, 142-143,
175, 249; homens e 113,
265-267

Agressão, 101, 104, 106, 107

Afirmação, 127, 129, 154, 272-274

Amizade 125-126, 253

Apego: importância no
desenvolvimento feminino
74, 256, 258, 261, 262, 263,
268, 271-272, 275-276; e ciclo
de vida 249, 251, 253-254,
266, 277

Autoconceito no estudo da
decisão do aborto 149, 160,
161, 168, 170

Autonomia 72, 109, 139, 175

Autossacrifício 134, 135, 139,
218, 222-223, 226, 247, 258;
no estudo dos estudantes
universitários 117, 228, 229,
269; no estudo da decisão do
aborto 145, 152-155, 156,
157, 160, 164

Bergam, Ingmar 188

Bettelheim, Bruno 60

Blos, Peter 57

Broverman, I. 66, 151

Cachoeira 221, 239, 240-242,
247-248

Casamento 281

Chekhov, Anton 49

Cherry Orchard. The 49

Chodorow, Nancy 51-53, 54, 57, 64

Classe, social 44, 46, 78, 274, 276

Coles, Robert 199

Comunicação: falha da 84, 86; como um modo de resolução de conflito 85 como afirmação 127

Conexão 91, 94, 95, 104, 107-109; mulheres e 82, 101, 116, 117, 119, 122, 148; homens e 100, 101-104

Contos de fada 60

Crise e desenvolvimento moral 199, 209-210, 215-216

Cuidado, ética do 128-129, 151, 154, 174-175, 246, 258-259, 267, 268, 270, 274, 276; na moralidade feminina 66, 143, 179, 186, 214-215, 223, 266, 271, 277, 280, 281-282; no estudo dos direitos e responsabilidades 85-87, 91, 96, 112, 118, 122; no estudo da decisão do aborto 143-145, 154, 164, 171, 185, 190, 195, 212, 214; no estudo das estudantes

universitárias 176, 227, 229, 245, 246, 260, 262, 269

Declaração de Seneca Falls 217

Deferência 65, 152, 181

Deméter 74-75

Dependência 53-54, 139, 140, 154-155

Desenvolvimento, moral 43-45, 50-52, 81, 95, 136-139, 198, 249-251; das mulheres 66, 69. Cf. tb. Adolescência; Vida adulta

Desigualdade 110, 172, 273

Didion, Joan 140

Dilema de Heinz 78-87, 117-119, 121, 142, 146-147, 171, 179, 182, 193-195, 197-199, 262

Direitos, ética dos 69, 72-74, 178, 215, 228-232, 247, 267-269, 270, 281, 282; e o julgamento moral das mulheres 118, 123, 142, 220, 222, 228, 235-238, 244, 245, 247

Doll's House, A 135

Dominação 109-111, 273

Drabble, Margaret 221, 223

Educação e desenvolvimento moral 78

Egoísmo 143, 185, 218-221, 222-223, 225, 239, 240; no estudo da decisão do aborto 145, 147, 148, 150, 154, 155, 156-158, 161, 170, 195, 200-202, 203, 204, 209, 216; no estudo dos estudantes universitários 229, 233, 236, 237, 241

Elementos de estilo, Os 49

Eliot, George 133, 220-222, 223, 246-248

Emenda dos direitos iguais 218-221

Empreendimento 62, 98-100, 129, 265-266, 276: mulheres em 62-65, 100, 128, 261, 277

Equidade 268

Erikson, Erik: sobre a adolescência 58-61, 62, 80, 175, 267; sobre Gandhi 182-185, 255 sobre o desenvolvimento humano 189, 190, 252 sobre Lutero 255

Escolha, moral 134, 223, 238, 270; no estudo dos direitos e responsabilidades 46, 86-88; e mulheres 136, 137, 231, 267; no estudo da decisão do aborto 139, 170-172, 190; no estudo das estudantes universitárias 229, 271

Estereótipos, papéis sexuais 66

Estudo das estudantes universitárias 45-46, 96-104, 131-137, 176, 259, 263-267, 271; Alex 270-271; Claire 113-128, 259, 262; Erica 260; Hilary 226-229, 268; Jenny 229-232; Leslie 260; Nan 223-226, 260-261; Ned 176

Estudo dos direitos e responsabilidades 46, 70-73, 78; Alison 232-234; Amy 78, 81-88, 89-97, 105, 111-114, 117, 119; Emily 235-239; Jake 78, 79-80, 83, 86-87, 89-91, 92-95, 104, 111-112; Jeffrey 88-89; Karen 88-89; Kate 241-245; Sharon 177-179

Estudo sobre a decisão do aborto 45, 140-145, 189-190; Anne 149-150, 211; Betty 146-147,

295

191-200; Cathy 152; Denise 152-155; Diane 176; Ellen 161-165; Janet 155-158; Joan 145; Josie 147-149, 200-201; Judy 152-152; Lisa 211-213; Martha 146; Ruth 172-174, 179-182; Sandra 158; Sarah 165-171, 191, 201-210; Susan 145

Fantasias de Édipo 50-52, 58, 96

Feminilidade 63, 137, 139, 140, 149, 173-174

Feminismo 243-245, 246. Cf. tb. Emenda dos direitos iguais; Declaração de Seneca Falls

Ferindo: no estudo dos direitos e responsabilidades 112; no estudo dos estudantes universitários 131-133, 227, 233, 246, 268; no estudo sobre a decisão do aborto 140, 145, 152, 153, 154, 164, 171, 181, 204; evitar a 143, 160, 181, 226, 247, 282

Freud, Sigmund: sobre as mulheres 50-51, 53, 67, 69, 76, 96, 105-108, 136, 139, 279; sobre as crianças 50-52, 58-59, 282; sobre a conexão 104-109; sobre a agressão 106, 107; sobre crises 190

Gandhi, Mohandras 182-186, 255

Gilligan, Carol 133, 178, 190, 270

Gravidez 141, 146, 190

Haan, Norma 137, 138

Hierarquia na conexão humana 88, 89, 109, 110, 121, 128-129, 179, 214, 271, 281

Holstein, Constance 137

Honestidade 125-126, 159

Horner, Matina 62-63, 64, 97, 125

Ibsen, Henrik 135

Identidade: feminina 43, 47, 52-53, 54, 58, 258, 261, 262, 266, 280; desenvolvimento da 51-53, 256, 266; e adolescência 54, 57-59, 60, 113, 208, 268, 276; masculina 52, 59-61, 263-267

Igualdade 81, 143, 245, 246, 268, 270, 271, 280, 281, 282

Individuação 57, 58, 66, 96, 251, 252, 254, 255

Integridade 227, 232, 258-260, 268, 269, 270, 278

Inteligência e desenvolvimento moral 78

Interdependência 144, 247, 256; e mulheres 190, 232, 243, 272-274, 276, 277, 279, 280

Intimidade; e homens 97, 98-101, 266-268, 271; e mulheres 175, 261, 266, 276; e desenvolvimento 269

Jacklin, Carol 98

Jogos infantis 54-58, 64, 280

Joyce, James 257-260

Julgamento, mulheres e 67, 132, 172, 179

Justiça 125, 143, 194-196, 270, 271

Justiça: sentido feminino de 67; moralidade e 81, 84, 124, 176, 178, 226; homens sobre 112, 142, 272; e hierarquia 128-129; igualdade e 245, 282

Kingston, Maxine Hong 61

Kohlberg, Lawrence 56, 67, 72, 105, 118-119, 133, 142-143, 184; sobre as mulheres 68, 69-71; sobre os estágios do desenvolvimento moral 72-74, 78-80, 81, 84, 86, 154; sobre o dilema de Heinz 82, 142; sobre homens 142

Kramer, Robert 68, 133

Lawrence, D.H. 116

Lever, Janet 54-58, 64

Levinson, Daniel 250-253, 254, 255

Loevinger, Jane 72

Lógica e moralidade 78-81, 83, 88

Luther, Martin 255

Maccoby, Eleanor 98

Mães 50-53, 57, 74, 76, 106-108, 147. Cf. tb. relacionamentos familiares

May, Robert 102, 109

McCarthy, Mary 257-259, 267, 268

McClelland, David C. 61, 74, 272-273

Mead, Georse Herbert 54, 57

Memórias de uma garota católica 257-258

Mercador de Veneza, O 185

Miller, Jean Baker 66, 109-111, 273, 275-277

Moinho à beira rio, O 136, 220-221, 239, 245-248

Morais absolutas 119, 269-271

Moralidade convencional 142-143

Moralidade pós-convencional 142-143, 177-179, 180, 181-183

Moralidade pré-convencional 142-143

Morangos Selvagens 187-189

Mott, Lucretia 217

Murphy, John Michael 178, 270

Niilismo, moral 210-215

Nossa Cidade 91-92

Pais. Cf. relacionamentos Familiares; Passividade das mães 239

Perry, William 269-270

Perséfone 74-75, 113

Piaget, Jean 54, 55, 64, 67, 69, 80, 142, 189, 279, 282

Pollak, Susan 97, 98-99

Poder 74, 137, 139, 174-176, 232, 258, 272-274, 276

Pope, Carolyn 98

Reciprocidade 244, 270

Regras, morais 103

Relacionamentos 216, 247, 250, 252; mulheres e 52-55, 65-67, 110, 128, 256-257, 272, 274, 276-278; no estudo de direitos e responsabilidades 82, 83, 84-87, 88, 89; no estudo dos estudantes universitários 103, 122, 238, 246, 259, 262, 272; estudo das decisões do aborto 189-190, 196, 199, 214; homens e 253-256

Relacionamentos familiares 60, 121, 208, 230, 234-238, 241, 243, 274, 276, 280. Cf. tb. Mães

Relativismo, moral 181-183, 270

Responsabilidade 131-133, 136, 185, 214, 216, 222,

226, 231, 238, 268-269; e as visões morais femininas 69, 72-74, 142, 185, 220, 223, 278, 280-282; e o estudo de direitos e responsabilidades 91-95; e o estudo dos estudantes universitários 116, 117, 121, 124, 127, 177, 226, 229-231, 233, 236, 237, 241, 244, 245, 262, 272; e o estudo da decisão do aborto 140, 145, 150, 170, 171, 189-190, 195, 200-202, 204, 209, 214-216, 224

Retrato do artista como um homem jovem, Um 91-92, 175, 258, 266

Rolland, Romain 105

Rubin, Lillian 274-275, 276

Salomão 184-185

Sassen, Georgia 63

Schweitzer, Albert 131

Separação: e identidade masculina, 53, 256, 263, 266, 276, 277; no desenvolvimento humano 57, 59, 91, 108, 249, 250, 256, 267, 276; no estudo dos direitos e responsabilidades 93-95; no estudo dos estudantes universitários 96, 100, 101-103, 116, 122; no desenvolvimento das mulheres 255-257, 258, 278

Shakespeare, William 185

Shaw, George Bernard, 63

Sobrevivência no estudo da decisão do aborto 145-147, 160, 164, 185, 192, 193-194, 195-198, 215, 216

Stack, Carol 274-275

Stanton, Elizabeth Cady 217, 218, 223

Stoller, Roben 52

Strunk, William 50

Suprema Corte 50, 223

Tancred and Chlorinda 61

Teorias do ciclo da vida 49, 59. Cf. tb. desenvolvimento 188

Teste de percepção temática 62, 100-104

Tolstoy, Sophie 212

Trabalho e desenvolvimento moral 164, 281

Tróilo e Cressida 61

Vaillant, George 252-255, 277

Verdade 155-156, 157-159, 183-184, 191, 205, 232, 246, 270

Vida adulta, desenvolvimento adulto, 249-251, 254, 266, 267, 272, 276-282; mulheres e, 66, 138-140, 149, 173-175, 256, 257, 272, 276, 280

Violência 97-105, 128, 144, 182-184

Virgílio 250, 251, 255

White, E.B. 50

Whiting, Beatrice 98

Wollstonecraft, Mary 218-219, 223

Woolf, Virginia 65

CULTURAL

Administração
Antropologia
Biografias
Comunicação
Dinâmicas e Jogos
Ecologia e Meio Ambiente
Educação e Pedagogia
Filosofia
História
Letras e Literatura
Obras de referência
Política
Psicologia
Saúde e Nutrição
Serviço Social e Trabalho
Sociologia

CATEQUÉTICO PASTORAL

Catequese
Geral
Crisma
Primeira Eucaristia

Pastoral
Geral
Sacramental
Familiar
Social
Ensino Religioso Escolar

TEOLÓGICO ESPIRITUAL

Biografias
Devocionários
Espiritualidade e Mística
Espiritualidade Mariana
Franciscanismo
Autoconhecimento
Liturgia
Obras de referência
Sagrada Escritura e Livros Apócrifos

Teologia
Bíblica
Histórica
Prática
Sistemática

VOZES NOBILIS

Uma linha editorial especial, com importantes autores, alto valor agregado e qualidade superior.

REVISTAS

Concilium
Estudos Bíblicos
Grande Sinal
REB (Revista Eclesiástica Brasileira)

VOZES DE BOLSO

Obras clássicas de Ciências Humanas em formato de bolso.

PRODUTOS SAZONAIS

Folhinha do Sagrado Coração de Jesus
Calendário de mesa do Sagrado Coração de Jesus
Almanaque Santo Antônio
Agendinha
Diário Vozes
Meditações para o dia a dia
Encontro diário com Deus
Guia Litúrgico

CADASTRE-SE
www.vozes.com.br

EDITORA VOZES LTDA.
Rua Frei Luís, 100 – Centro – Cep 25689-900 – Petrópolis, RJ
Tel.: (24) 2233-9000 – Fax: (24) 2231-4676 – E-mail: vendas@vozes.com.br

UNIDADES NO BRASIL: Belo Horizonte, MG – Brasília, DF – Campinas, SP – Cuiabá, MT
Curitiba, PR – Fortaleza, CE – Juiz de Fora, MG – Petrópolis, RJ – Recife, PE – São Paulo, SP